《道德经》
管理思想导读

Introduction to Management Thoughts of Tao Te Ching

曹振杰　王　茁　徐彦伟

编著

经济管理出版社
ECONOMY & MANAGEMENT PUBLISHING HOUSE

图书在版编目（CIP）数据

《道德经》管理思想导读 / 曹振杰，徐彦伟，王茁编著 .—北京：经济管理出版社，2021.10

ISBN978-7-5096-8256-2

Ⅰ.①道…　Ⅱ.①曹…　②徐…　③王…　Ⅲ.①《道德经》—应用—领导学—研究　Ⅳ.① C933

中国版本图书馆 CIP 数据核字（2021）第 223071 号

组稿编辑：王光艳

责任编辑：许　艳

责任印制：张馨予

责任校对：陈　颖

出版发行：经济管理出版社

　　　　　（北京市海淀区北蜂窝 8 号中雅大厦 A 座 11 层　　100038）

网　　　址：www.E-mp.com.cn

电　　话：（010）51915602

印　　刷：唐山昊达印刷有限公司

经　　销：新华书店

开　　本：710mm×1000mm /16

印　　张：14.75

字　　数：225 千字

版　　次：2022 年 1 月第 1 版　　2022 年 1 月第 1 次印刷

书　　号：ISBN 978-7-5096-8256-2

定　　价：68.00 元

前 言
PREFACE

　　《道德经》又称《老子》《老子五千文》，是中国历史上首部完整的哲学著作，与《易经》《论语》一起被认为是对中国人影响最深远的三部思想巨著。鲁迅曾指出："不读《道德经》一书，不知中国文化，不知人生真谛。"当代学者戴建业说，这部书虽然篇幅很短，但"和《论语》一样，堪称塑造中华民族灵魂的《圣经》"。德国大哲学家尼采则说："《道德经》像一个永不枯竭的井泉，满载宝藏。"美国哲学家威尔·杜兰的评价是，"或许除了《道德经》之外，我们将要焚毁所有的书籍，而在《道德经》中寻得智慧的精华"。很多名人认为，今人对待这部经典，要讨论的已经不是是否要读而是一生要读多少遍的问题。习近平总书记在关于治国理政的系列重要讲话中，多次引用《道德经》中的名句。我们学习、弘扬《道德经》，不仅是提升自身文化素养的重要方式，也是积极贯彻文化复兴战略、增强国人文化自信的必要之举。

　　下面对一些有助于理解这部经典的基础知识进行简要的介绍。

一、《道德经》的作者

　　根据金景芳[①]、张岱年[②]、陈鼓应[③]、熊铁基[④]等学者的研究，老子实有其人，

---

① 金景芳.金景芳先秦思想史讲义［M］.天津：天津古籍出版社，2007：123.

② 张岱年.中国国学传统［M］.北京：北京大学出版社，2016：315-318.

③ 陈鼓应.中国哲学创始者——老子新论［M］.北京：中华书局，2015：3-8.

④ 熊铁基，马良怀，刘韶军.中国老学史［M］.福州：福建人民出版社，2005：19.

生活在春秋时期，比孔子年辈稍长，而且是《道德经》的原始作者。

《史记·老子韩非列传》中记载："老子者，楚国苦县厉乡曲仁里人也，姓李氏，名耳，字聃，周守藏室之史也。"老子的生卒年已不可确考，生平事迹不详，但司马迁记载了老子和孔子的一次晤面。"孔子适周，将问礼于老子。老子曰：'子所言者，其人与骨皆已朽矣，独其言在耳。且君子得其时则驾，不得其时则蓬累而行。吾闻之，良贾深藏若虚，君子盛德容貌若愚。去子之骄气与多欲，态色与淫志，是皆无益于子之身。吾所以告子，若是而已。'孔子去，谓弟子曰：'鸟，吾知其能飞；鱼，吾知其能游；兽，吾知其能走。走者可以为罔，游者可以为纶，飞者可以为矰。至于龙，吾不能知其乘风云而上天。吾今日见老子，其犹龙邪！'"

后来，老子"见周之衰，乃遂去。至关，关令尹喜曰：'子将隐矣，强为我著书。'于是老子乃著书上下篇，言道德之意五千余言而去，莫知其所终"。这就是《道德经》的蓝本。

《史记》中记载的"老子"并不确指一人，"或曰：老莱子亦楚人也，著书十五篇，言道家之用，与孔子同时云。盖老子百有六十余岁，或言二百余岁，以其修道而养寿也。自孔子死之后百二十九年，而史记周太史儋见秦献公曰：'始秦与周合，合五百岁而离，离七十岁而霸王者出焉。'或曰儋即老子，或曰非也，世莫知其然否"。这引发了后人对老子其人其时其事其书的很多争论。

老子所处的春秋时期发生了巨大的社会变迁，既有社会失序、阶级矛盾加剧、人民苦难的严重危机，也包含着生产力发展、文化繁荣等进步因素，焕发了巨大的活力和创造力，使老子、孔子等大思想家脱颖而出。老子之路与孔子有所不同，但都是对时代问题的回应，也具有超越时空的价值。

司马迁说，老子是"隐君子"。"隐君子"即隐士。隐士一般不以干禄求仕为职事，而是崇尚自然和朴真，决不降志屈节。隐士并未逃避与脱离现实，而是以独特眼光观察社会，冷静而清醒地分析总结历史经验，成为忧患与批判意识的承担者。老子在离开周室之后，就成了一位隐士。老子曾任周王朝史官，这段经历使他能够以一般的隐士所不具备的眼光和深度洞察社会的变迁。

关于老子的思想，司马迁说过，"老子修道德，其学以自隐无名为务"；"李耳无为自化，清静自正"；"老子所贵道，虚无，因应变化于无为，故著书辞称微妙难识"，（庄子、申不害、韩非子的思想）"皆原于道德之意，而老子深远矣"。范文澜说："老子是有极大智慧的古代哲学家。他观察了自然方面天地以至万物变化的情状，他观察了社会方面历史的、政治的、人事的成与败、存与亡、祸与福、古与今相互间的关系与因果，他发现并了解事物的矛盾性比任何一个古代哲学家更广泛更深刻。"[①] 老子的思想不但是时代精神的精华，而且是中国乃至全人类哲学中的一座巅峰。

庄子称老子为"古之博大真人"；胡适说"老子是中国哲学的鼻祖，是中国哲学史上第一位真正的哲学家"；陈鼓应将老子誉为"中国哲学创始者"。习近平同志曾经列出 25 位中国思想大家，其中，第一位是老子，第二位是孔子。

二、《道德经》的内容框架

《道德经》没有呈现出现代学术文献那样清晰、严谨的阐释体系和逻辑框架，因此有些学者认为它不是一部自成体系的学术著作，而是一部论文汇编或散文诗集；但更多的学者如徐复观、陈鼓应、温海明、张尚仁等认为，《道德经》全书文气连贯，体裁一致，前后呼应，存在自身的逻辑性和系统性，是一部系统的学术著作。《道德经》就像积木（而非散沙），为人们充分发挥自己的主观能动性和主体建构能力提供了巨大的空间，这也表明这部经典著作有着独特的思想魅力和强大的生命力。很多人提出了《道德经》的思想体系和内容纲要，众说纷纭，体现了人们对这部经典著作的不同视角、理解和把握，代表了人们各自的学习收获。

在章节方面，郭店楚简本《老子》没有明确的章节划分；帛书本《老子》中，"德经"在前，"道经"在后。通行本则分为 81 章，前 37 章为"道经"，后 44 章为"德经"；一般认为，这一章次编排方式始于河上公本，王弼本沿用。

在内容方面，宋代陈景元说："道经居先，德经居后。是以上经明道以法天，下经明德以法地。"《道德经》上篇论道，主要阐述道的义理和演化过程；下

---

① 范文澜. 中国通史简编（修订本第一编）[M]. 北京：人民出版社，1964：269.

篇论德,主要阐释道在社会中的应用问题。这只是大致的划分,实际上,各章之间的思想内容往往存在着交叉甚至重复。

《道德经》每一章都有内在的逻辑结构,多数章节遵循着"先理后事"的逻辑次序。因此,对每章进行分段理解是很必要的。当然,各章的段落划分没有唯一性,学人可根据自己的理解进行划分。

三、《道德经》的管理思想

《道德经》的内容涉及很多学科领域,有人称之为老子时代的百科全书。关于其中心论题,有"哲学""修行/养生学""军事"和"政治"等说法。《汉书·艺文志》说:"道家者流,盖出于史官。历记成败存亡祸福古今之道,然后知秉要执本,清虚以自守,卑弱以自持,此君人南面之术也。"这是说,道家源于古代王官之学中的史官,注重古人治国理政的历史经验。老子身为周王室的史官,对历史经验自然十分看重。历史典籍中记载的主要是高层统治者的言行记录和成败总结,那么老子的思想自然是着眼于国家政治的最高理念、基本原则、顶层设计和战略谋划,回答的是管理中那些最高、最大、最根本的问题。因此,《道德经》蕴含着丰富而深刻的管理思想和管理哲学。

历史上,《道德经》对文景之治、贞观之治、康乾之治都产生过重大影响;在现当代,很多著名企业家也对这部经典爱不释手,并应用于管理实践。对于每一位学管理、做管理的人,《道德经》中的管理思想都有着宝贵的启示。

《道德经》将管理者个体与组织管理直接联系起来,形成"个人—组织同构"的管理体系。这一体系框架以"道"为出发点和归宿,致力于破除管理者的主观局限,以"自然""无为"为基本管理原则,以自我管理与组织管理为重点内容,构建了"无为而治"的管理模式,体现了卓越的管理哲学与战略理念。

四、《道德经》的版本与注本

《道德经》在长期流传过程中,经过了多人、多次增删和改动,而在其传抄刊印过程中又可能有错置等情况发生，从而形成了极其复杂的版本问题。

清代之前，《道德经》版本已有 100 余种。在众多的《道德经》古本中，流传最广的是魏晋时期王弼（226~249 年）本和两汉之际河上公本。其他重要的版本还有西汉严遵本、唐代傅奕本、唐代所刻《道德经》石幢等。近 40 多年来相继发现了 4 种先秦两汉时期的简帛本《老子》，即"四古本《老子》"：1973 年在长沙马王堆汉墓出土了两个帛书抄本（简称"帛书甲本、乙本"）[1]；1993 年在湖北荆门郭店村战国中期楚墓出土了三种《老子》竹简摘抄本（简称"楚简本"），这也是今天所能见到的最早的《道德经》版本；2009 年北京大学入藏的西汉竹简《老子》（简称"北大汉简本"），这是一部最完整的汉代古本《老子》。

后世学者提出了诸多自行校订的《道德经》。刘笑敢认为，如果古本可通，则不必改古本。对底本改动越少越好，否则，古书便会有越来越多的"改正本"，要了解古书原貌也会越来越难[2]。刘固盛主张，以王弼本、河上公本为代表的通行本《道德经》具有不可替代的地位，现当代学者的改动本可作为参考，而出土《老子》对于学习、研究《道德经》有着重要的价值[3]。

历史上对《道德经》的注解层出不穷，到元代"注者三千余家"[4]，至今已不胜数。最早的注本是韩非子所做的《解老》和《喻老》，流传最广的是王弼注本和河上公注本。王弼注本突出了"以无为本"的哲学思想，被后人公认为第一流的。河上公注本重视文字训诂，以"气"释"道"，强调个体的修身练气。此后还有很多名人注过《道德经》，如魏征、王安石、司马光、苏轼、苏辙、朱熹、王夫之、魏源等，其中苏辙的注本受到很多当代学者的重视。据载历史上

---

① 这两种写本分别被称作甲本和乙本。甲本字体介于篆隶之间，不避刘邦名讳，当是刘邦称帝前的抄写本。乙本用隶书抄成，避刘邦而不避汉文帝刘恒的名讳，应是汉高祖、汉文帝之间的抄写本。

② 刘笑敢.老子古今［M］.北京：中国社会科学出版社，2006：592.

③ 刘固盛《老子》版本述要［C］."简帛老子四古本与出土道家文献"学术研讨会.北京：清华大学，2018.

④ 杜道坚.道德玄经原旨［M］//熊铁基.老子集成（第五卷）.北京：宗教文化出版社，2011：482.

有八位皇帝给《道德经》做过注释，其中唐玄宗、宋徽宗、明太祖和清世祖的注本流传下来。当前，《道德经》校注本和译本如雨后春笋般涌现，反映了人们对老学的重视，但也显得有些混乱。

我们从管理学角度学习与应用《道德经》，不注重版本之争和具体字句的考证，而是注重学习其中的管理思想。我们在版本上采用影响最大的通行本（王弼本）；在译文与注释方面，主要依据王弼、苏辙、陈鼓应、任法融、傅佩荣、齐善鸿、赵又春、温海明等的相关著作。此外，我们还参考了古今中外的很多相关文献。对于诸位先贤、学者，我们致以深深的敬意。对于本书中存在的谬误，我们一并担责，并希望广大读者不吝指正。

本书得到吉林师范大学教材出版基金资助。

目 录
CONTENTS

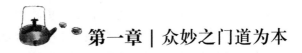

第一章 | 众妙之门道为本

【原文】

道可道，非常道；名可名，非常名。

无，名天地之始；有，名万物之母。

故常无欲，以观其妙；常有欲，以观其徼。

此两者同出而异名，同谓之玄，玄之又玄，众妙之门。

【译文】

道，可以用语言表达，但表达出来的不是恒常的道；名，可以用语言指称，但指称的不是恒常的名。

无，用以指称形成天地的本始；有，用以指称创生万物的母体。

所以总是以无欲的方式观照道的奥妙，总是以有欲的方式观照道的运化边际。

无和有这两者，同一来源而名称不同，都可以说是"玄"。玄之又玄，是认知一切奥妙的门径。

【详解】

作为《道德经》通行本的首章，本章提出了"道""名""无""有""玄"等概念，这是其他章的基础和逻辑起点。本章还蕴含着独特的认识论，这是理解老子思想的必要前提。

"道可道，非常道"。帛书甲本为"道可道也，非恒道也"。第一个"道"，名词，指浑然一体的宇宙本体、永恒存在的天地万物之源、运动不息而又对立转化的规律和法则[1]。"可道"中的"道"，动词，通常解释为阐述、解说；也有

---

[1] 关于"道"的解释，历来众说纷纭，初学者可近似地理解为客观存在的根本规律。

解释为"执行、实行",即"导（導）"①。常道,避汉文帝刘恒之"恒"字,指永恒存在、无法言说的道,称"恒道"更确切。道为什么不能被言说呢?或者,为什么说出来的道就不再是"恒道"了呢?因为语言本身具有局限性和相对性,而道具有无限性和绝对性,"有限"不能充分地表达"无限",如同部分不能概括整体。老子所指的道是"不可说"甚至"不可思议"的,它超越了"相对性"而又真实存在。那么,既然不可说,为什么还要说呢?根据《史记》的记载,老子本来没想说,是被"逼"着说的。其实,这是老子为了让世人"知道""得道"而不得不借助于语言来行"圣人之使命"。《道德经》将这句话置于篇首,也昭示人们,如果以月喻道,这五千言只是指月之手而非月本身。学习《道德经》的重点不在于接受知识,而在于掌握知识背后的"恒道";要掌握"恒道",既要借助于语言文字和前人阐述的知识,也要破除文字和知识的表象而深入到内在的本质。

"名可名,非常名"。帛书甲本为"名可名也,非恒名也"。第一个"名",名词,道之名,即人对道的认知、言说、评价。"可名"的"名",动词,以语言文字加以命名、指称。常（恒）名,指常（恒）道之名。如前所述,"常道"具有难以言说的性质,所以对常道之名也只能是勉强指称,如第二十五章所言:"吾不知其名,强字之曰道,强为之名曰大。"可见,即使老子本人所认识到的"道"是真实究竟的"恒道"与"恒名",但被他表述出来的也不是"恒道""恒名"。

此外,不同的人以及同一个人处在不同的时空情境与不同的认识阶段之中,对"道"的把握也可能不同,表述也会存在差异,于是就出现了各种不同的"名",而这些不同的名又都指向同一个"恒道",所以这就不是"恒名"了。

"无,名天地之始;有,名万物之母"。无,不是绝对的没有,它高度抽象,是一种难以被认知、难以被命名和描述的抽象存在②,是道体的特征,也是对道性的本质规定。有,指可被人认知、有明确称谓与确定名状的具体存在,是道的功用体现或运化轨迹与结果。第四十章说:"天下万物生于有,有生于无。""无"早于天地而存在,是天地具体分化之前的宇宙初始态,天地于此而得

---

① 对此有很多争论。南怀瑾、沈善增等解释为"奉行""引导""因行",用法同《庄子·田子方》之"其谏我也似子,其道我也似父"。解释为"说"和"行"本质上都包含了人的主观意识的掺杂,只是掺杂的程度不同而已。本句可综合译为:人们奉行的、通常称之为"道"的,都不是"恒道"。

② 多数学者认为它一般指的是道。张松辉认为,学界通常认为的"无即道"是有问题的,两者不能等同。参见:张松辉.《老子》研究［M］.北京:人民出版社,2006：127-140.

以生，所以，以"无"来指称天地的本始。天地是被人认知（或推知）并命名的最早、最大的"有"，万物由天地而生，万物又生新的万物。从更一般意义而言，可知可名的事物又能不断地产生新的事物，如同母体产生新的个体，"子子孙孙无穷匮也"，所以用"有"来指称万物的母体。

需要说明，无与有共同构成了道，或者说，道既是无也是有①，是无与有的统一，二者分别是对道体、道用的规定与指代。老子哲学更加注重道体、道性，因此通常以无指代道。

很多文献将此句断为"无名，天地之始；有名，万物之母"。显然，"无名"指的是作为道性的"无"，任法融谓之"无形无象的混元大道"；"有名"指的是"有"。无名之道是天地的终极源头和本初动力，它使天地混沌初开，才能制名；天地既存，然后产生万物，而万物复又产生万物，因而可制名万千。"名"本身不能产生万物，"无名者"与"有名者"才是天地万物产生的现实依据，即母体与条件。两种断句，内在含义基本相同。

"故常无欲，以观其妙；常有欲，以观其徼（jiào）"②。帛书本为"故恒无欲也，以观其妙；恒有欲也，以观其所徼"，其中的"也"字为通行本的断句提供了依据。欲，北宋陈景元注为"欲者，逐境生心"，明代焦竑认为欲"犹意也，情也"，可见，"欲"不能局限于"欲望"，更不能解释为"情欲""贪欲"③，而是指人的感官功能与心理机能或主观倾向与认知能力，相当于心理学所谓的知觉、情感和意志。刘固盛认为，当体道者内心处于寂然不动、虚静无为的状态时，即"无欲"；及其内心意念发动，感受到外面事事物物的变化发展，并因循自然，随之作为，则为"有欲"④。

妙，是自然常道的微妙、深奥、幽远而又无所不能的性状，而这些性状是自然的、不是人为的、不以人的意志为转移的。徼，王弼注为"终归"，我们根据陆德明、陈景元、陈鼓应、董平等的观点，译为"边界""边际"，亦可译为

---

① 许航生.再解《老子》[M]//陈鼓应.道家文化研究（第十五辑）[M].上海：三联书店，1999：73.持这种观点的还有陈鼓应、杜宝瑞等。

② 很多学者将此句断为"常无，欲以观其妙；常有，欲以观其徼"，其依据是，《庄子·天下篇》曰："老聃闻其风而悦之，建之以常无有。"朱谦之引易顺鼎言，"'常无有'即此章'常无''常有'，以'常无''常有'为句，自庄子已然矣"。

③ 张歧坤.老子的道论[M].香港：香港飞天文化出版社，2001：2-4.

④ 刘固盛.《老子》首章无欲、有欲问题辨析[J].中国哲学史，2015（4）：11-15.

"端倪"（陈鼓应、齐善鸿）。徼是人所能感知、表述的认知结果，是人为设定的，以各种语言符号标识的事物边界，是以人的意识和意志为转移的。

其，指代"道"。老子将认识对象——道分为两个方面：一是"道妙"，指向"道之体"，是人对道性（无）的表征，具有"妙不可言""不可思议""无法观测"的特征；二是"道徼"，指向"道之用"，体现于万物（有）之中（《庄子·知北游》），即事物的各种表征，具有可观测、可言说的特征。妙与徼既是相对的，又是统一的，是对道的体与用的描述与表征，因此才有下文"同出而异名"之说。

人类总是用眼、耳、手等感觉器官及其延伸工具（如显微镜、探测器等）和心理机能来认识事物的边界，即"常有欲，以观其徼"，这体现着人类认知与把握世界的可能性与现实性。也就是说，"有欲"是"观其徼"的前提和方法。心理学的一个基本命题就是，人总是通过发挥感官与心理机能、认知能力来认识事物的各种表征，这与老子的思想不谋而合。

人类对事物的认识如同剥洋葱，会层层深入，然而，越深入，感官与心理就越无能为力。对于最本质的"道"，人的感官、意识、理性、语言都是完全无能为力的；它们不仅无能为力，甚至还是认识道的障碍。正如第十四章所说，"视之不见名曰夷，听之不闻名曰希，搏之不得名曰微。此三者不可致诘，故混而为一"；第四十七章又强调："不出户，知天下；不窥牖，见天道。其出弥远，其知弥少。是以圣人不行而知，不见而名，不为而成。"如果人要想把握"恒道"的本质特性，体察道妙，那么"欲"必须"退场"；欲退场之后，达到虚无的境界，即"致虚极，守静笃"（见第十六章），此时方能洞见大道之妙，即"常无欲，以观其妙"。这个"无欲观妙"的过程如同"水落石出""拨云见日"一样。这是东方哲学特有的"体悟"或"证悟"的认识论，同时也是工夫论（即"无欲之观"）。陈景元注云："夫虚无之道，寂然不动，则曰无欲。感孕万物，则曰有欲。无欲观妙，守虚无也。有欲观徼，谓存思也。尝谓真常即大道也。无欲有欲，即道之应用也。"

"此两者同出而异名，同谓之玄"。"两者"指的是"无"和"有"。在常人眼中，有与无是对立的，具有迥异的存在状态与性质，但是在老子看来，无和有的关系不是常人思维方式中的二元对立关系，两者实质上具有同样的来源，只是名称不同而已；而且，两者统一于"玄"。

"玄之又玄，众妙之门"。玄，古文字形为"⁸"（甲骨文）、"⁸"（金文，西周中期），有上升之意；春秋时还有龙、凤之形，都明确说明其中有上升或升华之义。《说文解字》解"玄"为"幽远也。与远通"。离开地表，向上升起，以至于看不见，这便是幽远，便是归于天。因此，玄又被释为"天"（《广雅·释言》《释名》），"天以不见为玄"（《楚辞·宋玉》）。古人以天为神妙道所，故又将"玄"解为"道"（《广雅·释诂三》）、"理之微妙者"（《周易参同契·圣贤伏炼》）。

这样解释"玄"，还是令人难以明白它到底"是什么"；如果说这种解释让我们明白了什么，那就是明白了"玄"是一种"黑箱"。既然难以说清楚"玄是什么"，那就迂回前进，看看它"不是什么"：它不是具体的事物，当然它又在具体之中；它不是一般意义上的肯定，但它又在肯定之中。如果近似地表述它，可用现代语言中的"抽象""否定"加以模拟。

"玄"与今人常讲的"抽象"有近似之处，即对感官所及的事物表象进行提炼，进而得到一般性的规律；这种抽象不是一次就能完成的，而是多次抽象，越来越抽象，从而接近于"道"。因此，"多次抽象"可以近似地解释"玄之又玄"。对可观测的客观事物进行多次抽象，会得到高度抽象的一般规律；越是抽象的规律性命题、原理越能解释更多的现象。

"玄"也可用"否定"做近似的解释。按照斯宾诺莎的"一切肯定皆是否定"命题，肯定，就其抽象的意义来考察，它自身必具单纯"同一"性，那么其内部也就缺乏可与之相对立的东西，这种"缺乏"导致的张力使其包含着向它对立面转化的最大可能性，即成为它反对的东西，此即一般否定；当然这种否定不是具体的否定，而是抽象的、一般意义上的否定。正是这种既包含否定，又包含肯定的东西，被称为"玄"。因此，"否定之否定"可以用来模拟"玄之又玄"的机理。一切事物都包含着否定自身的因素，因而就会向对立面转化，在不断的转化过程中，玄妙的世界由此呈现、展开、演化。此为"玄之又玄，众妙之门"。

【管理启示】

庄子指出，道"无所不在"，"在蝼蚁""在稊稗""在瓦甓""在屎溺"。道在万物之中，必然通过万物得以表现，于是在人类的认识中，便有了道的共性与个性、普遍性与特殊性的划分。这种划分实际上把道从"妙"拉向"徼"，从天上拉向人间，从"圣人"的专利拉向智者志士的现实实践。从"道"的本质而言，这种划分是不存在的，但是出于认识与实践的需要，这种划分又是必要的，特别是对于管理者而言，更有实践价值。

本章对管理者的重要启示在于"管理之本"这一管理的根本问题之上，这个问题决定着管理的"道路选择"：管理者要敬畏道、遵行道，就会使管理走正路，这种管理可谓"道本管理[①]"。道本管理回答了管理的一个重要问题：管理者去管理组织、领导下属，那么，谁来管理和领导最高管理者？体道、尊道、行道，自觉接受道的领导，这是管理者特别是高层领导的正路。

本章所阐明的"道妙"认识论，即"无欲以观其妙"，对于道本管理者有着重要的启示。道本管理者应当做到无欲无私，唯有如此才能做出正确的决策，带领组织走得更远。例如，乔布斯等企业家曾通过静坐等方式放下惯常的经验和思维惯性，进而做出很多创新性决策，使企业获得超常规发展。

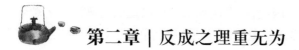 第二章 | 反成之理重无为

【原文】

天下皆知美之为美，斯恶已；皆知善之为善，斯不善已。

故有无相生，难易相成，长短相较，高下相倾，音声相和，前后相随。

是以圣人处无为之事，行不言之教，万物作焉而不辞，生而不有，为而不恃，功成而弗居。夫唯弗居，是以不去。

【译文】

天下都知道以某种美为美，就会形成丑恶；都知道以某种善为善，就会形成不善。

有和无互相生成，难和易互相促就，长和短互相比照，高和下相互依存，音和声彼此应和，前和后连接相随。

所以圣人以无为的原则处事，实行不言的教化，任万物自然生发而不加干

---

① 齐善鸿，曹振杰.道本管理论：中西方管理哲学融和的视角［J］.管理学报，2009，6（10）：1279-1284.

涉，生养万物而不据为已有，作育万物而不自恃已能，功业成就而不自居有功。正因他不居功，所以功绩不会失去。

【详解】

本章的结构与《道德经》中的多数章节一样，首先说理，然后明事。本章的说理是通过举例的方式进行的，可以提炼、概括为"对立转化"规律；明事就是落实到管理上，提出"弗居以不去"的"反成原理"。本章可分为三段。

"天下皆知美之为美，斯恶（è）已；皆知善之为善，斯不善已"。恶，指的是不美，"丑"。已，同"矣"。这是本章的立意句，历来有不同的解释。如第一句，常被译为"天下人都知道美之所以成为美，那是由于有丑的存在"，这一译文体现的是对立而非转化。从整章来看，这一立意句与末段的结论"夫唯弗居，是以不去"应该有内在逻辑的一致性。后者讲的是从"不居功"到"功不离开他"的转化，而不仅仅是对立。由此反推回来，首句应该重点讲事物的矛盾转化问题，而且重在"转化"。

此外，人们对"美之为美"的理解也有差异，很多人解释为"美之所以为美"，略显牵强，因为这种对美学原因的抽象探索应该不是古代天下百姓所感兴趣和能做的。综合先秦文献中"之为"的用法，此五字宜解为"以某种美为美"。因此，这两句话的含义为：人们都知道以某种美为美，会产生对这种美的追逐与争斗，就会形成某种丑恶；都知道以某种善为善，会产生对这种善的追逐与争斗，就会出现伪善，也会出现强迫行善、以善的名义作恶等不善的现象。这一思想在第五十八章也有概括，"正复为奇，善复为妖"。例如，"吴王好剑客，百姓多疮瘢；楚王好细腰，宫中多饿死"。再如，金钱本是一种方便交易的等价物，但如果人们都爱钱，那么就容易产生很多丑恶。同样地，管理中所采用的某种理念、方法、制度也会随着时间的推移而走向反面。

"故有无相生，难易相成，长短相较，高下相倾，音声相和（hè），前后相随"。帛书乙本为："（有无之相）生也，难易之相成也，长短之相刑（形）也，高下之相盈也，音声之相和也，先后之相随，恒也。"这段文字的帛书本比通行本在语气上更加连贯，其中的逻辑与含义也明显易懂。帛书本此段话前面无"故"字，后多"恒也"，可见前后段之间不是因果关系，本段是对首段提出的对立转化规律的拓展与概括。对于音和声，历来解释不一，一般认为，发出的是音，听到的是声，两者互相应和。

在二元对立思维中，美与善、恶与丑、有与无等相对概念都是明确的、对立的。本段否定了这种二元对立的看法，申明了对立的事物之间存在相互依存、相互转化的关系，"有无之相生也，难易之相成也……恒也"。这种事物自身的演化轨迹所呈现的对立转化规律，老子在第四十章概括为"反者，道之动"。

结合第一章的认识论，二元对立思维本质上都是人心运作（有欲）的反映，如果人心停止二元运作而进行"无欲之观"，那么，善与恶、美与丑、高与下、长与短都是同一的了。这里的"无欲之观"还有一个"无"的程度上的差别，即能在多大程度上突破自己的欲，突破的程度越大，则视野越高远。首先要突破俗常的心量和眼界。常人总是固着于眼前的美，而老子却从中看到了丑；常人关注眼前的燕雀，而庄子却能看到扶摇九万里的鲲鹏。这是一种"相对论[①]"。然后，对自己的心量继续突破，便是"同一论"，如《庄子·齐物论》所指出的："天地一指也，万物一马也。"宋代释普济在《五灯会元》（卷十七）对此解释得很清楚："天地一指，绝净竞之心；万物一马，无是非之论。"

老子说理，旨在明事。上述的对立转化规律如何应用到管理中去呢？

"是以圣人处无为之事，行不言之教，万物作焉而不辞，生而不有，为而不恃（shì），功成而弗居。夫唯弗居，是以不去"。"不辞"，傅奕本中是"不为始"，帛书乙本中是"弗始"，楚简本中则为"弗㤅"[②]。陈鼓应等校改为"万物作而不为始"。"不辞"，有人解为"不说"，不言自己之功即不炫耀，或不轻易发布指令即"不加干涉"；还有人解为不推诿、不推辞，亦通。不为始，不以创始者自居，应该与前后文意思更加一致。

这里的"圣人"指的是有道的君主（侯王）。这既是老子对统治者的期许，也是一种勉励。老子经常在阐明一个基本原理之后，随即针对君主提出相应的施政建议，其中多数是施治原则与战略方针。

既然世间事物的对立源于自己这颗心（欲），那么有道的圣人就要做无为之事，即去除执着于自己私利、私欲的念头和行为。老子在本段讲得非常清楚，无

---

① 不同于物理学的相对论。梁漱溟总结中国人的思维方式："不把重点固定放在任何一方……话应当是看谁说的，离开说话的人，不能有一句话。标准是随人的，没有一个绝对标准，此即所谓相对论……"（梁漱溟.中国文化要义［M］.上海：上海人民出版社，2011：91.）

② "弗㤅"，有人解为"始"，有人解为"治"。参见：邓各泉.郭店楚简《老子》释读［M］.长沙：湖南人民出版社，2005：110.

为不是什么都不干、昏庸放任混日子，而是要承担使"万物作"、使"万物生"、使"万物为"的无比重大的责任和使命。"无为之事"就像水一样，要"利万物而不争"，也要"以百姓心为心"。总之，"无为"就是遵循客观规律（道），不掺杂自己的主观臆断；一旦掺杂个人的主观意识，就会背离客观规律，即逆道而行。

"不言之教"是"无为之事"的重要方面。言，人为的言语、命令。老子和道家重视"不言"，"不言"的前提是"利万物"。这一点孔子也非常重视："天何言哉？四时行焉，百物生焉，天何言哉？"（《论语·阳货》）

末句"夫唯弗居，是以不去"充分体现了老子对统治者的循循善诱。只有全心全意为民众乃至为万物的健康成长而服务，同时还不表功、不居功、不贪恋名位，这样的话，民众才会牢记他的大功，才会衷心拥戴他（天下乐推而不厌，见第六十六章），才能达到"是以不去"的理想结果。

【管理启示】

从本章开始，老子依据"道"而逐步提出组织（从生命体组织、社会组织到自然界）的一系列规律，并运用于组织管理之中。本章所提出的管理原理被齐善鸿教授称为"反成原理"，其中的思维方式为"反成思维"[①]，这是一种基于道的逆向思维。反成是事物演化与发展过程遵循阴阳互根、对立转化、相因相成的基本规律，呈现出从"无"到"有"的运动轨迹；反成原理在管理中体现为执利失利、无为反成，即老子所谓的"夫唯弗居，是以不去""无为而无不为""不争而天下莫能与之争"。例如，常人着眼于"得"，一味地索取反而达不到目的；"圣人"则与常人相反，着眼于"舍"，最终却获得甚多。常人总想有为，但执着于一己之利的有为反而不易成功；"圣人"处无为之事，以百姓心为心，最终却使众人乐推而不厌，使自己"长生久视"。反成原理要求管理者有素朴人格和辩证思维，前者要求管理主体见素抱朴、少私寡欲，心底无私天地宽；后者意味着两种矛盾的观念同时存在还能运转无碍。

"反成思维"是老子为统治者提出的一种特殊"算法"。众人普遍是有欲的，如果统治者也有欲，那么就会形成一种矛盾和张力，最终体现在对利益的争夺之上。统治者一旦表功、居功、炫耀，那么众人就会发觉他的私欲，就会觉得

---

① 反成思维见于：张党珠，王晶，齐善鸿.基于扎根理论编码技术的道本领导理论模型构建研究［J］.管理学报，2019（8）：1117–1126.

自己的利益受到直接或潜在的威胁，甚至感到自己受到了剥削，于是不但不"乐推"，还可能千方百计地取而代之。这样，统治者追求私利反而最终对自己不利。如果统治者身在高位而表现出"无欲"，那么就不会对众人的利益造成威胁，众人觉得他像水一样，不但无害于己，还有利于己，于是就会感恩并拥戴他。老子在后文明确讲了这个道理："非以其无私邪？故能成其私。"（见第七章）这种"算法"揭示了从"弗居"到"不去"、从"舍"到"得"、从"小私"到"大私"、从"无"到"有"的转化原理，也称为"反成思维"。

世人无不追求美、善、有、易、长、高、声（名声）、前，而厌恶其反面，其结果往往是求而不得、得而复失、得而生厌的痛苦。老子的反成原理却是，求"美"须先知"丑"，求"善"须先知"不善"，求"有"须向"无"中求，求"易"必须重视"难"，欲"长"必先始于"短"，欲"高"必先为于"下"，欲播声于"外"必先发音于"内"，欲处人之"前"必先居人之"后"。总之，我们在追求事物时，不应一味执着于其"正"的一面，很多时候，从所追求事物的对立面着手让其自然而然地由量变到质变向正面转化，可能会起到更自然和更好的效果。

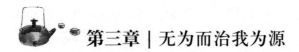

第三章 | 无为而治我为源

【原文】

不尚贤，使民不争；不贵难得之货，使民不为盗；不见可欲，使民心不乱。

是以圣人之治，虚其心，实其腹，弱其志，强其骨。常使民无知无欲，使夫智者不敢为也。

为无为，则无不治。

【译文】

不人为地标榜贤才，使民众不起争心；不过分看重难得的财货，使民众不起盗心；不显耀能引发贪欲的东西，使民心不被惑乱。

这是因为，有道的君主在施治过程中，虚心静意，内在安宁，减弱欲求，增强骨气。这样就会常使民众没有伪诈之心和争盗之欲，使那些自作聪明的人不敢妄为造事。

依照这种无为的原则去处理事务，那么天下就没有不能治理好的。

【详解】

本章是对上章圣人"处无为之事，行不言之教"的展开，提出了无为而治的主张。从逻辑上看，三段话层层递进；从内容上看，通篇都是政论，也是管理原则。本章内容曾引发了很多争议。

"**不尚贤，使民不争；不贵难得之货，使民不为盗；不见可欲，使民心不乱**"。这段话的字面意思容易理解，但其主张却与儒家、墨家、法家甚至黄老学派的主张不一致，与现代管理学也有相悖之处，因而争议、批评颇多。

《墨子·尚贤上》说："夫尚贤者，政之本也。"儒家也主张"举贤才"（《论语·子路》），"选贤任能"是中国传统治理模式的特色。老子却似乎别树一帜："不尚贤，使民不争。"这句话的重点是"使民不争"，"使民不争"是目的，"不尚贤"是手段，而具体手段是可以权变的。此外，老子讲的是不"尚"贤，而不是"不用贤"，更不是排斥贤才；"尚"有人为标榜之义，老子倡导无为，自然反对这种人为地尚贤。任法融说："'不尚贤'，是指不人为地标榜贤才。《庄子》中有，'在朝廷者，论爵位之高低；在宗庙祭祀时，以尊卑次序而排之；在乡邻行处者，必以年龄大小而定其称；在承办事业中，则只推崇贤能者。这是自然之序，非有意作为也。'崇尚贤才，是自然而然的。若有意标榜，人为树立，必使人们争名逐利而不务实际，坐享其成而不做贡献。贤名为形式障蔽，为投机者所用，必失其真，流于虚名，贻误国家，危害社会。"其实，真正的贤人与"圣人"类似，不会受名利的驱使。那些汲汲于名利的人——无论是否有才华，皆被儒家定义为小人，老子对此虽无轻视之意，但也将其归为"俗人"（见第二十章）、"过客"（见第三十五章："乐与饵，过客止。"）或"百姓"（见第四十九章："百姓皆注其耳目"）。其中有才华的也只不过是俗人中的"智者"而已，对于这些人，老子在本章的第二段明确提出，要以"无为"的方式加以对待，而不是"尚贤"。

"不贵难得之货，使民不为盗"。难得之货，指的是古代百姓难得一见的珠玉宝器等。如果统治者不把难得的财货当回事儿，那么上行下效，百姓也就不太感兴趣，从而不会去盗去抢。当然，这句话不是让官员和百姓都甘于贫穷，而是上上下下都生活得知足、简朴，不起乱子。老子是主张"富民"的，但更强调心灵的富足："我无事而民自富""富贵而骄，自遗其咎""知足者富"。

"不见可欲，使民心不乱"。见（xiàn），同"现"，显现，炫耀。可欲，能引发贪欲的事物。同"不尚贤"一样，这里不是排斥美好的事物，而是统治者应首先做到不显耀足以引起贪心的事物，从而就不会使民心迷乱。

老子的这三条主张说明了一条治理逻辑："（管理者）不……使民不……"[1] 其中的含义很明显，为了实现被管理者不争斗、不为盗、不惑乱的"结果"，管理者要以自己为"主因"，即从自身做起，要有实实在在的行为，以身作则，行不言之教。老子反对说教，主张管理者自己才是治理的根源。《论语》中也反映了这一思想："季康子患盗，问于孔子。孔子对曰：'苟子之不欲，虽赏之不窃。'""君子之德，风。小人之德，草。草上之风，必偃。"世风败坏，其责任亦在领导者，不在普通民众。

"是以圣人之治，虚其心，实其腹，弱其志，强其骨。常使民无知无欲，使夫智者不敢为也"。很多学者认为，四个"其"指代百姓。那么，"实其腹"和"强其骨"可理解为重视民生问题，让百姓生活饱足，健康强壮；"虚其心"和"弱其志"可理解为重视民心问题，使民众心态清静平和，减少非分之想。这样，就会使民众享受自在、富足的生活而不动机心[2]、不起贪欲。在这个大环境中，即使有个别的"知（智）者"想妄为造事，也不敢付诸现实。显然，这样的治理模式是符合老子的基本思想的。

河上公、任法融、熊春锦、沈善增[3]、赵又春[4] 等学者认为，"其"应该指代"圣人"，那么，"四其句"说的是圣人自身修养亦即自我管理问题。有道的管理者在管理实践中，只有自己做到虚心静意（虚其心），内在安宁（实其腹），不贪不争（弱其志），同时实力强大（强其骨），才会不尚贤、不贵难得之货、不显耀可欲之物；这样的组织氛围会影响到民众，使其没有必要也没有条件用机心、起贪欲，才会不争、不为盗、心不乱；即便有才智的人想妄为造事也不敢

① 齐善鸿，李彦敏．人生密码：心解《道德经》[M]．大连：东北财经大学出版社，2012：10．

② 机巧、巧诈之心．《庄子》指出："有机械者必有机事，有机事者必有机心。"成玄英疏指出："有机动之务者，必有机变之心。"又见刘基《浣溪沙》词："早息机心劳役少，懒闻世事往来疏。"

③ 沈善增．还吾老子 [M]．上海：上海人民出版社，2004：127–128．

④ 赵又春．我读老子 [M]．长沙：岳麓书社，2006：19．

真干。这一理解将圣人的自我管理放到了更具本因性的位置，使本章的逻辑一致。"是以"常译为"因此"，基于上述分析，可译为"这是因为"。

此外，这段话还有几处需要讨论：

"实其腹"与"强其骨"兼具养生方面的精义（见河上公、任法融的注解），我们取其管理层面的含义。"实其腹"，如老子在第十二章指出，"圣人为腹不为目"，意为"圣人但求内在安宁而不逐声色之娱"，所以意译为"内在安宁"。"强其骨"，强身健体，引申为增强自身实力，也有培养骨气之义。

"常使民无知无欲"不是愚民政策，不是让老百姓成为"无知无欲"的植物人和智障，而是说，使百姓没有奸诈的心智，没有贪婪的欲望。同样的道理见第四十九章："圣人在天下，歙歙，为天下浑其心。（百姓皆注其耳目，）圣人皆孩之。"另见第六十五章："古之善为道者，非以明民，将以愚之。"

智者与贤人往往难以区分，相对而言，智者有才智而缺乏德行，他们往往不甘平凡寂寞，常常想有所作为，也容易"作"事情，这群人总是统治者的"心病"。当民众都幸福安乐、统治者实力也很强大的时候，这些人才不敢妄为造事，因为他们没有"造反"的社会基础（百姓向往安居乐业，反对生乱、动荡）。所以，重视民生、淳朴民风、经营人心非常重要，只不过老子强调的是管理者不要总想着管别人，而是先把自己管好，要从自身做起，清静无为，才能影响百姓，并"使夫智者不敢为也"。

"为无为，则无不治"。帛书本中为"弗为而已，则无不治矣"。统治必须从"民心"这一统治基础做起；使民不争、不盗、不乱就是经营民心，而经营民心的根本与前提乃是管理自心，这样才能从根源上消除动乱的可能性。就是说，统治者按照"无为"的原则去做，办事顺应自然，其自身处于无为的状态，"则无不治"；相反，如果"有为"，就会使民众处于一种争、盗、乱的状态，那么天下就不会太平了，这是"为有为，则不治"。第五十七章曰："故圣人云：'我无为而民自化，我好静而民自正，我无事而民自富，我无欲而民自朴。'"其中的关键点可提炼为一句话："我是一切问题的根源。"

【管理启示】

第三章在第二章的"算法"基础上，进一步提出了老子思想中更加重要的"心法"——"我是一切问题的根源"。很多企业家都在说"经营人心"，本章的启示却是，经营人心固然重要，但是管理者经营己心更重要，因为"我是一切问题的根源"。管理者自己如果有很重的贪心和虚荣心，就会争名、夺利、奢华、炫耀，从而就会在组织中形成"拜物教""唯利是图"的氛围，进而刺激别人的贪心，促使人们耍心眼、争斗甚至明抢暗夺，这就为那些才智之人纵横捭阖、拉帮结派、滋事造反创造了有利条件。如果管理者贪欲过重，就可能过度压榨员工，促使员工在"智者"的带领之下群起抗争，这种极端的状况曾经普遍存在过。

老子的"不尚贤"思想使人对"尚贤"的流弊有所警惕。管理中，无事就是好事，因为事先消除了能够产生危机因素的土壤，或者已经将危机因素消弭于萌芽状态了。从这个角度而言，组织中已经没有贤才扬名立万的机会了，也就没有"尚贤"的必要了。如果需要"尚贤"，那就意味着组织已经出现明显的危机因素，需要贤能人士去消除危机，这必然会动用各种组织资源，甚至损害组织的基础，即使能消除危机，也会伤筋动骨，使组织走下坡路。典型的例子是"安史之乱"，出现了一些名将贤臣几乎用举国之力消除了动乱，而唐王朝也从此下行。第六十四章也阐述了不尚贤之理，"圣人无为故无败，无执故无失""圣人欲不欲，不贵难得之货；学不学，复众人之所过，以辅万物之自然而不敢为"。此外，如果刻意寻求德才兼备的"贤人"，往往没有明确、统一的标准。所以，所"尚"的是不是真"贤"？怎样"尚"（用利，用位，用名，还是别的）？会不会引来"伪贤"？这是需要谨慎考量的。老子的智慧便在这里，在现实管理中，创造条件让每个人发挥自己的特长才能，使贤才自然而然地各得其位，就不会引起人们对名与利无休止的争夺。

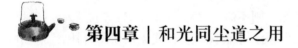

第四章 | 和光同尘道之用

【原文】

道冲，而用之或不盈。渊兮似万物之宗。

挫其锐，解其纷，和其光，同其尘。湛兮似或存。

吾不知谁之子，象帝之先。

【译文】

道是虚空的，而其作用却不穷竭。渊深啊，就像是万物的宗主。

（圣人）不露锋芒，消解纷扰，含敛光耀，混同尘世。幽隐深沉啊，若有若无地存在着。

我不知晓道从何而来，它像是出现在天帝之前。

【详解】

本章讲的是"道本身"，还是"用道之人"，对此争议颇多。明代憨山认为"此章赞道体用之妙，且兼人而释者"，所以应"兼人而解之"。我们从管理的角度，侧重对"人用道的原则与作用"进行解读。

"**道冲，而用之或不盈。渊兮似万物之宗**"。冲：虚。或：河上公本注为"常"，其他本多训为"有"。盈：充满，有过溢、过多、过甚之义。万物，指所有人、事、物，重点指人，如"侯王若能守之，万物将自宾"（见第三十二章）。宗：根本，引申为主宰。此句意为：道体是虚明空寂的，然而它的作用却是无穷无尽的。如果将"用之"的主体确定为人，那么效法道的人就会谦虚而不求盈满，既不会追求奢华享受，也不会采取强势。用道乃是向幽深根本处用功，博大深邃，如同渊谷能容纳万物，用道之人可为众人的主宰与尊长。

"**挫其锐，解其纷，和其光，同其尘。湛兮似或存**"。湛，同"沉"，沉没，隐约。其，一说指代道，另一说指代用道之人。傅佩荣认为，这段话既讲了人生修养，也讲了效法道的作为[①]。用道的圣人消磨自己的锋锐，消解自己的纷扰，调和自己的光辉，把自己混同于尘垢；他是那么沉静隐秘，若有若无地存在着。第十七章说，守道的圣人"太上，下知有之"，与此处含义一致。

"**吾不知谁之子，象帝之先**"。象，常译为"似乎""好像"，表示一种肯定性推测。帝，王弼注为"天帝"。"我"不知晓道来自何处，但能肯定的是，道好像是在天帝出现之前就存在了，它的地位与作用是超过天帝的。类似的表述还

---

① 傅佩荣. 傅佩荣译解老子［M］. 北京：东方出版社，2012：10.

有"有物混成，先天地生"（见第二十五章）。老子的观点很明确：道是宇宙至高无上的主宰，其地位与效力无与伦比。庄子细致地解释了老子的这一思想："夫道有情有信，无为无形；可传而不可受，可得而不可见；自本自根，未有天地，自古以固存；神鬼神帝，生天生地；在太极之先而不为高，在六极之下而不为深，先天地生而不为久，长于上古而不为老。"（《庄子·大宗师》）

末段在字面上说的是道而不是人，但其中隐含的意思和逻辑指向仍然是"用道之人"：既然道比天帝资格还老，也就更有主宰性，那么用道之人也就有资格、有能力做万物和众人的主宰与尊长。这与首段是对应的。

"道在象帝之先"的思想在中国文化史和中国人的精神世界上有着特殊的意义。中国人几千年来没有"上帝造物"的观念，反而认为"道"生万物。这一思想深刻地塑造着中国人的心灵和行为。

【管理启示】

"用道"为领导者之所以成为领导者提供了合法性。道为天帝之先，也是天帝的主宰。用道的领导者容纳万物，同于万物，兴作万物，各种资源会自动归附，会被众人所推崇即获得民心，这是领导者的合法性基础，这种领导者自然可为"万物之宗"，同时，这也符合领导者和组织的最高利益。大道亘古以来化生、成就、主宰万物，领导者只有学道、用道，做大道的化身，才能"合法""合理"地成为领导，否则，无道、悖道的领导者就不是"合法"的。

遵道而行，挫锐解纷，和光同尘，看似没有自己的个性，但是能获得自身最高的个性（道性）和高贵的存在（"万物之宗"）。"和其光，同其尘"历来被人称道。有道的管理者要与万物相和，体现在管理实践中，就是必须与民众打成一片。有道的管理者不用自己的主观偏见去评判事物，而是能够和于众人且能保持自己的初心，这就开始接近"道"了。如果自己心中充满"我追求美""我要行善""我要遵道"等种种的"我"，又总是刻意地凸显自己的与众不同（更美、更善、更真），结果反而偏离道了。真正有道的管理者能和于那些与自己不同的人，与其相处不会出现冲突，将自己融于众人之中若隐若现，同时能够促成组织的发展与众人的幸福。

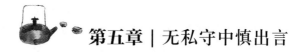

第五章 | 无私守中慎出言

【原文】

天地不仁，以万物为刍狗；圣人不仁，以百姓为刍狗。

天地之间，其犹橐籥乎？虚而不屈，动而愈出。

多言数穷，不如守中。

【译文】

天地无所偏爱，对待万物如同对待祭祀用的刍狗那样（使其自然生长）；圣人也无所偏爱，对待百姓如同对待刍狗那样（使其自然发展）。

天地之间，不正像风箱一样吗？中间空虚但其效用无穷，运动起来就生生不息。

政令烦苛反而加速败亡，不如持守虚静。

【详解】

本章从天地的虚静之道引申出圣人的守中之理。

"天地不仁，以万物为刍（chú）狗；圣人不仁，以百姓为刍狗"。仁，如第十八章的"大道废，有仁义"，指的是掺杂了个人主观意志的、有人为成分的仁。一旦有了人为的成分，仁就不"自然"了，也与道相悖。"天地不仁"是说，天地作为自然的存在，按照自己的规律运行，是不会有人类的主观倾向的，即没有偏爱，即"天道无亲"（见第七十九章）。

刍狗是古代祭祀用的道具狗，祭祀完毕就扔了。《庄子·天运》中说："夫刍狗之未陈也，盛以箧（qiè）衍，巾以文绣，尸祝斋戒以将之；及其已陈也，行者践其首脊，苏者取而爨之而已。"刍狗前后的遭遇不同，并非由于人们的感情变化，而是条件、环境、需要的不同引起的。天地对于万物是无憎无爱的，顺应自然，按照规律运行，因此，"天地不仁，以万物为刍狗"。同理，圣人对待百姓也没有偏爱之心，让百姓自然地发展、生活。作为百姓，不应指望圣人的怜悯和帮助，而是要自立、自助，不靠天地，自强不息。

这是老子著名的"刍狗"论。历史上有些统治者将"以百姓为刍狗"的含义扭曲并作为统治原则，视百姓如草芥，百姓的命运连狗都不如。这是完全违背老子思想的。老子特别强调统治者要对百姓有慈心，将慈列为"三宝"之首（见第六十七章）。只不过，老子所讲的仁慈，不同于有差等次序的仁爱，更不是偏爱，而是建立在道这一基础上的仁慈，是人间无偏私的大爱，其特点是不掺杂个人的主观意志，完全尊重对方的主体性。换言之，基于道的仁慈就像太阳一样，普照万物，不偏爱玫瑰，也不厌弃稗草，这样使万物皆能按其自然本性而得以完成生命周期。正如第四十九章所讲："善者，吾善之；不善者，吾亦善之，德善。信者，吾信之；不信者，吾亦信之，德信。"

"天地之间，其犹橐（tuó）籥（yuè）乎？虚而不屈，动而愈出"。橐籥是古代鼓风吹火用的器具，犹今之风箱。它由两部分构成，橐是装气的口袋，籥是通气的竹管。屈，帛书本作"淈"（gǔ），枯竭。天地之间犹如风箱一样是中空的。风箱中空，因而鼓风的效果无尽；一旦鼓动起来，就会源源不断地出风。风箱中间如果进了异物，就不会顺畅地出风了。天地也是如此，无憎无爱，不偏不倚，给万物最大的成长空间，使每个个体自然而然地生存、发展，完成各自的生命周期，于是，"鹰击长空，鱼翔浅底，万类霜天竞自由"，万物流转，生生不息。若天地之间有异物出现，则可能破坏万物，如小行星坠落地面会导致生态灾难。

"多言数穷，不如守中"。多言，一般指说话多，这里指统治者发出的指令繁多。数（shuò），通"速"。守中：持守虚静。统治者的贪欲、我执如同其心中的异物而使其不能持守虚敬。人说得话多了，犹如风箱中进了异物，往往会使自己陷入困境。统治者的指令繁多，犹如组织这个大风箱塞进了异物，会使人们困惑甚至反感，阻碍人们发挥主动性和积极性，因此，统治者要保持虚静，只默默地致力于创造和维持使众人努力的良好条件。这是统治者的自存之道，也是充分发动众人自主性、积极性的方法。如果统治者持守虚静，创造条件使众人自然发展，那么就会出现以众人"为刍狗"并且"动而愈出"的结果。

【管理启示】

第一，反思"管理的目的"。管理学理论一般认为，管理者要以实现组织目标作为自己的目标；而现实中很多管理者却以实现自身利益最大化为目的。从老子的思想可以看到，一位有道的管理者应该既有目的也没有目的。"没有目的"是指，他没有个人目的，就像道一样，本身没有目的性；"有目的"是指，他以"利万物"为目的。前者是道体，后者是道用。两者统一在管理实践之中，就是使主观意志合于客观，即"以百姓心为心"，不干涉人、事、物的发展而又为之创造有利条件。这样，组织发展和管理者个人利益的获取都是自然而然的副产品。这就像本章所阐明的，天地无所谓仁义不仁义，对万事万物（包括人）都一视同仁，不加人为的干预。圣人是尊道且用道的，对百姓也像天道对万物一样，不妄为、不乱为，因此无为而无不为，没有目的而达致目的。

第二，管理者的语言管理。管理者如果心中存有很多个人的私欲和私利，就会时刻担心个人的权威、面子受到挑战，担心下属不听话。动于内则形于外，内在多欲的外在表现之一就是讲话的数量多和音量高。按老子的观点，这是非道、悖道的。本章的"多言数穷，不如守中"是对管理者的慈悲告诫。管理者要牢记"行不言之教"（见第二章）、"希言自然"（见第二十三章）、"大辩若讷"（见第四十五章），等等。"道可道，非常道"，智慧本体是超越语言的，说得越多，往往离道越远、越没智慧。现实中，管理者说得越多，下属就说得越少，往往造成员工沉默与组织沉默的可悲局面。所以，管理者要本于道而进行自我语言管理。

第三，管理者的心灵管理。"守中"本质上是一种心灵管理。管理者的心灵要保持虚空、宁静、沉着、无私、谦卑、中正，这样的心灵乃是施行道本管理的本源和基础。

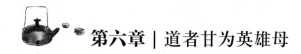

第六章｜道者甘为英雄母

【原文】

谷神不死，是谓玄牝。玄牝之门，是谓天地根。

绵绵若存，用之不勤。

【译文】

大道永恒长存，是玄妙的母体。玄妙母体的生育之门，是天地的根本。它绵延不绝地存在着，作用无穷无尽。

【详解】

这一章讲天地大道的生发作用。

"谷神不死，是谓玄牝。玄牝之门，是谓天地根"。谷神，高亨认为谷神是道的别名。玄牝（pìn），玄妙的母性，不是一般的母性，而是比喻能够生发天地万物的神妙的能力，显然，具有这种能力的乃是道。王弼说："谷神，谷中央无谷也。无形无影，无逆无违，处卑不动，守静不衰，谷以之成而不见其形，此至物也。处卑守静不可得而名，故谓之玄牝。门，玄牝之所由也。本其所由，与极同体，故谓之'天地之根'也。"山谷两边是山，中间空无，这就是谷神。它没有形状、没有影子，对什么也不反对、不抵抗，处于卑下而泰然不动，安静而不会衰颓，谷就是靠这些特性成就但又不见其形，可见谷神是达到极致的道。它处于卑微的地位，保持安静的状态，又不能被感官捕捉，无法为其命名，所以被称为玄牝。门，是指玄牝的由来。植根于本源，与无极同体，所以叫作天地的根本。

苏辙说："谷至虚而犹有形，谷神则虚而无形也。虚而无形，尚无有生，安有死邪？谓之谷神，言其德也；谓之玄牝，言其功也。牝生万物，而谓之玄焉，言见其生之而不见其所以生也。玄牝之门，言万物自是出也。天地根，言天地自是生也。"谷地是空虚的，但还是具有形体的，谷神则是虚无而没有形态的。虚无而没有形态，连存在都不存在，哪里谈得上灭亡呢？将道称为谷神，是形容它的品质；将道称为玄牝，是说它安于卑下、雌柔而生成万物的功绩。牝能生成万物，称之为玄是形容它虽然生成万物却不知道如何生成的。玄牝的门户，是万物的由来。天地根，是说天地由此生成。

怎样合道？老子在本章告诉我们，**"绵绵若存，用之不勤（qín 或 jìn）"**。勤，通"尽"，穷竭，高诱注："勤，尽也。"

另一说勤为"劳作"。王弼说："欲言存邪，则不见其形；欲言亡邪，万物以之生，故'绵绵若存'也。无物不成，用而不劳也，故曰'用而不勤'也。"若说道是存在的，但看不见它的形态；若说道是不存在的，万物却都因它而生发,所以说它"绵绵若存"。没有东西不能完成,发挥影响却丝毫不劳神费力,所以说"用之不勤"。苏辙说:"绵绵,微而不绝也。若存,存而不可见也。能如是,虽终日用之而不劳矣。"绵绵,形容微弱、模糊却绵延不绝。若存,是说道存在但是不能被看见。道如果能够这样,那么就能一直发挥自己对万物的影响与作用却丝毫不劳累。

【管理启示】

有道的管理者自己不追求做英雄,但要做英雄的母亲。

作为有道的管理者,不会总想着做天地之子——自己得到并拥有万物;而是要做"天地根"——生发万物的母亲。母性的特点,一是"生",能生发、养育更多的个体;二是"绵",柔弱温和而有力量,利他而能长期持续。母亲用自己的生命生育儿女,继而为了儿女的成长奉献一生。母亲不会与自己的子女争名夺利,她只会为儿女的成就创造条件、默默奉献、由衷欣喜。母亲也不会将儿女视为自己的私有财产,而是着力培养儿女的独立生存能力,并且适时退隐到儿女的身后。母亲就是大地、水、氧气,就是道的化身。同理,一位有道的管理者,不以自己当英雄为目的,而以能培养诸多的英雄为己任。当他养育、成就了成千上万的英雄之时,他事实上就是最伟大的英雄,当然,他此时绝不居功,甚至还要功成身退。于是他成为"天下乐推而不厌"的超级英雄;很多年之后还"死而不亡者寿"。

道本管理者的管理实践,就是全心全意为众人服务,就是无私奉献,为众人成为英雄创造有利条件。因为,这样的管理顺应了大道的规则,绵绵若存,用之不勤,成就了天下,也成就了自己的不平凡的生命。

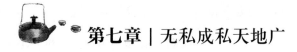

第七章 | 无私成私天地广

【原文】

天长地久。天地所以能长且久者,以其不自生,故能长生。

是以圣人后其身而身先，外其身而身存。

非以其无私邪？故能成其私。

【译文】

天地是长久存在的。天地之所以能够长久，是因为它们的一切运作都不为自己，所以能够长久。

所以圣人把自己退在后面，反而能赢得爱戴；把自己置于度外，反而能保全性命。

不正是由于他无私吗？反而能成就了自身。

【详解】

本章继续讲天地之道，并落实到圣人之道，主旨是无为而治的长久成就之理。

"天长地久。天地所以能长且久者，以其不自生，故能长生"。老子先摆出"天长地久"这个人们公认的"特大事实"。那么，天地是怎样做到长久的呢？"天地所以能长且久者，以其不自生，故能长生"。天地做到了"不自生"，意思是天地不为自己的生存打算，没有私心，不谋私利，而客观结果却是长久生存。

"是以圣人后其身而身先，外其身而身存。" 根据天地长久之道推论出圣人能够"身先"且又"身存"的命题："是以圣人后其身而身先，外其身而身存"。这是个管理命题：悖道的管理者总是把自身利益摆在前面，追求位置稳固而且不断升迁。有道的管理者（圣人）则效法天地长久之道，能放下自己的私利，见到有利可图之事总是退居后面，其客观结果是反而先得利；做起事来总是置自身私利于度外，结果是反而长久地保全了自身的利益。

"非以其无私邪，故能成其私"。邪（yé），耶。这是本章的结论和主旨："无私而成其私"。前文中"不自生""后其身""外其身"的本质就是"无私"，而"天长地久"与圣人的"身先""身存"乃是常人眼中的"私"。天地长久之道与圣人成功之道皆可概括为"无私而成其私"，或"舍小私，成大私"。这是辩证法，也是反成原理。

【管理启示】

　　无私是一种可持续领导力。领导者内心"无私无欲"或"少私寡欲"，才能在行为上做到"不争"；"不争"意味着"后其身""外其身"。但是，这种"不争"不是置身事外、置之不理，不是逃避责任、独善其身，而是"善利万物而不争"，这样才能使众人实现其各自的价值，众人则"乐推而不厌"，从而实现领导者长久身存、身先甚至"死而不亡"之"私"。可见，领导者的长久影响力来自领导者自己能够做到"不自生""后其身""外其身"，关键是"无私"。领导者具备了长久影响力，不但使领导行为可持续，而且还在客观上实现了领导者自身的最佳利益。这正如王弼所说的："自生则与物争，不自生则物归焉。"这里的"后其身""外其身"主要是针对现实利益的分配而言的。"食禄者不得与下民争利，受大者不得取小"（《史记循吏列传》），反之，"与民争利，百姓失职，重困不足"（《汉书·哀帝纪》）。一个自私、贪婪、奢华、巧取豪夺的领导者，必然引起人们的反感、躲避甚至反抗，最终会被抛弃、剥夺甚至身败名裂，其影响力也是短暂的、虚假的、不可持续的。

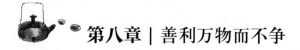

第八章 | 善利万物而不争

【原文】

　　上善若水。

　　水善利万物而不争，处众人之所恶，故几于道。居善地，心善渊，与善仁，言善信，正善治，事善能，动善时。

　　夫唯不争，故无尤。

【译文】

　　最高境界的"善"像水一样。

　　水善于滋润万物而不与万物相争，停留在大家所厌恶的位置，所以最接近于道。（有道的管理者像水一样，）安于卑下之处，心胸善于保持沉静，待人善于仁爱，说话善于守信，为政善于治理，处事善于发挥效能，行动善于把握时机。

只因为有不争的美德，所以没有怨咎。

【详解】

老子是给高层管理者讲道理的大师，在本章中用比喻的方式和优美的语言阐发了"管理中的善"这一主题。本章的结构体现了老子讲道的典型逻辑：先提出立意句，然后说理明事，最后提出在根本上符合管理者利益的施治原则。

"上善若水"。上善，最高的善，指的是合于道的境界、方法和行为。《道德经》重在阐释道、天地、万物、圣人、天下、百姓等最高、最大、影响最深远的主题，其中的"善"不同于伦理学领域的善良、慈善，它涵括并超越了一般的"善良"，是从大道的高度来讲的"上善"。"上善若水"是说，在圣人看来，最高明的善就像水一样。本章采取拟人化的写法，以水喻道、以水喻人。水作为一种常见的物质，没有人那样的思想意识，自然是无知、无欲、无私的，这一点与有道的圣人相通。此外，水还有与道相通的其他特性。

"水善利万物而不争，处众人之所恶（wù），故几（jī）于道。居善地，心善渊，与善仁，言善信，正善治，事善能，动善时"。几，接近。地，一说通"低"，读"dī"，卑下之意；另一说为"选地"，"善地"即善于选择居处。正，通"政"。与，交际、交往。善，善于。本段阐明了上善之人的心地、使命和行为模式，提出了著名的"水式七善"。

"水善利万物而不争，处众人之所恶"，在自然界中，水善于润泽万物，使其繁盛地生长，却从不与万物争高下、论长短。水因为没有丝毫的自我观念，也没有主观意志和个体私欲，所以才不会争；不但不争，还自然而然地"处众人之所恶"，即总是安处在众人所不愿去的低洼地，这种品格才最接近于"道"的属性，这也是"水德"。这种"水德"体现在七个方面，即"七善"。这"七善"是"道"的"自我展开"：具有"水德"的人，其安身立命，像水一样随遇而安，安于卑下（居善地）；心若止水，善于保持沉静（心善渊）；与人交往像水一样润泽万物，友爱无私（与善仁）；说话像准时来去的海潮或汛期一样从容守信（言善信）；为政像水一样有条理，清静而善治（正善治）；做事像水那样随物成形，善于发挥效能（事善能）；行动像水那样善于随顺天时，把握时机，实事求是（动善时）。

"水德"有两层含义：一是"利万物而不争"的无我利他的慈心（这是老子"三宝"的第一宝，详见第六十七章）。水无知觉，完全没有私心私欲，但能滋养万物众生，这是所谓的"慈心"。二是"善利"及其展开的"水式七善"所体现的知他知势的智慧。水能在适宜的时间、地点、条件下，根据对象的特点和需要而采取恰当的方式去成就对方，这是一种高超的大智慧。"慈"与"智"的共同存在和运用，才能成为"上善"，两者缺一不可。既然"上善若水"，而水"几于道"，那么这也是道发生作用的基本特征。这种"慈智双运"乃是老子管理思想的核心和基本主张。

"夫唯不争，故无尤"。尤，怨恨，归咎。"处众人之所恶"是不是就被人轻贱、践踏了呢？如果是这样，人们就不会对"道"产生兴趣了。老子在前几章已经反复阐明了反成原理，恰恰是管理者的"不争"，才能使自己减少过失、敌人和仇视，进而保持长治久安。这一切都是自然而然的，正因为他像水、空气那样总是利益万物而又与人无争，所以人们需要他而又不太关注他（见第十七章："太上，下知有之"），更不会把他视为对手和敌人，因而没有怨咎。

这里反映了老子为侯王施教的特色：从侯王的心理特点和利益诉求出发，摆事实、讲道理、出主意，使他们明了实现其最高利益的原理与方法。侯王的最高利益是对短期的、眼前的物欲的突破，是长久的、稳固的、和平的、全面的、深厚的利益，而这种最高利益必须开启智慧、遵道而行、无为而治。老子先以欲勾牵，后领入道门，抓住组织中最关键的少数——侯王，提出旨在实现全面和谐、久远幸福的治理方略。这体现着老子的天下情怀和高超智慧。

【管理启示】

"管理中的善"这一重要主题一直被主流管理理论所忽略。本章出现了九次"善"字，阐述了"何谓善""如何为善"以及"为善的结果"的问题。

老子以水为喻来说明"上善"这一最高境界的善："善利万物而不争"的水不仅没有获取回报的心理，就连行善的动机都不存在。水从来不会思谋自己的利益："这样是不是在给自己找麻烦？是不是让自己很劳累？是不是让自己遭受损失……"因为水没有私欲和固定的行为模式，自然也不会用智巧和机心去谋求和争夺。这样，万物才能放心地让水来利益自己，对水不会起对立与反感之心，甚至"不知有之"。此时，万物不仅完全保持了自己的主体性和尊严，还获得了自身的发展。管理者如果放空自己的主观而归于客观，为客观所用，实现共生发展，就是管理中的上善。

"水式七善"的善并不同于儒家和伦理学意义上的"善"，而是指有智慧地采取适当的行为、达到利他的圆满效果，所体现的是成就万物而无私无我，即放下自我，同于客体，合于客观，彻底地利益对方。这种主客合一体现在行为方式上就是不争、无为、全心全意地利益天下万物。对管理者而言，如果在无我或忘我地为众人服务的过程中与人们完全打成一片，使人们日用而不知，那么"功成事遂，百姓皆谓'我自然'"（见第十七章），就很可能出现"天下乐推而不厌"（见第六十六章）的回馈行为。此时，管理者和众人的利益都在客观上实现了最大化的效果。这种"众赢"的、理想的管理模式是以道为本的，可谓道本管理。

"夫唯不争，故无尤"表明，在道本管理模式中，领导力和领导效能能够被真正地、最大化地获得和实现。在现代管理学和领导学中，领导力的一个主要因素就是成就别人的能力和行为。"善利万物而不争"的道理可以使领导者在怎样才能获得真正的领导力方面得到启发：水在成就万物的同时，也自然成为所有生命不可缺少的"王者"。同理，领导者因为"不争"且"善利万物"，真正使众人拥有各自满意的成就，所以众人才会拥护领导者，使管理深根固柢，使领导者长生久视，否则领导者就成为孤家寡人了。

综上所述，做到最高的善不但要有纯粹利他的动机（"慈"），还要有高超的利他智慧。这种"慈智兼备"的上善境界不是常人能够轻易达到的；也正因为常人难以达到，才称得上是最高境界。最高境界是一种理想，而人类是需要理想的。有抱负的管理者不仅要立足于大地，还要仰望星空。老子给管理者指明了既广且美的大地与星空。

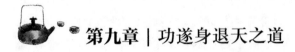

第九章 | 功遂身退天之道

【原文】

持而盈之，不如其已。揣而棁之，不可长保。金玉满堂，莫之能守。富贵而骄，自遗其咎。

功遂身退，天之道。

【译文】

执持而追求盈满，不如适可而止。打磨金属使它锋利，锐势难保长久。金玉堆满堂室，没有谁能长久守藏；富贵而又骄奢，会给自己招来灾祸。

功业完成而含藏收敛，这是合乎自然规律的。

【详解】

本章立意在"盈"字，讲了有道的管理者对待名利权位的态度。

"持而盈之，不如其已"。已，停止。手持一件器皿，里面盛满了水，必然容易倾倒，所以不如不满。《道德经》多次阐述"不欲盈"的道理，如第四章"道冲，而用之或不盈"；第十五章"保此道者不欲盈"。有道之人为人做事讲求适可而止而不追求盈满，因为盈满是背离道的，一旦背离了道就会导致过早灭亡，如第三十章所说"不道早已"。这是本章的立意句，以下三句是通过举例来进行论证。

"揣而棁之，不可长保。金玉满堂，莫之能守。富贵而骄，自遗其咎"。揣（chuǎi；或chuí），捶击、打磨。棁，同"锐"。咎，灾祸。老子所列举的这三种情况都是人们追求盈满的表现与后果：打磨铁器，使它锐利，但利刃是不可能长久保持的；家里堆满金玉财宝，会招来很多觊觎，没有谁能长久守护（如和珅）；富贵容易使人骄奢，会给自己招来灾祸。《道德经》还有不少类似的论述，如"故坚强者死之徒，柔弱者生之徒。是以兵强则不胜，木强则兵"（见第七十六章）；"弱之胜强，柔之胜刚，天下莫不知，莫能行"（见第七十八章）；"祸莫大于不知足，咎莫大于欲得"（见第四十六章）。

据《庄子·天地》记载，尧帝不愿意接受华封人的多子、富有、长寿的祝福，他说："多男子则多惧，富则多事，寿则多辱。"这与老子在本章所讲的道理是一致的。那么该怎么做呢？庄子借华封人之口给出了解决办法："多男子而授之职，则何惧之有？富而使人分之，则何事之有？天下有道，则与物皆昌；天下无道，则修德就闲。"可见，道家并不反对富贵长寿，而是反对"富贵而骄"。老子并不反对取得成功，而且还指出了一条圆满的成功之道。

　　"**功遂身退，天之道**"。"身退"，多被译为"急流勇退"；陈鼓应引王真语"身退者，非谓必使其避位而去也，但欲其功成而不有之耳"，认为"身退"是指敛藏锋芒。第六十六章说"欲先民，必以身后之"，"身退"可理解为"自身退后"，即含藏收敛、谦虚退让的意思，当然，急流勇退是"身退"的终极表现。"功遂"意味着在政治上有所作为，或者在管理阶层上居于高位。职位越高，诱惑越多，人性受到的考验越严重，因而危险因素越多，即所谓"高处不胜寒"。那么，在功业完成之后，能够不骄不躁，及时"身退"，就可以使自身处于卑下、有余的境地，这是符合"天之道"的，也是对自身最大的保护。第七十七章阐明了"天之道"的特点是"高者抑之，下者举之""损有余而补不足"。可见，老子认为"功遂身退"会得到天道的护佑，所以，有道的圣人"为而不恃，功成而不处，其不欲见贤"。

【管理启示】

　　管理者要戒满、知止，"知止可以不殆"（见第三十二章）。道本管理者全力做事、低调做人，越是成就大的功业，就越谦虚谨慎、不骄不躁，并且能在适当的时候急流勇退，这是符合天道即自然规律的做法，这种成功才是圆满的成功。然而，现实中的领导者更多的是追求金玉满堂且富贵而骄，结果是自遗其咎。"君子役物，不为物使"（《管子·内业》）。管理者如果不知止，贪得无厌，那便如同做了金钱物欲的奴隶，将自家生命置于层层枷锁的牵引与控制之下，于是各种烦恼、痛苦便会接踵而来，不但害己害人，还危害组织。

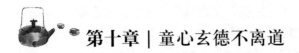

第十章 | 童心玄德不离道

【原文】

　　载营魄抱一，能无离乎？

　　专气致柔，能婴儿乎？涤除玄览，能无疵乎？爱民治国，能无知乎？天门开阖，能为雌乎？明白四达，能无为乎？

生之，畜之；生而不有，为而不恃，长而不宰，是谓玄德。

【译文】

精神和形体合于道，能不分离吗？

结聚精气以致柔顺，能像婴儿的状态吗？清除杂念而深入观照，能没有瑕疵吗？爱护民众、治理国家，能不使用智巧吗？感官和外界接触，能守静吗？明白各种事物，能自然无为吗？

生长万物，养育万物。生长万物却不据为己有，兴作万物却不自恃己能，长养万物却不为主宰，这就是最深的德。

【详解】

本章的内容可以说是《道德经》全书的纲要，概括了从个体修为到国家治理、从道到德的要点，即"合一""玄德"之理。全章分为三段，首句立意，中间五句为说理，末句为政事应用。

"载营魄抱一，能无离乎？" 这句话是本章的立意句，比较难懂。"载"（zài）是语气助词。"营"，张其成、赵又春等解为"魂"。"营魄"，河上公、范应元释为"魂魄"，今人多释为"精神和形体"。古人有"人之精气曰魂，形体曰魄"（《太平御览》引《礼记外传》）的说法，所以我们采用后一种解释。"一"指的是"道"，"抱一"就是坚守大道，另见第二十二章"是以圣人抱一为天下式"。一些学者把这句话译为"精神和形体合一，能不分离吗"，这一理解对于传统养生学很有指导价值，但易于引起不了解传统养生的现代人的疑惑：正常人不都是精神和形体合一的吗？否则就是植物人了啊！从"抱一"在《道德经》中的独特含义而言，这句话的重点乃是"合于道"。因此，此句的含义是：人的精神和形体皆能与道合一，这是难以达到、难以持久的圣人境界，所以老子对有志学道的人发问：能够做到合一而不分离吗？

接下来的五个问句，具体阐述"合于道"的状态与方法。这些反问句说明实践的难度，也是有道的管理者需要经常自问的条目。

"专气致柔，能婴儿乎？" 专，同"抟"，聚合。聚合精气归于柔顺，能够像婴儿的状态吗？一般认为，这句话讲的是以道养生，使人体合于道，则健康长寿。"柔"是老子管理思想的核心术语之一，如"柔弱胜刚强"（见第三十六章），"天下之至柔，驰骋天下之至坚"（见第四十三章）。

"**涤除玄览，能无疵乎？**"览，帛书乙本作"鉴"，即镜子。"玄鉴"比喻心灵深处明澈如镜。高亨指出，"'览''鉴'古通用""玄鉴者，内心之光明，为形而上之镜，能照察事物"。深入观照，洗涤微妙的心镜，即洗清杂念，能够没有瑕疵吗？这是道的"认识论"，也是心灵修炼的要旨。又见"致虚极，守静笃"（见第十六章）以及庄子提出的"心斋"论。《庄子·德充符》说："鉴明则尘垢不止，止则不明也。"

"**爱民治国，能无知（zhì）乎？**"知，通"智"，智巧。一般人主张以智谋治国理政，而老子主张自然无为，不用智巧，即使出于爱民、治国的良好初心也要贯彻这一原则才是合道的，如第六十五章"以智治国，国之贼；不以智治国，国之福"。

"**天门开阖（hé），能为雌乎？**"天门，人体天生的感官，即《荀子·正名篇》所说的"天官"，指目、耳、口、鼻、心等。开阖，指感官发挥其功能，如视、听、言、食、嗅、喜、怒、爱、憎等。雌，柔弱宁静。为雌，王弼本原为"无雌"，王弼注文是"为雌"，帛书本、傅奕本皆为"为雌"。人的感官和外界接触，往往被外界事物所迷惑、所主宰，还能守静吗？第十二章说："五色令人目盲，五音令人耳聋，五味令人口爽，驰骋畋猎令人心发狂。"老子主张在感官活动中坚守宁静，这很难，但却是合道的基本要求，即"知其雄，守其雌"（见第二十八章）。

"**明白四达，能无为乎？**"如果智慧通达、什么都知道，那么还能持守自然无为之道吗？一个人智商越高，就越容易虚伪狡诈、刚愎自用、为所欲为，最终为组织和自身带来灾祸。历史上，太多"明白四达"的人反而悖道而行，即所谓"机关算尽太聪明，反误了卿卿性命"（《红楼梦》）。

"**生之，畜（xù，畜养）之；生而不有，为而不恃，长（zhǎng）而不宰，是谓玄德**"。大道不但生万物，还要养万物，而有道的圣人在施治中也是如此。在生、养万物的同时，能够做到生而不有，为而不恃，长而不宰，就是与道合一（抱一），这就是最深最妙的德——"玄德"。

道是客观规律，体道顺道就是德。顺道的关键就是为万物做了太多的奉献而不占有、不主宰、不妄为，这是常人难以做到的。如果有谁能够做到了，那么老子就会对其大加赞赏，称为"玄德"。

【管理启示】

如果管理合道，那么管理就是简单的，简单如童心，这就是"童心—玄德说"。"专气致柔，能（如）婴儿乎"。婴儿的无善无恶、天真无邪，在老子眼里是接近道的。可以近似地说，童心就是道心。一般而言，人的社会化成长过程，也是逐渐脱离"童心"同时背离"道心"的过程。这是因为人在成长的过程中，会不可避免地接触这个庞大而复杂的社会，并被各种观念、种种现象所影响，自己不但有了越来越执着的善恶分别之心，而且私心私欲往往越来越重。但是，按照老子的主张，管理者要实行合乎"道"的管理，就应该返璞归真，找回自己的"童心"，这样才能在自己的管理实践中尊道、用道、守道。但成年人能够找回自己的童心而与道合一吗？这是个难题，所以老子在本章一连用了六个反问句。

现实中，成年人不可能再回到自己的童年时代了，但是可以在思想和心境上向上扬升，与道合一，行为做事贴近"童真"（本真）的状态，成为更加稳固的、"与天为徒"的"道者"（《庄子·人间世》）。与天为徒就是顺应天道，也是老子所讲的"如婴儿"的童子功，这种人可以持久地"营魄抱一能无离""专气致柔如婴儿""涤除玄览能无疵""爱民治国能无为""天门开阖而为雌""明白四达能无为"，作为领导者，对组织和众人能做到"生之，畜之；生而不有，为而不恃，长而不宰"，这就具备了与道合一的"玄德"。拥有"玄德"的管理者自然会拥有美好、智慧而高尚的人生。这正如著名企业家稻盛和夫所说："人生不是一场物质的盛宴，而是一次灵魂的修炼，使它在谢幕之时比开幕之初更为高尚。"

第十一章｜以无御有不迷有

【原文】

三十辐共一毂，当其无，有车之用。埏埴以为器，当其无，有器之用。凿户牖以为室，当其无，有室之用。

故有之以为利，无之以为用。

【译文】

三十根辐条汇集到一根车毂上，因为有了车毂中间的孔洞，才有车的功用。揉和陶土制作器具，因为有了器皿中空的地方，才有器皿的功用。开凿门窗建造房屋，因为有了室内的空间，才有房屋的功用。

所以"有"给人带来便利，"无"发挥了它的作用。

【详解】

本章比较容易理解。毂（gǔ），是车轮中心的部件，有圆孔可插轴，周围与车辐相接。埏（shān）：用水和（huò）土。埴（zhí）：制陶的黏土。埏埴：制陶。户：门。牖（yǒu）：窗。

老子通过三种人造物（车轮、陶器和房屋），用归纳法推出一个命题：有之以为利，无之以为用。这个命题包含两层含义：一方面，事物存在的前提是"有""无"兼备而且两者有机结合。"有"是具体的事物，如辐条、车毂、黏土、门窗；"无"来自人的设计，车毂孔洞、陶器空间和门窗空隙的大小、形状取决于人的意识。另一方面，人们总是习惯于重视"有"，用有形的部分衡量事物的价值，而忽略了"无"的作用。实际上，要想使事物正常运转、发挥其效能，无形要素的作用更大。按照道家哲学，"有"是阳性，"无"是阴性，"阴在内，阳之守也；阳在外，阴之使也"（《黄帝内经·素问·阴阳应象大论》），任继愈说："'有'所给人的便利，只有当它跟'无'配合时才发挥出它应起的作用。"

【管理启示】

企业管理中，与人、物、财、行为、流程等有形要素相对，无形的要素除了知识、产权、制度、商誉，更重要的是文化、精神、信仰，以及"道"。在激烈的竞争中，获得有形要素已经很难，而获得与经营好无形要素更难。在无形要素中，关于管理知识与管理制度的文献已经非常丰富，只要认真学，很快就能学会，但融汇于心以及实际执行却很难；企业文化与伦理更加难以塑造，落地更难；尤其难的是信仰；最难的则是遵道管理。张其成指出，"现在在有些中国人当中存在一种危机，那就是信仰的危机，信仰危机的最大表现是信仰的缺失与信仰的多元。没有羞耻感，没有信仰，是最危险的"①。因此，有道的管理者要更加重视"无"，当然也不能忽略"有"。管理者所处的层次越高，越要重视"精神""无""道"。

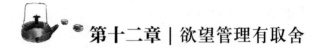

第十二章 | 欲望管理有取舍

【原文】

五色令人目盲，五音令人耳聋，五味令人口爽，驰骋畋猎令人心发狂，难得之货令人行妨。

是以圣人为腹不为目。故去彼取此。

【译文】

缤纷的色彩会使人眼花缭乱，纷杂的音调会使人听觉失灵，丰盛的饮食会使人舌不知味，纵情狩猎会使人内心狂乱，稀有货品会使人行为不轨。

因此圣人只求内在的安适而不逐求外在的声色之娱，所以要摒弃物欲的诱惑而持守心灵固有的纯真。

【详解】

本章讲物欲对人的伤害以及有道圣人的欲望管理。

第一段容易理解。五色：青、黄、赤、白、黑，此处形容色彩多样。五音：宫、商、角、徵、羽，指多种多样的音乐声。五味：酸、苦、甘、辛、咸，指

---

① 张其成．张其成讲周易管理［M］．北京：华夏出版社，2008.

多种多样的美味。爽：伤，败坏。口爽，意思是味觉失灵。驰骋，纵横奔走，比喻纵情放荡。畋（tián）猎，即打猎。妨，妨害，伤害。行妨，行为不轨，见第三章"不贵难得之货，使民不为盗"。

五色、五音、五味属于物质性的刺激因素，追逐这些外在的物欲看似可以满足人的需求，但如果人们沉湎、放纵于其中，就会给自己的身心带来危害。如果统治者贪恋声色犬马之类的物欲满足，那么会给其心智造成恶劣影响，使其行为偏离正轨，而且上行下效，会给组织带来更加消极的影响。这是老子给统治者提出的警告：那些一时快乐无比的物质享受，会给自己和组织带来长期的伤害和巨大的损失。

老子在发出上述警告之后，随即在第二段提出解决问题的办法："是以圣人为腹不为目。""为腹"一般译为"保持安饱"，还有"追求内在安宁"之意，而在道家养生方面又有独特的意义，沈善增、赵又春等学者认为其中的含义是"养浩然之气，充实自己的内心"。"为目"是指追求色、音、味、畋猎、宝货等外在需求的满足。这句话与第三章的"虚其心，实其腹"一样，讲的是有道的高层管理者持守的生活态度和基本原则：过一种简朴、安饱、充实的生活，不追求物欲上的奢华享受。"故去彼取此"强调了遵道的人生原则：去除对自己有害的物欲，持守心灵固有的纯真，这是对自己长久有利的选择。这一思想另见第四十四章："名与身孰亲？身与货孰多？得与亡孰病？是故甚爱必大费，多藏必厚亡。知足不辱，知止不殆，可以长久。"

关于物欲对人的伤害，《庄子外篇天地》有详细的阐述："且夫失性有五：一曰五色乱目，使目不明；二曰五声乱耳，使耳不聪；三曰五臭熏鼻，困惾中颡；四曰五味浊口，使口厉爽；五曰趣舍滑心，使性飞扬。此五者，皆生之害也。"[①]

【管理启示】

本章所蕴含的管理思想可聚焦为"欲望管理"。管理者如何有效管理自己

---

① 译文："大凡丧失真性有五种情况：一是五种颜色扰乱视觉，使眼睛看不明晰；二是五种乐音扰乱听力，使耳朵听不真切；三是五种气味薰扰嗅觉，困扰壅塞鼻腔并且直达额顶；四是五种滋味秽浊味觉，使口舌受到严重伤害；五是取舍的欲念迷乱心神，使心性驰竞不息、轻浮躁动。这五种情况，都是生命的祸害。"

的欲望是千古长存的课题。相对于普通百姓，管理者更有条件进行各种物质享受，这种外在的享受又会进一步刺激其欲望，进而追求感官刺激最大化。按照老子的教诲，这是一条"自害"之路。管理不了自己的欲望，就会被欲望所管控，成为自身欲望的奴隶。管理者如果沉湎于物欲，不仅会使身体健康受到损害，而且心智、行为和德行也会离道悖德，为满足自己的欲望而搞权力寻租。古今中外有太多的官员由此而堕落，身败名裂、误国误民。

管理者在鲜花、掌声、金钱、美色面前，必须保持战战兢兢如履薄冰的心态，时刻清醒，慎终如始，才有可能摆脱沦为欲望奴隶的悲惨结局。随着职位的上升和权势的增加，管理者的欲望管理变得越来越重要。管理者，特别是有所成就的高层管理者，应该舍弃彼欲（物欲）而取此欲（道欲），用"道欲"（对道的追求）来置换物欲。这才是真正爱惜自己同时利国利民的正确选择。

从普遍意义而言，欲望管理也是任何人都需要重视的，是每个人进行自我管理的重要组成部分。

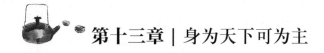

第十三章 | 身为天下可为主

【原文】

宠辱若惊，贵大患若身。

何谓宠辱若惊？宠为下，得之若惊，失之若惊，是谓宠辱若惊。何谓贵大患若身？吾所以有大患者，为吾有身；及吾无身，吾有何患？

故贵以身为天下，若可寄天下；爱以身为天下，若可托天下。

【译文】

对待受宠和受辱都如同受到惊吓，重视大患如同重视自身生命。

为什么对待受宠和受辱都如同受到惊吓？受宠表明自己地位卑下，得到宠爱则会担心失去，失去宠爱则令人惊恐，这就叫作"宠辱若惊"。为什么重视大患像重视自身生命一样？我们之所以有大祸患，是因为我们太看重自己；如果我们不看重自己，还会有什么祸患呢？

因此，只有愿意全身心地治理天下的人，才可以把天下交付给他；只有乐于全身心地治理天下的人，才可以把天下托付给他。

【详解】

本章较难理解，历来注家观点各异。本章的思想主旨，有"贵（重）身""无（忘）身""全身"以及"无身以贵身"等说法。

"宠辱若惊，贵大患若身"。这提出了如何对待自身得失荣辱的主题。若，如。身，指代自己的生命。人们通常对于得宠会感到高兴甚至恃宠而骄，对于受辱或失宠就会感到惊恐、沮丧；但是得宠往往会转为失宠，人们如果因为看到这一点而感到惊恐，那就是苏辙所说的"古之达人"，他们"惊宠如惊辱，知宠之为辱先也""得宠若惊，失宠若惊，未尝安宠而惊辱也。所谓若惊者，非实惊也，若惊而已"。这种"达人"知道"辱生于宠"，因而宠辱若惊。但是，对于得道的圣人而言，却是宠辱不惊，因为圣人能达到无我、忘我、无私的境界，也就对于宠辱得失无忧无惧。

人的身体、生命是最宝贵的，所以人们通常不会把一般的外在得失荣辱看得像命一样重要，但是对于非常严重的荣辱，却往往视之如命甚至比生命还宝贵，即所谓"人为财死""士为名亡"。越是高层的管理者，其得宠与失宠越是关系到自身和家族的重大利益，因此得宠之时会担心失去已经拥有的富贵和权势，失宠之时更害怕自身出现危险。而对于古代最高统治者而言，是否得到"上天"的垂顾或"百姓"的拥戴更是其朝夕看重的大事。所以，管理者是否得宠，都是关乎其命运的"大患"，他们视之如命。

"何谓宠辱若惊？宠为下，得之若惊，失之若惊，是谓宠辱若惊"。其中包含两个复句，是对立意句的阐释。为什么管理者对于得失荣辱都感到担心？因为他们的地位在上级领导之下，上级掌握着对他们的职位、利益和职业生涯的支配权，得宠意味着个人利益的增加，失宠意味着个人利益的损失，而今朝得宠，明朝失宠，这在古代政界如同家常便饭一样。如此一来，只要一个人看重个人职位、名誉、薪酬待遇、职业安全等个人利益，而这些利益又被掌握在上司手中，那么他必然对自己的得宠、失宠都会感到心惊不安，这就是"宠辱皆惊"。

"何谓贵大患若身？吾所以有大患者，为吾有身；及吾无身，吾有何患！"
吾，我们，不是老子自称。及，如果。我们之所以有大祸患，是因为我们太看重自己的生命；如果我们不看重自己的生命（忘我），我们还会有什么祸患呢？如果从"大患"的角度来看，宠同于辱，两者都是统治者因"有身"（执持私我）而招致的大患，所以免患之道在于"无身"，即消除私我①。"无身"也是老子思想中的清静无为之道。

无身，并不是失去生命——人死了当然就无所谓什么祸患了。无身，即"以身为无"，相当于"忘身"。有身和无身的区别在于是否刻意为之。老子认为，"为者败之，执者失之"（见第二十九章），刻意地看重自己的身体（生命），结果反而是招致各种祸患，这就如第五十章所讲的"生生之厚"，对自己的身体奉养过度就会埋下死亡的病患。相反，如果对于自己的身体并不在意，那就没有患得患失的心理了，从而也就能在养生、尊严各个方面都得到保全。这是老子辩证法意义上的"贵身"思想：无身才能贵身。这与"无为而无不为""不争而天下莫能与之争"是一个道理。

如果从"道"的角度来看，正如李白的诗所言："当其得意时，心与天壤俱。闲云随舒卷，安识身有无。"当一个人领悟了"道"的奥秘后，心与天地融为一体。此时，心灵安闲自在，仰观天上白云，任其舒卷自如；俯视天下万物，随其起伏跌宕。到了这个境界，主观合于客观，主体归于客体，身体与万物合一，这既是"无身"，也是"全身"，更是有智慧地"贵身""爱身"。

"故贵以身为天下，若可寄天下；爱以身为天下，若可讬（tuō）天下"。 帛书本为"故贵为身于为天下，若可以讬天下矣；爱以身为天下，女（汝）可以寄天下矣"。贵，原意为看重，此处引申为愿意（汤漳平）。以身为天下，字面意思是把自己当作天下一样，引申为爱护天下如同爱护自己一样，也就是"全身心地为天下人服务"（汤漳平）或"以贵身的态度去为天下"（陈鼓应）。贵以身为天下，意为"愿意全身心地为天下人服务"。爱，比"贵"的程度更高，是人对某种事物的极深的、积极的情感，以之为乐，为之愿意牺牲自己。爱以身为天下，意为"乐于全身心地为天下人服务"，或者"以全身心地为天下人服务作为自己的使命"。讬，同"托"。老子规劝统治者"贵以身为天下""爱以身为天下"，将自己与天下合一，不再有自己的私利和偏见，

---

① 邓联合.《贵身"还是"无身"——《老子》第十三章辩议 [J].哲学动态.2017（3）：41-47.

或者说，天下的利益就是自己的利益，天下人的爱憎冷暖就是自己的爱憎冷暖，如同第四十九章所言："圣人无常心，以百姓心为心。""圣人在天下，歙歙，为天下浑其心。"能秉持这种理念并实际践行的人，才有资格治理天下，即才可以把天下众生托付给他。也就是说，清静无私、甘于奉献的人才配做领导者。

【管理启示】

领导者应该树立怎样的得失荣辱观？老子从人之大事——身家性命入手来加以分析。老子所讲的贵身，完全不同于"贵身就是自私自利、唯我独尊"的世俗观念。老子认为，自私自利恰恰是损害自己，唯我独尊，恰恰得不到人们的尊重。爱身亦然。老子讲的贵身、爱身是建立在尊道贵德基础之上的，就是持久贵己、全性保真、深根固柢、长生久视，唯有如此，才不会轻身徇物、以身殉名、放纵私欲、贪赃枉法，在领导与管理实践中才能爱惜他人生命，遵循自然规律，使民众安居乐业。第二十六章说："奈何万乘之主，而以身轻天下？"显然也是强调这种贵身而治天下的思想。因此，"贵身"必须"无身"或"去身"。"无身"不是放弃自己的身体，身体毁了，再伟大的灵魂也"毛将焉附"。无身，就是不要刻意看重自己，实质上是放下自己对自己的执念和偏爱，把自己的主观合于客观。这就是老子的辩证法："及吾无身，吾有何患？"

有道的领导者不应把个人的毁誉宠辱看得像命一样宝贵，而是要以天下为身，将天下人的荣辱视为自己的生命。老子在本章中帮助管理者突破个人的、眼前的执念和局限，扩展到天下这一极为广阔的视域，把管理者个人生命与"天下"有机融合，从而成为真正的领导者。老子的这一思想与"全心全意为人民服务""把个人有限的生命投入到无限的为人民服务中去"有着内在的契合。这是多么高尚的政治理想！"民可载舟亦可覆舟""人本管理"等提法也不出其右。老子的这种思想解决了领导者的合法性问题：只有将天下视为自己的生命，并以此为乐、以此为使命并且矢志不移的人，才是合法的领导者。

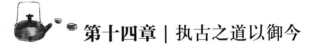 第十四章 | 执古之道以御今

【原文】

视之不见名曰夷，听之不闻名曰希，搏之不得名曰微。此三者不可致诘，故混而为一。

其上不皦，其下不昧。绳绳不可名，复归于无物。是谓无状之状，无物之象，是谓惚恍。迎之不见其首，随之不见其后。

执古之道，以御今之有。能知古始，是谓道纪。

【译文】

用眼睛看不见它，可称它为"夷"；用耳朵听不见它，可称它为"希"；用手摸不着它，可称它为"微"。用这三种方式都不能确切了解它，说明它就是混然一体的"一"。

它在形而上的方面是无法明确描述的，在形而下的方面则是清晰明确的。它幽冥而不可描述，只能归类于"无物"。它处在没有形状的状态中，是没有任何感性特征的存在，可称之为"恍惚"。迎着它，看不到它的开头；跟随它，看不到它的结尾。

执持这个亘古恒存之道，能够驾驭现在的具体事物。能把握事物的产生原因和发展规律，是以道行事的关键。

【详解】

本章先讲道的时空特征，并在此基础上提出施治理念。关于本章的解释历来纷纭，很多解释给人朦胧恍惚之感。为便于理解，我们将本章分为三段：第一段提出道的"不可致诘"性，第二段对这一特性进行具体描述，第三段讲应用。

第一段从一般感知能力入手分析道的总体特征。**"视之不见名曰夷，听之不闻名曰希，搏之不得名曰微。此三者不可致诘（jié），故混（hùn）而为一"**。这

段话是第一章"常无欲，以观其妙；常有欲，以观其徼"的另一种表达，明确申明，以感官与主观意识去探索道，结果是徒劳的。"视、听、搏"是主体有意识的探索行为，"见、闻、得"是感官与行为的结果。人们凭借这些感知能力是不可能认识道的，因为道根本就没有具体的、感性的特征，而是不可分析的、单一的整体。"不可致诘"不是不可知论、神秘论，因为老子接下来明确强调，道是"混而为一""无状之状，无物之象"的存在，只不过它是一种不能用感官去感知、不能用语言去描述的特殊存在。道的特性是"混而为一"，相当于今天的人们常说的"根本规律"——这也是当前对道的通常解释。人们可以用主客二分的认知方式不断地靠近它，但是不可能完全认识、描述它。这一段是从空间的角度来把握"道"，道在空间上是把握不到的，或者说，道不占据空间。

第二段分两个层次："**其上不皦，其下不昧。绳绳不可名，复归于无物**"。帛书乙本为："一者，其上不谬，其下不忽。寻寻呵，不可名也，复归于无物。"可见，本段接着上文末字"一"，是对"一"的阐释。皦（jiǎo），同"皎"，明。昧，即暗。绳绳（mǐn），同"冥冥"，形容混沌未分的状态；一说读"shéng"，连绵不绝之义。

很多文献将前两句译为"它上面不显得光亮，它下面也不显得阴暗"，赵又春认为，句中的"上""下"不应是空间方位的概念，因为第一段含有"道不占空间"的意思，所以也没有上下之说；应该是时间概念，即"前、后"[①]。我们认为，将"上""下"理解为空间或时间概念都很牵强，结合第一章的内容，"上"指的是"道之体"，即"形而上"层面；"下"指的是"道之用"，即"形而下"层面。《易经·系辞》指出："形而上者谓之道，形而下者谓之器。"因此，本段的意思是：所谓的"一"，它形而上的层面是"无"，是"阴"，是无法明确描述的"妙"，应以无欲的方式加以认识，对此，眼、耳、手等感官无能为力；其形而下的层面则是"有"，是"阳"，是清晰明确的"皦"，是感官所擅长的认识领域。"一"是混沌状态，无法加以具体描述和指称，只能说它"不是具体的事象"（任法融）。换言之，对于"一"，无法说清楚它"是什么"，但能明确它"不是什么"。这与"道可道，非常道；名可名，非常名"是一个道理。很多文

---

① 参见：赵又春.我读老子［M］.长沙：岳麓书社，2006：69-74.此外，"上""下"皆有时间上的含义。见上海辞书出版社 1979 年版辞海（缩印本）第 169 页。

献把"复归于无物"理解为"又回到看不见物体的状态",这与前后文的逻辑不一致——本章讲的是认识论,这一句显然承接前一句的"不可名",申明"一"或道体与具象事物在认识论层面的对立关系。

此外,"一"到底是"道""无极"还是"太极"?很多学者都提出了自己的观点,莫衷一是。我们从多数,将"一"视为"道",这有利于我们理解其管理思想而避免陷入繁琐的哲学辩论。

"是谓无状之状,无物之象,是谓惚(hū)恍(huǎng)。迎之不见其首,随之不见其后"。这是在阐明道的特征的基础上,进一步指出道体的特征,是对"其上不曒"的详述。"一"或"道"不是人们可感知的经验事物,没有形状、不可具象,可称为"无",但它不是"没有",而是一种没有任何感性特征的特殊存在。对此,老子用"惚恍"一词来加以描述。迎着它,看不到它的开头;跟随它,看不到它的结尾。严复说:"见首见尾,必有穷之物,道与宇宙皆无穷者也,何由见之?"唐玄宗注曰:"无始,故迎之不见其首。无终,故随之不见其后。"道无始无终,难见首尾。

第三段讲道在管理中的价值和应用原则。在明了道体的"不可名"特征之后,人们自然会发出疑问:"这种没有形状、不可描述的道,对现实有用吗?怎样应用呢?"本段对此进行了解答。

"执古之道,以御今之有"。御,管理、治理,如《尚书·大禹谟》指出:"临下以简,御家以宽。"有,一般译为"存在",即具体的事物(陈鼓应);刘师培认为通"或",同"阈",指国家。君主秉持这个亘古常存的道,就能够治理好当前的家国天下。可见道对君主的价值在于能够处理当前的问题。

此句在帛书甲乙本中均为"执今之道,以御今之有"。一字之差,含义迥然。对《道德经》有着深入研究的王安石曾经提出著名的"三不足":"天变不足畏,祖宗不足法,人言不足恤。"是"古之道"?还是"今之道"?值得深思。

"能知古始,是谓道纪"。道纪,多译为"道的规律"。"道"本身就是根本规律,那么"道的规律"相当于"根本规律的规律",这在逻辑上讲不通:道作为根本规律、终极规律,不存在更高层次的"道的规律"。陈鼓应、陈高傭等认为,纪即纲要、关键、要领之义。道纪,意为"以道施治的关键",这里的"道"是动词,"治理"之义。关于"古始"的解说不一:一是指宇宙的开始。但能否知晓宇宙始点与君主治理天下没有什么联系。二是指道的始端。道如果有始端,也就必然有终点，那么它就与具象化的天地万物没有很大区别了。道是万物的本始，但它本身则是无始无终的恒常存在。三是指"无名之道"（成玄英、高明），这与上句的"古之道"所指相同。按照这一解释，这句话的意思是，能了知亘古永存的"道"，是以道施治的关键。除此之外，以下这一解释更具管理学价值：古，"故也"（《说文》），即过去的历史；古始就是事物的历史根源与发展规律。这句话是说，君主能够知晓事物的历史根源、发展过程与规律，这是以道施治的关键（清宁子、张松如）。在管理中，如果能够把握事物的"因"，再结合事物发展的条件，就能采取适宜的措施、取得好的管理绩效。苏辙也讲了这个道理："古者，物之所从生也；有者，物之今；则无者物之古也。执其所从生，则进退疾徐在我矣。"如果把握了事物的产生原因，那么其进退快慢就都在管理者的控制之中了。

【管理启示】

道是深层次的、根本性的、永恒而变化莫测的，是难以用感官来认知和把握的，但是它在组织和管理中发挥着根本性的作用，因此值得管理者重视，以道行事，本道施治。

道虽然难以把握，但是管理者可以通过"知古始"的途径来进行道本管理。管理者要了解、重视组织发展与组织管理的历史经验与教训，进而掌握组织发展与组织管理的基本规律。唐太宗说："以史为镜，可以知兴替。"（《旧唐书·魏征传》）了解历史、尊重历史，根据历史演化规律来把握当下的组织管理和经营，这是"以道为本"的关键所在。

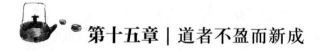

第十五章 | 道者不盈而新成

【原文】

古之善为士者，微妙玄通，深不可识。

夫唯不可识，故强为之容：豫兮若冬涉川，犹兮若畏四邻，俨兮其若客，涣兮若冰之将释，敦兮其若朴，旷兮其若谷，混兮其若浊。孰能浊以静之徐清？

孰能安以动之徐生？

保此道者不欲盈。夫唯不盈，故能蔽而新成。

【译文】

古时善于行道之士，幽微、精妙、玄奥而通达，高深得难以认识。

正因为难以认识，所以勉强来形容他：小心审慎啊，像冬天踩冰过河；警觉戒惕啊，像提防四周的围攻；拘谨严肃啊，像做宾客；融和亲切啊，像冰块消融；淳厚朴质啊，像未经加工的原木；空豁开广啊，像深山的幽谷；浑朴纯厚啊，像浊水一样。谁能在动荡浑浊中安静下来而慢慢地澄清？谁能在安定中活动起来而慢慢地出现生机？

持守这种"道"的人不会自满。正因为他不自满，所以能够去旧生新。

【详解】

上一章讲了道的"惚恍"的特征，这一章描写了"为道之士"独特的人格气质，阐明了他们的"本于道"的行为模式。全章可分为三段。

第一段概说"为道之士"的特征。**"古之善为士者"**，在帛书本和傅奕本中为"古之善为道者"。本段是说，古时那些善于行道之士的总体特征是**"微妙玄通，深不可识"**。他们既"知道"又"行道"，因为道本身具有"可道，非常道"的特征，所以普通人也很难全面认识他们。这段话也隐含这层意思：既然"深不可识"，那么他们也就不会刻意寻求普通人的认识、认可与拥戴。

第二段以比喻的方式细说"为道之士"的特征。有道之士没有追求名利的动机，所以一般不会特意推介自己，但老子为了进行"道"的教诲，有必要阐明有道之士的特征和行为原则。正因为"不可识"，所以只能勉强讲，用人们平时熟悉的事物来进行比喻，即**"夫唯不可识，故强（qiǎng）为之容"**。

"豫兮若冬涉川"：豫，原是小兽之名，其性好疑虑，形容迟疑、慎重的样子。川是河流，冬天结冰。冬季走在冰河之上，要时刻小心滑倒甚至冰裂。为道者在为人、为官、处世方面不妄动、有定力，小心谨慎，"如履薄冰，如临深渊"。

"犹兮若畏四邻"：犹，原是小兽之名，其性警觉，形容机警、警惕的样子。

为道者绝不唯我独尊、胆大妄为，而是对环境和民众怀敬畏之心，十分敏感、警觉，能根据环境的变化适时调整自己的态度和行为。

"俨兮其若客"：客，王弼本为"容"，河上公本和帛书本均为"客"。人在做客时，既要入乡随俗、有所表现，又要庄重严肃、有所顾忌、不失威严。为道者在与人相处的时候也是如此。他对人心规律看得非常深入、全面，不会依仗自己的智慧、能力与权势而无所顾忌，既要照顾别人的尊严，又能保持行道的正知正念而影响众人走向正途。

"涣兮若冰之将释"：冬末春初，冰雪将释，以此为喻来说明为道者既有坚强的信念与操守，又有宜人的态度和灵活的方法，能将原则性和灵活性有机统一。他平时很洒脱，平易近人，但是做起事来又能坚持原则，一丝不苟。

"敦兮其若朴"：朴，原木。为道者既有强大的内心和高深的智慧，洞悉人心和社会的规律，又有敦厚、朴实、与人无害的态度。他不搞心机、智巧，也不追求外在的雕饰和奢华；他质朴无华、敦厚自然，就像未雕饰的原木一样。

"旷兮其若谷"。为道者心胸开阔，能够包容百川，容纳众人和万物；他虚怀若谷、旷达豁然，虚心学习、永不自满。

"混兮其若浊"：为道者不会表现得清高脱俗、傲然独立，他外表朴实、无华，甚至有些憨笨木讷。他像水一样，到哪里都能与环境相融，具有大众的一些特点，与群众打成一片，团结一切可以团结的力量，做成常人难以做到的事情。

"孰能浊以静之徐清？孰能安以动之徐生？"这两句话比较难解，很多人怀疑这是衍文。我们认为，这是以水为喻说明为道者的价值，即"善为道"的功效。在自然界中，水一动荡便浑浊，安静下来之后不但会慢慢地澄清，而且能滋养万物，使其生长。静和动，一阴一阳，互生互根，是促进生命生生不息的两大动力。在人类社会中，谁能让动乱的浊流不再汹涌，使之安静、使之慢慢清平？谁能在安定之后，又让它逐渐萌动生机？只有具备大智慧的领导者即为道之士才能团结并带领众人使之实现。老子在前面讲了为道者的七种特征与行为原则，这里则是讲其现实功用与社会价值。

第三段是全章的总结。"保此道者不欲盈"是说，持守这种"为道"态度与原则的人在内心保持虚静，不会自满，更不会自高自大。有学者将"不欲盈"译为"不求圆满"或"不会把事情做得太满"。"夫唯不盈，故能蔽而新成"，王弼本作"蔽不新成",可译为"安于陈旧,不求新成";很多学者同意帛书本的"蔽而新成",认为其更符合上下文义,第二十二章也说:"敝则新。""蔽"同"敝",敝旧,缺点。正因为"善为道者"不自满,保持头脑冷静,才能及时发现和克服自己的缺点,才会与时俱进,不断取得新的成功。

【管理启示】

第十四章讲道的特征,本章讲有道之人的状态、特征。讲道的目的是使人得道、行道,造福天下;悟道、得道、行道的人就是圣人,也是管理者的理想人格。这种人格外化为圣人"气象"。

道本管理者具有独到的精神境界、独特的人格形态,远远超出一般人所能理解的水平。世俗之人"嗜欲深者天机浅",浅薄得让人一眼就能够看穿;得"道"人士清静幽沉、微而不显、含而不露、高深莫测,从不自满高傲,也绝不故作高深、故弄玄虚。老子在本章用了七个精妙的比喻,说明道本管理者的特点是豫(谨慎)、犹(警觉)、俨(庄重)、涣(融达)、敦(质朴)、旷(虚旷)、混(浑厚)。概而言之,就是有成就而"不欲盈"。这既是为道者心智、容貌与行为的特点,也是他们的行为原则。

总之,道本管理者拥有笃实的静定工夫和丰富的内心世界,有卓越的心理素质和人格修养,还有恰如其分的外在表现和灵活巧妙的处事方式。这种内外浑然一体、静动自然随机、阴阳动态平衡的品格根植于"道",可称之为道本管理者的"圣人气象"。现实中,管理者可能难以完全达到圣人境界,但是能够向着该境界努力,并且不断接近,这就是特别了不起的人了。

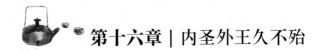

第十六章 | 内圣外王久不殆

【原文】

致虚极,守静笃,万物并作,吾以观复。

夫物芸芸,各复归其根。归根曰静,是谓复命。复命曰常,知常曰明。不知常,妄作凶。

知常容，容乃公，公乃王，王乃天，天乃道，道乃久，没身不殆。

【译文】

使心灵的虚寂达到极点，并牢牢地保持清静的状态，就能在万物蓬勃并立的表象之中看出内在的道。

万物纷纷芸芸，各自返回到它的本根。返回本根就是清静，清静能使生命复归。复归生命是遵循自然常道，能够认识这一自然常道乃是明智。不认识自然常道，就会轻举妄动而出乱子。

了知永恒规律的人能够容众，容众则能公正，公正则能使天下归往，天下归往合乎自然，合乎自然则能合于道，合于道才能长久，终身可免于危殆。

【详解】

这一章讲内圣外王之道，包括修道工夫论和政治论。全章分为三段。

第一段，**"致虚极，守静笃。万物并作，吾以观复"**。极、笃（dǔ），意为极度、顶点。这是对第一章"常无欲，以观其妙"的进一步阐述。"无欲"是对有道者的心理状态、精神境界的总体概括，要达到这个境界，可循"致虚极"和"守静笃"两条路径。"致虚极"重在去除内心的杂念，以致清心寡欲；"守静笃"重在不为外界的诱惑和"噪音"所动，达到淡定平和。这两条路径在实践中是不可分割的一种修炼或者修养工夫。经过这种工夫而达到"无欲"的境界，那么就能观万物的道妙了，即"万物并作，吾以观复"。并作，一般译为"蓬勃生长"。有实修工夫的憨山大师说："并作，犹言并列于前也。然此目前万物本来不有，盖从无以生有，虽千态万状，并列于前，我只观得当体全无，故曰'万物并作，吾以观复'。"复，指回归，回归于本质、道。观复，看透万物并作的表象，发现其中蕴含的根本大道。

这段话高度概括了"知"道、得道的方法（工夫），《庄子·人间世》所讲的"唯道集虚""心斋""坐忘"有助于我们理解这一工夫论。

第二段讲的是在"致虚极，守静笃"的前提下，从"无欲观"中得道的过程（高明）。本段的四个"曰"字，人们多译为"叫做"，从上下文看，译为"为""是"

较妥，用法如《书·洪范》："一曰水，二曰火，三曰木，四曰金，五曰土。"

"夫物芸芸，各复归其根"。万物与众生纷然杂陈，但有道者能从纷繁复杂的表面现象回溯到事物的本根与源头。能看到事物存在与发展的本质、原因、规律，这是圣人的必备智慧和能力。

"归根曰静，是谓复命"。复命，很多人译为"复归本性或本原"，这与上一句的"复归其根"在字面上区分不大。河上公的注释是："言安静者是为复还性命使不死也。"因此，复命即复归于生命。能从纷繁复杂的现象回溯到本根，这种认识的关键是虚静；换言之，人能做到虚静工夫，才能从事物的表象看到本质并发现规律。虚静才能有定力，才能做出正确的决策，才能坚定地采取正确的行动，进而使事物得到新的发展，即赋予事物以新的生命。

"复命曰常，知常曰明"。常，万物运动变化的永恒规律，即常道。事物获得新的生命、新的发展是常道；认识常道才是真正的聪明智慧。

"不知常，妄作凶"。不懂得事物运行的客观规律，也就不会按照客观规律办事，就会逞个人的主观意愿，甚至妄为胡作，那是很危险的。

第三段，**"知常容，容乃公，公乃王，王乃天，天乃道，道乃久，没身不殆"**。这里将上述的明道之理运用于社会治理，体现了老子的政治论思想。容，指宽容，包容。王（wàng），范应元、董平认为是"天下归往"或"王天下"之义。没（mò）身，终生。殆（dài），危险，死亡。一个人如果真正认识到了永恒的大道，就会超越狭隘偏见和一己之私即达致"无我"，具有非比寻常的包容之心，甚至能包容一切；能容众就会办事公正、大公无私，因为不公正则意味着有私心偏爱，意味着心胸狭隘；办事公正才会使众人心悦诚服，才有资格被推举为领导者——"王"；按照庄子的观点，"王"是内心圣明、外通天地民心的领导者，他能使天下归顺，而这种君王的事业才是符合天道的；符合天道即客观规律才能进而合于大道；合于道的领导者及其组织才能长治久安，他就终生都不会有被颠覆的危险了。

【管理启示】

这一章解释了领导者的内圣外王之道。智慧来自工夫，工夫是人人都可以做的，就看你做不做、做得是否到位。将这一虚静工夫落实到管理和领导实践之中，就是一个悟道、用道的过程，也是中国管理哲学中"内圣外王"①的过程。内圣主要是悟道，是个体境界的升华，用的是虚静工夫；外王主要是用道，是服务社会，也要用虚静工夫。在老子思想中，内圣（悟道）和外王（用道）都是修道的过程。能够自由地出入于"出世"和"入世"，将"出世"和"入世"进行有机整合，便形成老子趋于圆满的管理模式，而这一模式的纲目便是知、容、公、王、天、道、久。这是人格提升的过程，即从万物并作的表象（有）返回本质或本根（道）的过程，也是由有到无、由后天回归到先天本性的过程，其结果是"明"，儒家谓之"明明德"，禅家谓之破迷开悟、明心见性。

"志于道"的管理者特别是高层管理者有必要笃行虚静工夫。在管理中实践"虚静"工夫，即使做不到"极""笃"的程度，也能够使管理者尽可能地放下自我的"私欲"、屏蔽外部的"噪音"，提高定力，进而洞察组织内外环境的本质，冷静地决策，笃定地执行，从容地处理例外问题，从而实现组织的战略目标。

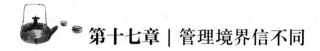

第十七章 | 管理境界信不同

【原文】

太上，下知有之；其次，亲而誉之；其次，畏之；其次，侮之。
信不足焉，有不信焉。
悠兮其贵言。功成事遂，百姓皆谓"我自然"。

【译文】

最好的君主，百姓只是知道有他存在；次一等的，百姓会亲近他并且赞美

---

① "内圣外王"最早见于《庄子·天下》："是故内圣外王之道，暗而不明，郁而不发，天下之人，各为其所欲焉，以自为方。"

他；再次一等的，百姓畏惧他；又次一等的，百姓轻侮他。

君主对百姓要是诚信不足，百姓就不会信任他。

（守道的君主）悠然而不轻于发号施令。事情办成功了，百姓都说："我们本来是这样的。"

【详解】

本章阐明了管理的层次、境界及其成因，首先提出质量逐级递减的四种管理层次，然后指出其中的关键要素即信任问题，最后提出最高管理境界的基本要件。

第一段，"太上，下知有之；其次，亲而誉之；其次，畏之；其次，侮之"。这既是管理模式的四种类型，也是管理者的不同境界。太上，王弼释为"谓大人也。大人在上，故曰'太上'"。下，王弼本、河上公本、帛书本和楚简本均为"下"，而元代邓锜《道德真经三解》、元代吴澄《道德真经注》、明太祖《御注道德真经》、王夫之《老子衍》等为"不"。"不知有之"给人更多的思考空间。

对于"太上，下知有之"，王弼说："大人在上，居无为之事，行不言之教，万物作焉而不为始，故下知有之而已。言从上也。"就是说，那些最高明的统治者，虽然大权在握，但不以自己的意图去作为，也不用自己的观念和言辞去说教，只是让众人自然发展而不去改变，所以普通百姓只知道有这样一位领袖，但不知道他都做过什么、说过什么。这样，在管理中崇尚和应用最高层次的道，就会实现"下知有之"的最高境界的管理。管理者不自我突出、不自以为是、不自我夸耀、不骄傲自满，也不与下争利、与人争功，对员工不妄加干涉，而是尽力地、默默地为员工的自我实现提供条件支持，这样，员工根本不必去亲近上级领导也能获得自在的发展。在事业有成之后，一般员工的状态就是"下知有之"，甚至"不知有之"，"功成事遂，百姓皆谓'我自然'"。这样的管理者也是"太上"境界的管理者。

"其次，亲而誉之"说的是次一等的管理者。王弼说："不能以无为居事，不言为教，立善行施，使下得亲而誉之也。"意思是，不能以无所作为的准则来处理事情，不能做到不用自己的观念和言辞来教导，而是设立善的标准、规范，施予百姓利益，使百姓爱戴、赞扬他。葛荣晋认为，儒家的德治和礼治属于这类管理模式。管理者用情感（仁）和榜样（义）的力量去感染员工，能产生持久的积极影响，化为员工自觉自发的行动，员工事业成功，会对管理者亲而誉之。这也是中国传统管理模式的主要特征。

"畏之""侮之"这两种层次较差的管理者及管理模式则是应该避免的。依靠刑罚和暴力机器让百姓在恐惧中生活、工作，这种管理者是水平很差的管理者。"侮之"在时间上是双向的：统治者过度依赖暴力机器、过分压榨百姓，那么给百姓的其实是一种侮辱，而这种侮辱会导致反抗与动乱，最终会加在统治者自身，其中的"反噬效应"值得所有管理者深思和警惕。

第二段，"信不足焉，有不信焉"。在管理实践中，信任是建立"良好"秩序的根本保证，那么如何才能建立信任关系呢？管理者不要轻易承诺，一定要斟酌时机许"好诺"，而那些好的许诺一定要兑现。当管理者自己诚信不足时，员工才会不信任他。层次很差的管理者都存在"信不足"的问题。

第三段，"悠兮其贵言。功成事遂（suì），百姓皆谓'我自然'"。自然，本来如此，自然而然，万物按其自身固有本性活动。"我自然"，反映了万物都要求按其自身固有本性活动的规律，这一"自然之道"是老子思想中最重要的规律，按照这条规律进行管理，就是"无为而治"。

【管理启示】

本章揭示了管理者与管理模式的不同境界，其中，无为而治是最高境界的管理类型。葛荣晋教授认为，处于"太上"境界的是道家的"无为而治"，是"管理智慧"境界；"亲而誉之"指的是儒家的德治管理模式，是"管理道德"境界；"畏之"指的是法家的刚性管理模式，是"科学管理"境界；"侮之"则是管理失效的糟糕状态。

不同管理模式与境界的区分关键是"信不足焉，有不信焉"所蕴含的信任关系因素。本章强调"贵言"，启示领导者行事要十分小心谨慎，不轻易许诺，少说话，要说就说诚信的话；同时要多做事、做实事，而且要默默地做实事。这关乎信任这一基础性因素，如平台、机制、氛围、文化等公共事项。建立良好的制度平台，让组织自行运转，使员工自动自发地积极工作，其关键乃是这种自然而然的信任关系。建立信任的过程，便是管理者以身作则、默默支持、成就员工的过程。这样，在"管理者诚信—员工信任组织与管理者并积极工作—组织信任机制与诚信文化"的良性循环中，信任关系得以不断强化。

　　面对日月升降、四季更替、风雨来去，人们没有想过去信任大自然，但实际上却对大自然给予了完全的信任，这是一种最高的信任，可谓"自然信任"。即使事情办完了、工作结束了，领导者也决不张扬、自夸、争利、居功，以至于别人不知道那是他做的，因此，百姓就会自然而然地努力工作，就像有一只看不见的手在驱动人们自动自发地工作、生活，在得到实惠、改善处境之后，他们就自然地会说"这是我们自己做到这样的"（"百姓皆谓我自然"）。

　　老子在其他章节也反复强调这个道理："希言自然"（见第二十三章）；"知者不言，言者不知"（见第五十六章）；"夫轻诺必寡信，多易必多难"（见第六十三章）。所谓的贵言、希言、不言，都是无为而治的内在要求与必备要素。这种管理模式对领导者素质提出了非常高的要求，其内心必须达到"虚极静笃""无知无欲""同于大道"，否则，他一旦表现出个人的主观故意，就会出现自夸、炫耀、争利、居功和扰民等行为，就会破坏干群的信任关系，员工就不再信任领导，管理模式就会向次等下堕。信任关系越差，则管理境界也越低。

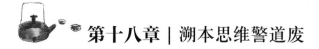

第十八章 | 溯本思维警道废

【原文】

　　大道废，有仁义；慧智出，有大伪；六亲不和，有孝慈；国家昏乱，有忠臣。

【译文】

　　自然无为的大道废弛了，仁义就会显现。人有了心机智巧，就会出现人为造作的虚假事物。家人之间不和睦了，才需要子孝父慈这类道德规范。国家处于昏乱状态了，才会呼唤忠臣。

【详解】

　　这是《道德经》中比较简短而易懂的一章，蕴含着深刻的辩证法思想。

"慧智"在帛书本与河上公本中皆为"智慧",指的是心机智巧,与现代语境中的智慧含义不同。本章出现了王弼本中唯一的"伪"字。"伪"与"自然"相对,含有"人为""虚假"之义。仁义、孝慈、忠都是"人为"的因素,但是人为的程度有所不同。王蒙的解说清晰地揭示了此章的辩证逻辑:"大道被丢弃了,人们各行其是乃至胡作非为了,才会出现对于仁义道德的提倡彰显。智慧计谋发达了,心眼儿越来越多了,虚伪与欺骗才会越来越多。礼崩乐坏,六亲不和,六亲不认,才痛感到了孝子慈父的可贵乃至人为地去进行本来不需要灌输的孝慈规范教导。国家政治乱了套了,国君无德无才陷入危难了,才大呼大叫地闹什么忠呀勇呀的。"

【管理启示】

对于本章,不能简单轻率地认为老子反对仁义、忠诚、智慧、孝慈等主流价值观,而是要把握老子所揭示的辩证法和溯本思维。对于管理中纷繁复杂的现象与问题,管理者要从表面看到本质、从结果追查原因、从益处思考流弊,努力将主观复归于根本大道。

在一个组织中,人们一旦铆足了劲将智力用在谋取私利之上,个人的智慧机巧就会演化为投机欺诈,组织氛围、管理质量和竞争力必然随之恶化。我们不能去抱怨"这届员工/百姓"素质不行,而是要首先从组织管理模式和领导思想体系上找原因。如果管理哲学、领导理念与管理机制出了问题,不能实事求是,不遵从客观规律,那么,即使强调仁义道德和规章制度,也会开混乱之源,甚至造成虚伪机诈之风。《庄子·则阳》对此进行了深刻的分析:"古时候的统治者,把社会清平归于百姓,把管理不善归于自己;把正确的做法归于百姓,把各种过错归于自己;所以只要有一个人其身形受到损害,便私下总是责备自己。如今却不是这样。统治者隐匿事物的真情却责备人们不能了解,扩大办事的困难却归罪于不敢克服困难,加重承受的负担却处罚别人不能胜任,把路途安排得十分遥远却谴责人们不能达到。民众耗尽了智慧和力量,就用虚假来继续应付,天天出现那么多虚假的事情,百姓怎么会不弄虚作假!力量不够便作假,智巧不足就欺诈，财力不济便行盗。盗窃的行径，对谁加以责备才合理呢？"[1] 这体现了管理者巨大的示范效应，上面伪诈，下面也伪诈，使整个组织都伪诈，形成恶性循环；反之，管理者清静无为，而且"以百姓心为心"，则诚信机制自然形成。总之，管理要有大道，管理者要时时自警，不能废离了大道。

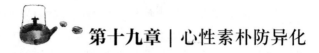

第十九章 | 心性素朴防异化

【原文】

绝圣弃智，民利百倍；绝仁弃义，民复孝慈；绝巧弃利，盗贼无有。
此三者以为文，不足，故令有所属：见素抱朴，少私寡欲。

【译文】

（君主）摒弃（刻意的）聪明智巧，民众可以得到百倍的好处；摒弃（刻意的）仁义，民众可以恢复孝慈的天性；摒弃巧诈和私利，盗贼也就没有了。

以上三条不足以作为治理天下的纲领，还要使人的思想认识有所归属：保持纯洁朴实的本性，减少私欲杂念。

【详解】

此章历来难解，争议很多。从结构看，先提出"三绝三弃"之理，然后提出"见素抱朴，少私寡欲"的主张。

---

[1] 原文："古之君人者，以得为在民，以失为在己；以正为在民，以枉为在己；故一形有失其形者，退而自责。今则不然。匿为物而愚不识，大为难而罪不敢，重为任而罚不胜，远其塗而诛不至。民知力竭，则以伪继之，日出多伪，士民安取不伪！夫力不足则伪，知不足则欺，财不足则盗。盗窃之行，于谁责而可乎？"

"绝圣弃智，民利百倍；绝仁弃义，民复孝慈；绝巧弃利，盗贼无有^①"。圣，陈鼓应认为："通观《老子》全书，'圣人'一词共三十二见，老子以'圣'喻最高人格修养境界，而王弼本'绝圣'之词，则与全书积极肯定'圣'之通例不合。"于是，很多注家变更"圣"的含义以适应全句，赋予其人为、刻意、非自然等特点，释为"巧智""自作聪明"，与同句的"智"类似。智，智巧；又见第六十五章："以智治国，国之贼；不以智治国，国之福。"

君主杜绝和抛弃聪明智巧，不搞阴谋诡计，不刻意而为，不为一己之私和主观意志而或明或暗地干扰、压榨民众，那么，民众可以得到百倍的利益。同理，君主不刻意去搞人为的仁义道德，社会就会清静自然，百姓就会恢复孝慈的天性；君主自己杜绝巧诈之心，不为自己谋私利，不对百姓巧取豪夺，那么百姓就会安于本分并自然富足，不会为非作歹了。

此外，圣，也可理解为原本意义上"圣明""圣人"的"圣"，这是在悟道、得道、用道方面所能达到的最高境界。"绝圣"的含义便是"君主不刻意追求'做圣人'"，这与"无为""虚静"思想是一致的。在老子的思想体系中，肯定与否定并不是绝对的，而是辩证的。例如，对于"道"，既是肯定的，也是否定的，肯定的是绝对的、没有人为的道，否定的则是相对的、人为的"道"。"道可道，非常道"，人只要对道进行思考、表述，道便成了人为的伪道了；但是圣人在传道的时候又不可能不思考、不表述，所以只能以手指月，以假学真。这就是讲道的困境，关于"圣"的表述也存在这类困境。老子所推崇的是与道合一、自然而然的圣，而不是人为的、刻意的"圣"，可以说，圣一旦被人为地言说、践行，就不是原本意义的"圣"了。从这个角度看，老子的"绝圣"蕴含着高超的哲理。"智"也是这样，尽管智慧比圣多了一点"人为"的意味。很多人都说老子的思想以智慧见长，《道德经》处处体现着大智慧，但是在文字上却常常否定"智"。老子所否定的是人为的、刻意的，特别是不用于正途的"智"，并非自然生发的"智"。那些批评老子是"反智主义者"的人，应该是没有全面理解老子的思想。

----

① 陈鼓应根据楚简本校为："绝智弃辩，民利百倍；绝伪弃诈，民复孝慈；绝巧弃利，盗贼无有。"意为：抛弃巧辩，人民可以得到百倍的好处；弃绝伪诈，人民可以恢复孝慈的天性；抛弃巧诈和货利，盗贼就自然会消失。

"此三者以为文，不足。故令有所属：见（xiàn）素抱朴，少私寡欲"①。文，与"质"相对，文饰、条文之义，这里指治国理念和施政纲领。见，同"现"。素，未染色的丝。抱，坚守。朴，未雕琢的木。**"此三者"**，指上一段所讲的圣智、仁义、巧利。圣智、仁义、巧利虽然在治理国家、安顿百姓方面起到一定的积极作用，但是作为治理社会的法则是不够的，所以要使人的思想认识有所归属：保持纯洁朴实的本性，减少私欲杂念。

"见素抱朴，少私寡欲"是老子心中圣人形象的写照，是体道之人的最高人格境界，也是老子倡导和教诲的治国施政的根本理念，因为这两句讲的实际上就是实行"无为而治"之君的内在精神品格。

【管理启示】

本章的管理思想可聚焦在"管理的异化"这个主题。人们创造出管理，本来是为了更好地服务社会、服务组织、服务于人的，但是管理在实际运行过程中往往走向反面，成为诱惑、扭曲、控制甚至奴役人的"怪兽"，从而出现各种乱象和痛苦，这就是管理的异化现象。所谓的圣、智、仁、义、巧、利等作为管理的"理性"工具，往往成为管理异化的主要原因。老子看到管理异化催生了种种苦难，因而坚定地反对管理异化。他指出，异化的要害是人心的腐化与贪婪。庄子甚至提出，要逃避尧这种圣君的治理，因为他担心"假乎禽贪者器"（《徐无鬼》），就是怕公权被贪婪者利用；他认为，天下利用仁义的人多，真正践行仁义的人少，还是不要提倡仁义的好；物不能胜天，不能以人灭天（《秋水》），还是让百姓自然而然、自由自在地生活为好（《在宥》）。老庄看到了统治者言行不一、挂羊头卖狗肉甚至鱼肉百姓等异化现象，才提出"见素抱朴，少私寡欲"的治心主张。这是规避管理异化、实行无为而治的心性基础。

---

① 此段多译为："（智辩、伪诈、巧利）这三者全是巧饰的，不足以治理天下。所以要使人有所归属：保持朴质，减少私欲。"

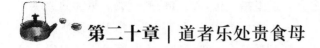

第二十章 | 道者乐处贵食母

【原文】

绝学无忧。

唯之与阿，相去几何？善之与恶，相去若何？人之所畏，不可不畏。荒兮其未央哉！

众人熙熙，如享太牢，如春登台。我独泊兮其未兆，如婴儿之未孩，傫傫兮，若无所归。众人皆有余，而我独若遗。我愚人之心也哉！沌沌兮！俗人昭昭，我独昏昏；俗人察察，我独闷闷。澹兮其若海，飂兮若无止。众人皆有以，而我独顽且鄙。

我独异于人，而贵食母。

【译文】

把握了最高的学问"道"，就没有忧愁了。

应诺和呵斥能相差多少？美好与丑恶相差好多吗？大众所畏惧的，不能不有所敬畏。（这种现象）自古至今都存在着，没有终止的时候。

众人都兴高采烈，好像参加丰盛的筵席，又像春天登台眺望景色；我却独个儿淡泊宁静啊，不露行迹，好像还不会嬉笑的婴儿，落落不群啊，好像无家可归。众人都有多余，唯独我好像不足的样子；我真是"愚人"的心肠啊！浑浑沌沌啊！俗人都光耀自炫，唯独我显得糊涂愚蠢。俗人都精明灵巧，唯独我显得茫然懵懂。我澹泊啊好似大海一样；飘忽啊好像无有止境一样。众人都有所施为，唯独我显得愚顽而鄙劣。

我独自与众不同，而重视以"道"来滋养自己。

【详解】

高亨认为"此章文句多有错置"，古棣说"此章错乱最甚"，因而较难解读。

一些注家的译文，单句意思显明，但连在一起令人不知所云。我们将全章分为四段，根据老子的整体思想进行解析。

第一段即首句，**"绝学无忧"**。这句立意，也是全章的逻辑起点①。主要有两种解释：一种是如陈鼓应、王蒙等学者的解释，将"绝"解释为"断绝、摒弃"，那么此句意为："抛弃掉那些（矫揉造作、呆板死僵的）学问，你也就不会陷入困境了。"另一种将"绝"解释为"最高"，"绝学"就是"道的学问"（韩鹏杰），因此这句话的意思是：掌握了最高的智慧即道的学问就没有忧愁了。这两种解释可以统一到学道的过程：如果摒除掉各种"异化之学"，那么就能把握到最高的"道"，精神修为就到了很高的境界，自然就没有忧愁了。

一个人如果有了稳定的"道"的世界观和方法论，掌握了虚无、空性、因果、辩证、齐一等规律，就能够升华人的心灵境界，极大地提高应对世间痛苦的能力。这样，就不会因为世间的不幸和烦恼而心忧，也不会因为外在的打击而崩溃。掌握了"绝学"这一最高智慧，就会认识到"世界万物的差别原来是相对的"，于是，对立与分别的执念消失了，乐与忧之间没有质的差别，差的只是形式而已；且忧患对人修道、用道的价值更大因而不再是常人眼中的"忧"（"处众人之所恶""曲则全，枉则直""受国之垢，是谓社稷主；受国不祥，是为天下王"）。相对而言，常人往往执着于事物"形式"的区别与变化，总是为身边事物的无常变化而烦恼忧愁。

第二段解释"绝学无忧"的原因。**"唯之与阿，相去几何？善之与恶，相去若何？"** "唯"与"阿（ē）（同'呵'）"相对，分别形容"恭敬的应答"与"怠慢的应答"。

与人交谈时，恭恭敬敬的回应与大声呵斥的回怼，这两者有多少差别呢？在常人看来两者当然差别很大，但按照最高智慧，两者是一体且互相依存、互相转化的，因而没什么差别。同样的道理，"善与恶"的差别又如何呢？这两句话既是老子的辩证法，也是庄子所谓的"齐一论"。按照道的这一逻辑，忧还算得上忧吗？因此，"绝学无忧"。

"人之所畏，不可不畏"。常见的译文是"人们所畏惧的，不能不畏惧"。苏辙从"圣人均彼我，一同异，其心无所复留，然岂以是忽遗世法，犯分乱理而

---

① 马叙伦、高亨、汤漳平、高明等学者认为此句当移到上一章之末，刘笑敢、齐善鸿、韩鹏杰等认为当从王弼本位于本章。

不顾哉"的角度，认为这句话的主语乃是"圣人"，即本章经文中的"我"："人之所畏，吾亦畏之；人之所为，吾亦为之。"王弼说："人之所畏，吾亦畏焉。未敢恃之以为用也。"这些解释与前两句的辩证法、齐一论在逻辑上是一致的，也符合"圣人无常心，以百姓心为心"（见第四十九章）的思想主张。但是，这样翻译难以与后文第三段保持逻辑贯通，后文主要讲圣人与众人的巨大差异。老子所关心的，与平常的众人并不一致，例如，众人畏惧低下、卑弱、寡，而老子明确讲述了圣人"处众人之所恶，故几于道"（见第八章），"侯王自谓孤、寡、不穀。此非以贱为本邪？"（见第三十九章）。如果圣人与众人的心态一致，那么圣人就不是得道、用道的圣人了。因此，学者们提出了不同的译文。高明译为："让别人感到畏惧，自己也不能不畏惧。"董平认为当从帛书本"人之所畏，亦不可不畏人"，意思是"人民所畏惧者，即是统治者。统治者是人民畏惧的对象，但统治者也必须以人民为畏惧的对象"。因此此句相当于"君之与民，相去若何？"赵又春译为："人们对于别人所畏惧的事物，也不会不畏惧。"意思是常人所具有的从众心理现象。温海明将此句与"荒兮，其未央哉"合译为"人家怕的事情，你也不得不跟着去怕，如果这样的话，你怕的事情就无边无际了"。还有人译为"他人所畏避的，难道就非畏避不可吗？这种盲从风气久远以来到处蔓延，什么时候都没完没了！"相较而言，董平的译文为佳，这句经文的意思是：让民众畏惧的统治者，也不能不对民心有所敬畏。从《道德经》整体思想看，统治者敬畏民心，才能"以百姓心为心"实行无为而治，才能"无忧"。

"荒兮其未央哉！" 荒：通常解为"广漠""遥远"；另有人解为"迷乱"，通"妄"，如"内作色荒，外作禽荒"（《尚书·五子之歌》）。央：尽头。此句译法不一，典型的译文有："盲从之风，自古如此，何时止息"（汤漳平）；"精神领域开阔啊，好像没有尽头的样子"（陈鼓应）；"这里面的智慧简直是没有边际啊"（韩鹏杰）；"纵情作乐啊，那真是没有尽头"（赵又春）。各种译法都有一定的道理：有的是对前文"相去若何""人之所畏，不可不畏"的感叹，有的则是对下文的提示，下面一大段都在讲常人如何耽于情乐。关于上述诸多翻译，读者可继续思考和选择，学习老子思想的魅力，正在这种思考之中。

第三段通过比较的方式对"绝学无忧"的有道之士的样貌进行了细致的描写。**"众人熙熙，如享太牢，如春登台。我独泊（bó）兮其未兆，如婴儿之未孩，儽儽兮，若无所归。众人皆有余，而我独若遗。我愚人之心也哉！沌沌**

兮！**俗人昭昭，我独昏昏；俗人察察，我独闷闷。澹兮其若海，飂兮若无止。众人皆有以，而我独顽且鄙"**。熙熙：形容兴高采烈的样子。太牢：古代以牛、羊、猪作为祭品，事后人可享用，此处指丰盛的宴席。未兆：没有征兆、没有预感和迹象，形容无动于衷、不炫耀自己。沌（dùn）沌：混沌，不清楚。孩：同"咳"，形容婴儿的笑声。儽（lěi）儽：疲倦闲散的样子。遗（yí）：不足。一说通"匮"。昭昭：炫耀，王弼注"耀其光也"。昏昏：暗昧的样子。察察：精于算计。闷闷：昏浊，不清楚，亦有"淳朴""朴拙"之义。澹（dàn）：澹泊，沉静。飂（liù）：飘。有以：有用、有为、有本领。

这段话将众人与有道者的行为进行对比。圣人是合于道的，众人是盲从或从众的，两者的言行特征呈现鲜明的差异：众人喜欢做的事情就是眼前的怡情热闹，就像享用着盛宴美食，就像春日里登高赏景；唯独有道者平平静静的，无动于衷，不动声色，不随潮同流，就像初生的婴儿还不懂得言笑作态，闲散而慵懒，因不附从于任何潮流而显得无所归属，或像漂泊无家的游子。众人都充足有余，而有道者却好似不足的样子。有道者在俗人看来就像傻子一样混沌无知。俗人都精明而光耀，而有道者却糊里糊涂；俗人都精明灵巧，唯独有道者茫然无知。有道者像大海一样澹泊沉静，像风一样飘忽散漫、无拘无束。众人都有所仗恃、有所作为，而有道者却愚顽而鄙劣无能。

第四段，**"我独异于人"**总结上文，而**"贵食母"**是"独异于人"的原因，也是对本章首句的呼应。母，指的是"道"。食（sì），饲。王弼注曰："食母，生之本也。人者皆弃生民之本，贵末饰之华，故曰我独异于人。"韩非则认为，母者以喻为道。那么，食母，意为"以道为食"，犹言"得道"。

老子说，"只有我与众不同，其原因在于我重视以道来滋养自己"。对此，苏辙的解释是：世俗之见总是被事物的纷纭表象所蒙蔽，因此"迷者"太多了。只有圣人能超越万物的表象，能够了解事物的来龙去脉；透过那些具体的、表面的、暂时的现象，领悟全局的、根本的、长久的变化趋势。圣人关心并持守众人看不到也不在乎的道，回归自身的道性，因此在仅仅执着于表象的众人眼中就是昏昏、闷闷、糊里糊涂、独顽且鄙的。

有道、守道的圣人与不明道、不重道的常人在心性、言行、仪态等方面是有差别的，但是老子强调道者要和光同尘，保持低调，不要显得比众人了不起。实际上，众人有众人之乐，但乐在表象和眼前；道者有道者之乐，乐在内在和久远。

【管理启示】

中国古人常常向往"孔颜乐处"，老子在此章通过与众人、俗人之乐进行对比而提出了"道者乐处"，亦即不同于"俗人乐处"的"有道管理者的乐处"。老子口中的众人、俗人包括普通百姓，也包括不道的统治者和贵族，他们占人口的绝大多数。此语并没有贬低之意，只是通过对比来强调有道者的独特乐处。"众人熙熙，如享太牢，如春登台"，他们沉湎于大家共同拥有的价值观和生活模式。正如村上春树所说的，他们"已经彻底习惯了每天这种周而复始的生活模式，正如人习惯于引力和气压的存在"。众人迷恋于、习惯于自己眼前的一切，在俗常的生活模式和思维模式中度过一生，他们很难理解甚至不知那些有道圣人还有着完全不同的生活模式和乐处。

有道的管理者不仅数量少，而且通常被周围海水一样的俗人所包围。如果刻意追求俗人的认可，那就会随波逐流、沦为俗人。实际上，管理者比众人更有资源、资本和机会去显示自己的"有余""昭昭""察察""有以"，而无道的管理者往往喜欢光芒四射、导演"封神演义"，对此，老子视之为一种"俗"，这种"俗"在本质上与社会上的"俗人"没有不同。有道的领导者却完全相反，他们在众人的眼中是"独泊""沌沌""儽儽""若遗""昏昏""闷闷""顽且鄙"，是不引人注目的。有道的领导者"与众不同"，这种不同绝不是刻意的清高，绝不自诩为阳春白雪而孤芳自赏，他们实际上超越了"俗己"与"俗人"而归于大道，早已以道为生、以道为乐了。在充斥着各种利益诱惑的社会之中，他们能够保持内心的清静和淡定，在利益的诱惑和各种观念的冲击之下能高度自觉，抱一守道。而且，他们还自觉地以保护和服务这些俗人、众人为自己的责任和使命，即"圣人无常心，以百姓心为心"。老子在本章描述了有道圣人"顽且鄙""昏昏""闷闷"的"愚人"状态，这是完全不与百姓争利、争功、争名的纯粹无争状态。圣人是"独异于人"的，其前提是"贵食母"，即守道、乐道，这是有道管理者之乐处。

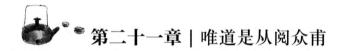

第二十一章 | 唯道是从阅众甫

【原文】

孔德之容，惟道是从。

道之为物，惟恍惟惚。惚兮恍兮，其中有象；恍兮惚兮，其中有物。窈兮冥兮，其中有精；其精甚真，其中有信。

自今及古，其名不去，以阅众甫。吾何以知众甫之状哉？以此。

【译文】

大德的状态，只以道为内在依据。

道这种东西是恍恍惚惚的。它惚惚恍恍，其中却有迹象；它恍恍惚惚，其中却有实物。它深远幽暗，其中却有精质，这种精质是非常真实的，而且是可以信验的。

从当今上溯到古代，它的功用永远不会消失，依据它才能认识万物的本始。我怎么知道万物本始的情形呢？是从"道"认识的。

【详解】

关于本章的争论很多。我们认为，本章讲的是德的特性以及德与道的关系。"德"是《道德经》的核心概念之一，这在通行本中是首次出现。

"孔德之容，惟道是从"。孔，大，盛。容，容貌，状态。德，古字为"得"。德是由道到物的中间桥梁，它遵从道的要求，实现由道到物的内隐到外化的变化过程。

在老子思想体系中，道是德的唯一根据和内在规定，"德"是"道"的体现，"道"是"德"的本质。因此，真正的德，即大德、上德，是以道为根本依据的；大德之人，只依道行事，其状态也是"从道"的体现。那么，道是什么样子呢？对此，下文予以回答。

"道之为物，惟恍惟惚。惚兮恍兮，其中有象；恍兮惚兮，其中有物。窈兮冥兮，其中有精；其精甚真，其中有信"。惚恍，形容道的状态和形象，又见第十四章："其上不皦，其下不昧。绳绳不可名，复归于无物。是谓无状之状，无物之象，是谓惚恍。"窈，深远。冥，幽暗。精，精质，极其微细的原质。

"道之为物"，帛书本为"道之物"，现代学者多译为"道这个东西"。此段意为：道的状貌是惚恍的，难以用感官确切感知的，但是其中有形象、实物、精质，是可以信验的。这一解读与第十四章的思想是一致的。

古棣等认为，"道之为物"的"为"是"创造"义；沈善增和赵又春认为"道之物"的"之"是动词，可解释为"作用""到""处理"。"道之（为）物"指的是道从内隐到外显为物的过程，这也是由"道"到"德"的显化过程，该过程的状貌是恍惚的。道的外显过程虽然"恍惚"，但我们可以通过其中的四大名相即"象""物""精""信"这些关键信息去认识事物之道。这样，我们才有可能、有信心去"从道""为德"。

以上两种解释都有道理，其落脚点是一致的：人们遵从道来处理问题时，首先有难度，恍恍惚惚而不容易把握；其次要有信心，恍惚之中必然有真象、有本质、有规律。

"自今及古，其名不去，以阅众甫。吾何以知众甫之状哉？以此"。名，按蒋锡昌的观点，指道的功用，同第四十五章的"其用不穷"。阅：视，察。甫，通"父"。河上公等多数学者将甫（父）解释为"开始""本源"。自现今上溯到远古，道的功用从未消退过，圣人都依从道而为政施治。圣人凭什么得知万物本始的情状？就是凭着"道"。

【管理启示】

有志于道的管理者，要想尊道贵德，必须有惕厉之心与虚静之态，因为道本身及其显化过程都是恍惚难知的；同时也要有信心，因为可以通过"象""物""精""信"这些关键信息去认识事物之道。

万物都各有其道，其成长自然各需其德。道是事物之母，德是事物之父。德者得也，大德大得，小德小得，无德不得，而悖德的强梁者则不得其死！德位相配，才能福泽长久，如果我们的品行和能力不能与所处的环境、所追求的结果相匹配，那么，我们的事业就无法保持延续性，甚至反而带来灾祸。要想保有"大德"，必须以"道"作为前提与依据。管理者从道行德，才能成就美满人生。

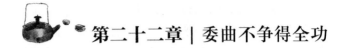 第二十二章 | 委曲不争得全功

【原文】

曲则全，枉则直，洼则盈，敝则新，少则得，多则惑。

是以圣人抱一为天下式。不自见故明，不自是故彰，不自伐故有功，不自矜故长。夫唯不争，故天下莫能与之争。

古之所谓"曲则全"者，岂虚言哉！诚全而归之。

【译文】

委曲则会保全，屈就则会伸展，低洼则会充盈，破旧则会更新，少取则会多得，贪多则会迷惑。

所以圣人坚守道的原则而成为天下人的楷模。不自我表现，反能显明；不自以为是，反能彰显；不自己夸耀，反能见功；不自高自大，反能长久。正因为不跟人争，所以天下没有人能够和他争。

古人所说的"曲则全"，怎么会是空话呢！"曲则全"确实有全功之效，而这种全功归属于圣人。

【详解】

本章的主旨是"反成—全功"之理。全章分为三段。

"曲则全，枉则直，洼则盈，敝则新，少则得，多则惑"。这"六则"充分体现了反成原理，既是此章的论题，也是下文的理论依据。"则"表示对比和可能性，不应理解为"必定"。例如，"少很可能得"，但不能说"少必定得"。"六则"全不是充要条件命题，也不全是必要条件命题，这些命题只是强调：一方

面，"曲、枉、洼、敝、少"这五项是常人不喜欢的，但却最有潜力转化为人们喜欢的"全、直、盈、新、得"；"多"是常人喜欢的，但很可能转化为人们不喜欢的"惑"，所以从"道"的角度来看，常人不喜欢的事物往往能转化为好的结果（前"五则"），而常人喜欢的事物反而会很快转化为人们不喜欢的坏结果（"多则惑"）。因此，有道的圣人的行为模式也就往往与常人相反。另一方面，"六则"所说明的"事物转化"既包括"事物向对立面转化"（枉则直、洼则盈、敝则新），也包括"向多角度转化"（曲则全），还包括"向多维度转化"（少则得，多则惑。少与得、多与惑均不在同一维度）。这就比较全面地揭示了反成原理。

"是以圣人抱一为天下式。不自见故明，不自是故彰，不自伐故有功，不自矜故长。夫唯不争，故天下莫能与之争"。 一，一般译为"道"；抱一，即持守道的原则。式，可以理解为某种"规则""原则"；帛书本为"牧"，意为"统治（者）"。见（xiàn），通常释为"现"，表现。伐，夸耀。《论语》记载，颜回的志愿就是"愿无伐善，无施劳"。矜，骄傲、自负。长，一说为"长久"，另一说为"做官长""做首领"。

所以圣人抱持道的原则而作为天下人的楷模，意思是成为天下人遵从、效仿的领袖。接下来讲的"四不"是持道的具体做法及其功效，王蒙的解读是："不要老是盯着自己与一味表现自己，看什么想什么都会更明明白白一点。不自以为是，所以能够有影响、有威信。不自吹自擂、自我表功，所以才真有贡献。不自高自大，所以形象高大、能带动旁人。正因为他不去争夺浮名小利，所以天下没有什么人是他的对手。""天下莫能与之争"与"为天下式（领袖）"相应，"不争"与"抱一"相应，而"不争"则是"四不"的概括，也是"抱一"的体现与落实。

"古之所谓'曲则全'者，岂虚言哉！诚全而归之"。 管理者如何才能实现"明""彰""有功""长"直至"天下莫能与之争"呢？老子认为，合道的做法就是"不自见""不自是""不自伐""不自矜"，总之就是"不争"。这些做法就是"曲"的表现。其实，在常人眼中是"曲"，在有道者的心中却没有"受曲"的感觉，否则就不是"有道者"了。在常人（包括不知"道"的王侯将相）看来，人在成功上位之后，就应该炫耀、显摆，否则岂不是委屈了自己？别人看不到自己的荣华富贵，那还有什么意思嘛！霸王项羽就说过："富贵不归故乡，如衣锦夜行，谁知之者！"（《史记·项羽本纪》）而在有道者那里，"曲"就是放下自己的好恶与执念，正视甚至尊重矛盾的另一方面，从对方的角度出发考虑问题，以让众人接受、喜欢的方式实现全面、持久的功业。否则，好事都让你占全了，哪还有别人什么事？这不是刺激众人来反对你吗？"诚全而归之"，就是说，有道者通过"曲"而实际上收获了全功。古人说的"曲则全"怎么会落空呢？也可以说，圣人因"不争而莫能与之争"即"无为而治"这个事实所蕴含的全部道理、所有启示，都可用"曲则全"这句话来概括。

关于"诚全而归之"，人们有各种解读，苏辙认为："世以直为是，以曲为非，将循理而行于世，则有不免于曲者矣。故终篇复言之，曰此岂虚言哉，诚全而归之。夫所谓全者，非独全身也，内以全身，外以全物，物我兼全，而复于性，则其为直也大矣。""归之"，苏辙解为"复于性"，汤漳平解为"归于道"，张松如解为"给予他"。综合起来，我们将这句话解读为："曲则全"确实能收到全功之效，即能对内保全自己，对外保全万物，物我都得到保全，因而这样的圣人为天下之所归、众望之所属。之，指的是圣人。这种解读应该符合老子劝道于圣人的用心。

【管理启示】

"反成—全功"之理在管理上体现为"六则"：一是"曲则全"，在自然界，曲构成圆，无曲不能圆，圆也就是全。在组织管理上，曲是"委屈"，人受得了委屈，才能消弭矛盾，使自己动心忍性，强健心力，从而既能成就自己，也能成就别人。名联"退一步海阔天空，让三分风平浪静"也是对"曲则全"的灵活运用。卓越的领导者都能承受委屈甚至"受国之垢"，如果受不了一点委屈，挨不得几句骂，凡事都较真、不留余地，就做不成领导工作。二是"枉则直"，枉的本义是弯曲，弯曲代表柔软、代表力量的积蓄。胳膊曲回来才能直着出拳，打出力量。柔软意味着自己随顺对方而不是强迫对方顺从自己，那些强迫百姓顺从自己的统治者最有可能失败。随顺对方的本性而不违逆，才能不分彼此、同心同德；随顺大道而不背离，才能与道合一；合一之心则为道心，合一之路则为成功的捷径。三是"洼则盈"，地面最低洼之处，常有水汇聚，如同江海最为低洼，故能百川皆归。有道的管理者遵循这种"洼"道，至虚至下，故众德交归，德无不备。"洼"是虚己，虚己能容人、聚人，也是汲取资源的必要条件。四是"敝则新"，"敝"有陈旧之义，推陈而后出新，温故常能知新；"敝"还有舍弃之义，有道的管理者转旧世界为新世界，日损其知见，日新月异，天天有新知，天天有进步。五是"少则得"，圣人忘知绝学，专心于道，故于道有得。在做事方面，无论做什么事情都要目标专一，专一才能集中优势资源，有节制地获取才能细水长流。六是"多则惑"，管理者想法多了，知见多了，对于主业或初心就迷惑、怀疑了。目标不专一，就会精力分散，方向不明，无法专心致志地走向成功。因此，贪多只会迷乱不前，聚焦才能收获满满。管理者须力戒贪多求快、好大喜功。

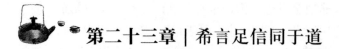 第二十三章 | 希言足信同于道

【原文】

希言自然。故飘风不终朝，骤雨不终日。孰为此者？天地。天地尚不能久，而况于人乎？

故从事于道者，道者同于道，德者同于德，失者同于失。同于道者，道亦乐得之；同于德者，德亦乐得之；同于失者，失亦乐得之。

信不足焉，有不信焉。

【译文】

少发声是合于自然之道的。狂风往往刮不了一早晨，暴雨下不了一整天。是谁造成这种情形呢？是天地。天地（的这种作为）都不能持久，何况人为之事呢？

所以，从事于道的人，就合于道；从事于德的人，就合于德；失道失德的人，就会丧失所有。同于道的人，道也乐于得到他；同于德的人，德也乐于得到他；同于失的人，失也乐于得到他。

一个人的诚信不足，就不会得到众人的信任。

【详解】

这一章讲了管理中的感应法则。全章可分为三段。

"希言自然"。希，同"稀"，稀少。少发声、少发号施令，乃是君主应遵循的"自然之道"，这是"无为而治"的基本原则。此句与第二章"行不言之教"、第五章"多言数穷"、第十七章"悠兮其贵言"乃至孔子"天何言哉，天何言哉"含义相同。**"故飘风不终朝，骤雨不终日。孰为此者？天地。天地尚不能久，而况于人乎？"**这是对"希言自然"的解释。飘风，狂风。朝（zhāo），早晨；也可解为"一日"。狂风暴雨不能持续很长的时间。老子以这一自然界现象为喻，意思是说，狂风暴雨是天地造成的狂暴之声，连天地的狂暴之声都不能保持长久，更何况人为的声音和指令呢？因此有道的领导者不怎么发号施令，更不会有狂暴的言行了。所以说，"希言"才是符合"自然"之道的。为什么君主的狂暴不会起到好作用呢？为什么君主行不言之教反而会起到好作用呢？下一段做出了回答。

"故从事于道者，道者同于道，德者同于德，失者同于失。同于道者，道亦乐得之；同于德者，德亦乐得之；同于失者，失亦乐得之"。此段的帛书本为"故从事而道者同于道，得者同于得，失者同于失。同于得者，道亦得之；同于失者，道亦失之"。刘笑敢认为，帛书本中此段的句义十分清楚，而河上公本、王弼本与傅奕本则显得"繁赜难解"。俞樾、陈鼓应等认为前两个"道者"有一个是衍文。从事于道者：按道办事的人，此处指按道施政的统治者。失，指失道或失德。

这段话以列举的方式揭示了一个重要的道理：感应法则。物理学中有电磁感应定律，心理学中有罗森塔尔效应（亦称"皮格马利翁效应""人际期望效应"）、吸引力法则，在管理学中也有类似的示范效应。孔子说"仁远乎哉？我欲仁，斯仁至矣"（《论语·述而》），讲的也是这个感应法则。一位管理者，如果有心按道办事，那么道就会跟他在一起，使他成功；如果根本无心按道办事，那么道就会远离他，他就必然失败。管理者的得得失失，根本的原因还是在于他自己的这颗心。这与孔子所讲的"君子求诸己，小人求诸人"具有内在的一致性。

"信不足焉，有不信焉"。这是老子对本章思想的聚焦，又回归到了第十七章所提出的管理中的信任问题。如果对"他者"的信任不足，就不会得到"他者"的感应，从而得不到充分的信任；长此以往，组织内部就会充满假心假意、狡诈虚伪，良好的组织信任和组织氛围就会丧失殆尽。

【管理启示】

管理者要重视、善用感应法则。陈鼓应在本章评述中说："施政的后果，有如俗语所说的：'同声相应，同气相求。'统治者如果清静无为，则社会当有安宁平和的风气以相应；统治者如果恣肆横行，则人民当有背戾抗拒的行为以相应；统治者如果诚信不足，则百姓当有不诚信的态度以相应。"这里讲的也是管理中的感应法则。组织、社会乃至世界都处于宇宙这个超巨能量场之中，这个能量场的运行规则可命名为"道"。在能量场中，只有同频才能共振，而在组织和社会中，"信"的有无与程度高低决定着人们之间是否同频。没有信任，或信任度很低，组织就不会达致同频共振，更不会与道同频共振，自然也不会得到道的眷顾。

管理者对道有真诚的信心，就会感应到道；对众人有诚挚的爱心与信心，也会感召众人，提升互信。信，发于心，形于行。管理者运用感应法则的关键在于自己的心灵，管理者的内心修养、行为方式与他的外在境遇是相应的，他对道领悟到什么程度，道就会给他什么程度的回报。所以，合于道的人，就会得到道的回报；不合于道的人，则不会得到道的回报。放下自私自利和个人偏见，从而放下小我，以信心指向大道，使小我回归于大我，从而回归于大道、实现大我，这就是有道的管理者。

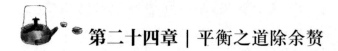

第二十四章 | 平衡之道除余赘

【原文】

企者不立，跨者不行。

自见者不明，自是者不彰，自伐者无功，自矜者不长。

其在道也，曰余食赘行，物或恶之。故有道者不处。

【译文】

踮脚站不稳，跨步走不远。

自我表现的，反而不得显明；自以为是的，反而不得彰显；自己夸耀的，反而不得见功；自高自大的，反而不得长久。

从道的观点来看，这些可说是剩饭赘瘤，惹人厌恶。所以有道的人不这样做。

【详解】

本章内容比较容易理解，结构也非常清晰。

"企者不立，跨者不行"。企：就是翘起足，用脚尖站立。踮起脚跟想要站得高，反而站立不住；跨起大步想要走得快，反而不能远行。其原因在于打破了事物运动的平衡。万物负阴而抱阳，一阴一阳之谓道。阴阳平衡乃大道之理，遵守这一道理，事物才能实现稳健、持久的运动、发展。

管理者要建功立业，组织要持续发展，都要遵循平衡之道，不能失衡悖道。本章列举了四种因悖道而失衡的行为：**"自见（xiàn）者不明，自是者不彰，自伐者无功，自矜者不长。"** 这与第二十二章所讲的四句话句式相反而意义相同："不自见故明，不自是故彰，不自伐故有功，不自矜故能长。"

一个自夸的管理者，即使他有一定的功绩，别人也会说他无功，亦即他的功劳反而会得不到承认。因为，"自伐者"一般都会夸大自己的功劳，即使他实事求是地摆功，也会使员工觉得他在忽视、贬低甚至埋没自己的成绩和贡献，于是，员工就会或明或暗地找他的毛病，重新评价他的功绩，甚至否认他有功劳。反之，如果管理者夸赞员工，员工就会主动去寻找自己的毛病同时寻找管理者的优点。这就是管理中的平衡原理。

"其在道也，曰余食赘（zhuì）行，物或恶（wù）之。故有道者不处（chǔ）"。余食，剩饭。行，同"形"；赘形，人身上多余的、不需要的部分，比如肿瘤、赘肉等。剩饭、肿瘤这些东西都是人们所厌弃的。物，指的是人。或，常，总是，用法同《史记·秦始皇本纪》："九年，慧星见，或竟天。"在人事中，"自见""自是""自伐""自矜"都是令人们反感的，管理者越是这样，人们越是反感，所以有道的管理者要像厌弃腐烂的剩饭和有害的肿瘤一样规避这种悖道的行为。道是清静无为的，而后天的、人为的东西都是余食赘形，有道者自然不会喜欢这些。庄子说"至人无己，神人无功，圣人无名"（《庄子·逍遥游》），至人、神人、圣人乘道而行，清净至简，实现了一种大平衡，达到了逍遥境界。

【管理启示】

本章的平衡思想对于经营策略层面有重要启发：急躁冒进的策略不可取，稳健发展才能持久。企业成长都有其客观规律，必须尊重规律而不能超越。虽然加快发展的动机与目标"美丽动人"，但是如果缺乏理性的态度，以浮躁的大踏步思维来拔苗助长，那就需要反思了。

《论语·子路》有句名言"欲速则不达"。"欲速"是常人的惯常心态，特别是管理者，在获得初步成就之后，常常会信心膨胀、头脑发热，不仅想做"加法"，还恨不得以乘法或指数速度发展，妄想一飞冲天，忽视了市场机会、经营目标、发展速度同资金、人才、经验、组织文化和品德素养等各个方面的平衡。如果人为地打破平衡，那么大道规律就会自动地恢复平衡，使人因妄为而付出代价。人打破规律，规律就会打人。因此，要想使企业在竞争中永远立于不败之地，就得扎扎实实，一步一个脚印地前进。按照老子的告诫，要善用减法：减肥，去掉"余食赘形"；除躁，要"润物细无声"；去妄，要稳健成长；消热，要谦虚谨慎。总之，尊道而行，方能稳健发展。

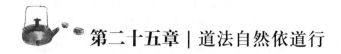

第二十五章 | 道法自然依道行

【原文】

有物混成，先天地生。寂兮寥兮，独立不改，周行而不殆，可以为天下母。吾不知其名，强字之曰道，强为之名曰大。大曰逝，逝曰远，远曰反。

故道大，天大，地大，王亦大。域中有四大，而王居其一焉。

人法地，地法天，天法道，道法自然。

【译文】

有一个浑然一体的东西，先于天地而存在着。它是多么寂静，又多么宽广啊，独立长存而不改变，循环运行而生生不息，可以为天地万物的根源。我不知道它的名字，勉强叫它"道"，再勉强给它起个名字叫"大"。它广大无边而周流不息，周流不息则伸展遥远，伸展遥远而又返回本原。

所以说：道大，天大，地大，王也大。宇宙间有四大，而王是四大之一。

人效法地，地效法天，天效法道，道纯任自然。

【详解】

有人说，就内容的重要性而言，本章在《道德经》中的地位仅次于第一章，其中的思想在中国传统哲学和管理哲学上具有十分重要的地位。

"有物混（hùn）成，先天地生。寂兮寥兮，独立不改，周行而不殆，可以为天下母"。物，指的是道。混，同"浑"，混同。浑然一体的道是天地万物得以产生和进行活动的根本根据，所以"先天地生"。"寂兮寥（liáo）兮"形容道具有极为寂静、极为广大的特性，具有这些特性的道是不受任何外物的作用的，即任何外物包括任何人都不可能改变它而只能受它的改变与主宰，即"独立不改"。这句话是暗示人只能依道而行，不要妄图去改变道。我们今天也常说规律是客观的，不以人的意志为转移，人不按客观规律办事，就会受到客观规律的惩罚。"周行而不殆"是说，作为根本规律的客观大道周遍运行于一切事物之中，从来不会像人那样有疲倦、懈怠的状况。具备这些特性的大道能生成万物，因此称得上是天地万物的母体，即"可以为天下母"。**吾不知其名，强字之曰道，强（qiǎng）为之名曰大"**是说，对于这个超越人的感知的、独一无二的绝对体，连圣人也不知其名；圣人为了传道、弘道，就给它起个名字叫"道"，为了进一步申明它的特性，就勉强地再起了一个名字为"大"。由"大"引出道的运行过程与轨迹："**大曰逝，逝曰远，远曰反。**"曰：则，于是。逝，王弼注为"行也"，吴澄注为"流行不息"。反，同"返"，意为返回到原点，返回到原状。道，广大而运行不息，不停止地运行因而能行至极远，行至极远而又返回本原。王弼说："不守一大体而已。周行无所不至，故曰逝也。远，极也。周无所不穷极，不偏于一逝，故曰远也。不随于所适，其体独立，故曰反也。"

"故道大，天大，地大，王亦大。域中有四大，而王居其一焉"。"四大"中，天、地自然而然地依据道而运行，"王"是社会中的统治者，如果依道而行，那么也会成为与天地并列的"一大"。老子这是在对君主进行鼓励，也是在告诫：你也是四大之一，但居末位，所以你可得注意自己的表现，要既有"大"之名，又有"大"之实啊！

"王亦大"一句，傅奕本作"人亦大"，此句突出了人的地位，与现代文明颇有相合之处。

"人法地，地法天，天法道，道法自然"。前三个"法"的意思是取法、效法。自然，不是自然界，也不是在"道"之上还存在一个自然，而是"自然而然"的"自然"，也就是道的"自在自为"特性。如前面章节所述，"自然"不是放任自流，而是道的呈现与开展，所以是受一定规律支配的。这段话存在逻辑上的"传递性推理"：如果说，人遵循的原则是地的原则，地遵循的原则是天的原则，天遵循的原则是道德原则，而道遵循的是"自然"这个原则，那么，人归根结底是"法自然"的。这段话既是希望人人"归根"尊道，按其自然本性活动，同时也是在教诲君主：不要把自己的个人意愿强加于百姓，要能让百姓"皆谓我自然"。这正是本章的落脚点。

【管理启示】

管理者要尊道行道，不能悖道。本章指出管理者依道而行的根本原因：道"为天下母"；"人法地，地法天，天法道，道法自然"；道为"域中四大"之首，"道大，天大，地大，王（或人）亦大"，"王"虽然也是"四大"之一，但其位置在"四大"之末，所以管理者要找到并摆正自己的位置。管理者带领众人虽然能够在一定程度上能动地改造组织甚至某些环境要素，但也必须效法大地，顺应大道，遵守自然法则。

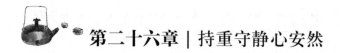 **第二十六章 | 持重守静心安然**

【原文】

重为轻根，静为躁君。

是以圣人终日行不离辎重。虽有荣观，燕处超然。

奈何万乘之主，而以身轻天下？轻则失本，躁则失君。

【译文】

厚重能制衡轻率，清静能管控躁动。

所以有道的君主终日行事仍保持慎重，就像军队行军离不开辎重一样。即使有优越的生活条件，他也淡然处之，从不沉溺其中。

有万乘之车的大国君主，如果轻率躁动以治天下，后果会怎样呢？轻率就会丧失根本，躁动就会失去主宰。

【详解】

这一章讲静、重在无为而治中的重要性，可分为三段。

"重为轻根，静为躁君"。躁：动。常见的译文"厚重是轻率的根本，静定是躁动的主帅"，这令人生疑："轻率"和"躁动"是贬义，若以"厚重"和"静定"为"根本"和"主帅"，那岂不成褒义了吗？

"重为轻根"字面上陈述了一条客观规律：轻飘在上的东西须以下面的重物为依托，否则就不会长久，就像草木的枝叶以根为基础一样。"重"既有物质实力的意义，也有精神质量的意义，如《左传·昭公五年》："谁其重此？"俞樾评议："重，犹任也。""重"亦指人的担当、责任。君主所拥有的内在精神要素与外在实力要素皆为"重"，"轻"与之相对，指显露在外的言行举止、生活方式、施治模式。君主的施治言行须以其内外实力为根本、基础和依托，否则就如断了线的风筝一样不会长久有效。如果失去了这一根本，君主的言行就会成为轻率之举。

"静为躁君"是前句的补充和发展。躁，从中性的"动""迅疾"演变为含有贬义的"急躁""骄躁"，其特点是"不静"，如《论语》"言未及之而言谓之躁"，郑注为"不安静也"。君：领导、控制（韩鹏杰）。根据阴阳学说，静为阴，躁为阳，"阳在外，阴之使也"，因而静能制动，即静能管控躁动等举动。

"是以圣人终日行不离辎重。虽有荣观，燕处超然"。辎（zī）重：一说是装载物品的车辆，另一说是军用器械、粮草、营帐、服装等的统称，这是决定战争胜负的重要因素。荣观（guàn）：古代贵族游玩享乐的地方，指华丽的生活；帛书本为"環馆"，刘笑敢释为"旅行必经之处，极躁之地"。燕：通"晏"，安静的意思。燕处：安居。超然：超脱外物，不陷在里面；淡然。万乘

（shèng），指有万辆兵车的国家，春秋时为大国；万乘（shèng）之主，指大国的君主。

军队即使终日行军也离不开辎重，同样，圣人每天"处无为之事"也不离开"辎重"。这里的"辎重"喻指首句的"重"。据上所述，圣人的"重"包括外在实力和内心的道。外在实力包括稳固的地位、众多的追随者和厚实的物质基础；内心的道体现为"圣人无常心，以百姓心为心"的使命与初心，以及慎重的态度，如《诗经·小雅·小旻》所说的"战战兢兢，如临深渊，如履薄冰"。

统治者的外在实力具有双重作用：一方面是施治的基础，另一方面也给他们带来优越的生活和工作条件，即"荣观"，这容易使人变得轻浮（如脱离现实、远离民众）与骄躁（如不切实际、好大喜功），但圣人则"燕处超然"，不为炫目的外表所迷惑，更不会沉溺其中。

"奈何万乘之主，而以身轻天下？轻则失本，躁则失君"。奈何，一般译为"为什么"，结合下文看，不是很确切；我们译为"怎样""如何"，用法如《楚辞》："羌愈思兮愁人，愁人兮奈何。"本，陈鼓应从俞樾说改为"根"，以与首句相呼应。历史上，很多作为"万乘之主"的君主容易沉溺于荣华富贵、迷失于以往的成功和眼前的权位，进而忽视客观规律，轻浮、轻率地对待众人和形势，任意决策，任性作为，乃至一意孤行，其结果会怎样呢？对此，老子的回答很清楚：轻率会失去统治的基础和根本，妄动会失去内心的静定与主宰，往往会招致覆灭之灾。

【管理启示】

中国文化崇尚老成持重，反对轻浮取巧。老子在两千五百年前就教导我们，"重为轻根，静为躁君"，这可以说是有道管理的 DNA。有道的管理者虽身处繁华之中，心却超然于物华之外，犹如处于远僻清静之处，心性收放自如而不失其本，这需要高超的道性修养。

基础不牢，地动山摇。无为而治的基础和条件有两个：一是实力基础，所谓"辎重"在现实中指经济实力、军事实力、组织实力；二是初心和使命，其基本内容是以百姓心为心、以天下为公。能够坚守这一根本的领导者，不会沉浸于私欲，不会为了满足自己和小团体的欲望而将组织带向歪路，因为他们时刻知道自己应该做什么，应该远离什么，所以能够在短暂的一生中取得不俗的功绩。

一个管理者，无论处于什么环境之中，都要铭记自己的根本、初心和使命，要知道应该如何坚守，切不可躁动地肆意妄为，放弃原则轻浮行事，更不可树立错误的价值观、人生观，将自己的人生和组织的活动放在错误的目标之上。

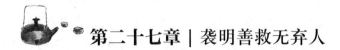

第二十七章 | 袭明善救无弃人

【原文】

善行无辙迹，善言无瑕谪，善数不用筹策，善闭无关楗而不可开，善结无绳约而不可解。

是以圣人常善救人，故无弃人；常善救物，故无弃物，是谓袭明。

故善人者，不善人之师；不善人者，善人之资。不贵其师，不爱其资，虽智大迷。是谓要妙。

【译文】

善于行走的，不留痕迹；善于言谈的，没有过失；善于计算的，不用筹码；善于关闭的，不用栓销却使人不能开；善于捆缚的，不用绳索却使人不能解。

因此，有道的人总是善于救助人，所以没有被遗弃的人；总是善于做到物尽其用，在他眼里没有无用之物。这是深藏着的智慧。

所以，善人是不善人的老师，不善人是善人的借鉴。如果不尊重自己的老师，不珍惜他人给予的借鉴，即使自以为聪明，其实也是大大的糊涂。这是精深微妙的道理。

【详解】

王蒙说"这一章颇堪思索推敲"，历来注家理解不一。陈鼓应认为本章是对

"自然无为"思想的引申。本章可分为三段。

第一段讲了"五善",即**"善行无辙迹,善言无瑕谪,善数(shǔ)不用筹策,善闭无关楗而不可开,善结无绳约而不可解"**。行,行走;亦可理解为"行为",包含着后四句中的言、数、闭、结。辙迹:行车时车轮留下的痕迹。瑕(xiá)谪(zhé):缺点,毛病。筹策:古代竹制的计数工具。关楗(jiàn):关锁门户的器具,也叫栓销。绳约:绳索。善是"善于"的意思。

这"五善"所讲的事都与生活常识相反,然而其中蕴含着"无为而治"的道理。吴澄说:"行者必有辙迹在地,言者必有瑕谪可指……然皆常人所为也,有道者观之,则岂谓之善哉?善行者以不行为行,故无辙迹;善言者以不言为言,故无瑕谪;善计者以不计为计,故不用筹策;善闭者以不闭为闭,故无关键而其闭自不可开;善结者以不结为结,故无绳约而其结自不可解。"这是无形胜有形,无招胜有招,即无为而治。管理者"无为而治",绝不是庸庸碌碌、无所事事、懒政怠政,而要把关键的工作做在前面,以使众人与事业自动自发地良性运作。王弼解释说:"善行顺自然而行,不造不施,故物得至,而无辙迹也。善言顺物之性,不别不析,故无瑕谪可得其门也。善数因物之数,不假形也。善闭因物自然,不设不施,故不用关楗、绳约,而不可开解也。此五者,皆言不造不施,因物之性,不以形制物也。"《庄子》中所记载的善解牛的庖丁、运斤成风的匠人、承蜩的佝偻丈人以及柳宗元在其名作《种树郭橐驼传》所描绘的种树专家,都是这类高手。其中的根本原理是"不造不施,因物之性,不以形制物",即按照对象的主体性,遵循其内在规律,顺其自然,不造作、不滥施、不要心计、不巧取豪夺,使天下万物都得到各自的自我价值的实现,而管理者不居功、不炫耀,并且功成身退。这是最高的管理者境界和领导境界,"功成事遂,百姓皆谓我自然""太上,下(不)知有之""无为而治"。在这种管理境界之中,"五善"之奇效能唾手可得。第五十七章说:"我无为而民自化,我好静而民自正,我无事而民自富,我无欲而民自朴。"把工作都做在前面了,于是在过程中就无为了;自身的修行合道了,组织与行为就自然而然地健康运行了。这类似于现代管理学中的事前控制。

第二段将上述所立之意落实到圣人之治中。**"是以圣人常善救人,故无弃人;常善救物,故无弃物,是谓袭明"**。"常善"在帛书本中为"恒善"。救,救助、拯救;一说"用人"。老子把"救人""救物"作为圣人概念的一项本质规定,是圣人固有的任务与使命;否则,"圣人"就几乎失去了价值。从这个角度来看,圣人就是有智慧、有能力、有动机、有条件去救助百姓和万物的人。一般人是做不到恒善救人、救物的，因为他们总是从自己出发，喜欢把自己摆在前面，自见、自是、自伐、自矜，甚至居功争利、唯利是图，这怎么能救助他人呢？他们连自己都救不了，本身就是被救助的对象。圣人的使命就是救助天下苦难的芸芸众生以及从社会到自然界的万物。要做到"恒善救"的前提就是具有深藏不露、周遍不遗的大道智慧，老子称之为"袭明"。袭，本义为衣上加衣，引申为"掩藏""深藏"。一般人做了件好事就恨不得炫耀到全世界，而圣人即使救助了众生和万物也不言语，润物细无声，了然不挂怀，这就是大智慧，也叫"袭明"。

这段话与上段话有什么联系呢？上段"五善"是说"不造不施，因物之性"，那么圣人救人救物的基本方式也是如此，他们救人的智慧是深藏的，助人的行为是无形的，不会给众生和万物任何压力，"救了人"而又不让人感觉到"被救了"，反而使被救者"皆谓我自然"，这样的救人方式才称得上"善救人"。

"善救人"前面为什么加个"恒"字？这个"恒"字有连绵不断之义（同"亘"），又有周遍无遗之义（如《诗·大雅·生民》："恒之秬秠，是穫是畝。"毛传："恒，徧也。"徧同遍）。所以"圣人恒善救人"是说：圣人既救助了人又不让人家感到自己有什么不足而被救助过，并且圣人始终这样对待一切人。正因为这样，所以"而无弃人"。"弃人"是说"对有些人丢下不救"，这不是圣人所为。

"无弃人""无弃物"的思想内在地包含着平等待人待物的理念，庄子的齐物论思想与之一脉相承。这是从最高智慧即"道"的层面而言的，而在实践的层面上，情况就会有所不同。"无弃"有时表现为影响、感化或等待，有时也会表现为"弃"。圣人有教无类，普助众生，不会一刀切，也不会操之过急，是"因物之性"而为，有时还"不为"，总之，运用之妙，存乎一心，时机与火候的把握，是需要"袭明"这一大智慧的。显然，这是构筑和谐社会与和谐组织的积极思想。

关于"袭明"的含义，两千多年来一直是仁者见仁、智者见智。袭，一般译为"阴藏"或"隐藏"；苏辙解为"承袭""传递"之义："救人于危难之中，非救之大者也。方其流转生死，为物所蔽，而推吾至明以与之，使暗者皆明，如灯相传相袭而不绝，则谓善救人矣。"憨山也将"袭"解释为"承""因"，"承其本明，因之以通其弊耳，故曰袭明"。袭明，以自己的"明"去激发对方的"明"，就像用一支已燃的蜡烛去点燃另一支未燃的蜡烛一样。石头是点不着的，因为普通石头没有燃烧的特质；但每个人在本性上都是光明的，只不过有些人的内在明性被遮蔽了，所以每个人都像蜡烛一样有明道的潜质和可能性。点燃蜡烛的时候，不必改变它的任何结构和本性，只需按照它本来的状态给个必要的火花就可以了。对于人而言，这个"点燃"的动作也是不需要的，圣人可以通过"无为之事""不言之教"来使其自动自发地打开心门，放出光明。因此，圣人的"善救""袭明"与"五善行"是内在一致的。如果这样来理解"袭明"，那么下文就易于理解了。

第三段用"故"字引起，说明这是对"善救"与"袭明"主题的深化：从介绍"善救"的效果（被救者没有改变其自然本性）与机理（袭明），进而交代"恒善救"的关键事项。

"故善人者，不善人之师；不善人者，善人之资"。资：取资，借鉴。这里的"善人"不仅是善良之人，更是能够认识大道并能遵循大道行事的人。"不善人"不仅是不善良的人，更是不能顺从大道行事的人。以善者为师、恶者为资，一律加以善待，特别是对于不善的人，并不因其不善而鄙弃他，而是要救他。善救是宏道的活动，是探索追求事物的光明本性（道性）并使之展露出来。对于那些本性被蒙蔽的"不善人"来说，以"善人"为师，恢复或显扬其本就具备的光明本性就是获得拯救。圣人"恒善救"的对象就是这些"不善人"；同时，"善人"之所以能成为善人，也往往以"不善人"为借镜，如《论语》所讲的"见不贤内自省焉"。因此，要尊重善人的教导，也要重视不善之人的借鉴作用，否则，**"不贵其师，不爱其资，虽智大迷"**，不尊师重道，也不重视汲取别人的经验教训，这种人自以为聪明、了不起，其实愚昧得很。第三十九章说："故贵以贱为本，高以下为基。"第四十九章提出："善者，吾善之；不善者，吾亦善之；德善。"第六十二章写道："人之不善，何弃之有？"从中可见其宽大博爱的胸怀。平等地善待"善人"与"不善人"，这是圣人"恒善救人"的关键，也是符合大道之窍门，**"是谓要妙"**。要：精要。

【管理启示】

将"自然无为"的思想应用到管理之中，体现为"善救"与"袭明"，要求管理者合于自然大道，善于行不言之教，善于处无为之政，平等对人，诚意爱民，以自己的内在光明德性照亮整个组织。正如王蒙所说："统治者与精英们应该做到民胞物与；应该不弃一人，不弃一物，不拒绝一切资源资讯与积极因素；应该化消极因素为积极因素，使百姓万民没有一个人一个地方感觉自己是受了冷淡，使统治者得到最好的统治的基础，得到拥戴、欢迎、热爱，这当然是非肤浅、非外露的大智慧大理想了。"

第二十八章 | 守道返朴为官长

【原文】

知其雄，守其雌，为天下谿；为天下谿，常德不离，复归于婴儿。知其白，守其黑，为天下式；为天下式，常德不忒，复归于无极。知其荣，守其辱，为天下谷；为天下谷，常德乃足，复归于朴。

朴散则为器，圣人用之则为官长。故大制不割。

【译文】

（君主）深知雄强，却持守雌柔，做天下人的蹊谷；做天下人的蹊谷，永恒的德就不会离开他，他就会回归到婴儿的纯真状态。深知明亮，却安于暗昧，做天下人的示范；做天下人的示范，具备永恒的德行而没有差错，他就会回归于不可穷极的大道。深知荣耀，却甘守卑下，做天下人的空谷；做天下人的空谷，永恒的德就能充足，他就会回归到真朴的状态。

真朴的道可分散成为有用的事物，圣人用这一原理，就可以成为百官之长。所以完善的治理模式是不会伤害百姓的。

【详解】

本章从"复归"学说讲到管理者的"合道"性问题。前三句的句式和主题相同，可作为一段，后三句为一段。

"**知其雄，守其雌，为天下谿；为天下谿，常德不离，复归于婴儿**"。知，一般译为"知晓"，赵又春认为应该译为"掌控"，"知"有"管理""支配"的含义，如"有能助寡人谋而退吴者，吾与之共知越国之政"（《国语·越语上》），又如"知府""县知事"。这两种理解并不矛盾，因为"管控"包含着"知晓"。其，指代圣人自己。知其雄，守其雌：一般译为"深知雄强，却安守雌柔"；亦可译为"管控自己的雄强，却持守雌柔"。从管理的角度来看，高高在上的管理者都知道自己对于下属而言处于强势，如果能够对自己的权势与欲望进行有效把控，并主动持守柔弱，这是符合老子的思想的。所以此句译文以后者为佳。为什么本来雄强的统治者非要"守雌"呢？因为"守雌"能够给他们带来更加长远、全面的利益，这个思想是老子反复论述的，如第四十三章的"天下之至柔，驰骋天下之至坚"；第六十一章的"牝常以静胜牡，以静为下"；第六十六章的"江海所以能为百谷王者，以其善下之，故能为百谷王"；第七十六章的"故坚强者死之徒，柔弱者生之徒。是以兵强则不胜，木强则兵。强大处下，柔弱处上"；第七十八章的"天下莫柔弱于水，而攻坚强者莫之能胜，其无以易之。弱之胜强，柔之胜刚，天下莫不知，莫能行"。可以说，这种守雌贵柔的思想，贯穿全篇。

谿，山谷，如"不临深谿，不知地之厚也"（《荀子·劝学》）。知雄守雌的君主就如同处于天下的低谷之地。高山之巅，万物难登；低谷之内，万物生长。第二十二章也说"洼则盈"，王弼则说，"溪不求物，而物自归之；婴儿不用智，而合自然之智"。对于这样的君主而言，能使利万物而不争的永恒之德不离己身，就能复归于婴儿那样无欲而纯真的状态了。"婴儿"与"赤子"是老子学说中的重要隐喻，指的是"道"的状态，如第五十五章所言："含德之厚，比于赤子……骨弱筋柔而握固。"

按照上述思路，本段的后两句就容易理解了。"**知其白，守其黑，为天下式；为天下式，常德不忒（tè），复归于无极**"。式，王弼解为"模则"，即度量工具。忒，差错。无极，没有穷尽。有道的君主深知并管控自己的明亮光耀，却安于暗昧无闻，做天下人的示范。做天下人的示范，具备永恒的德行而没有差错，使自己回归于不可穷极的大道。"**知其荣，守其辱，为天下谷；为天下谷，常德乃足，复归于朴**"。辱，卑下。谷，有水曰溪，无水曰谷。谷无水则更加空虚。朴，朴真。朴的本义是指木材未被加工，而婴儿则意味着人未被世俗化，可见朴是比婴儿更自然的状态，可指代"道"。有道的君主深知并管控自己的荣耀，却安守卑辱，做足以容纳全天下人的川谷；做天下的川谷，永恒的德性得以充足，这会使自己回归到自然本初的真朴状态。

这样做会得到什么实际利益呢？下面就回答这个问题。

"朴散则为器，圣人用之则为官长（zhǎng）"。第一句话的字面意思是，把原木分解开来，只是做成器皿；我们可以理解为：真朴的道是无形无象的，如果形而下之，就会体现为某一有形有象的器物。君主如果守道、用道，或者说，大道作用于君主身上，那么君主就成为"百官之长"这一"器物"。这段话是说，前文所讲的那类君主其实是道的化身，他们君临天下，是"合理合法"、合乎天道的。此外，温海明将这句话译为"圣人运用朴散为器的原理来设官分制，进行管理"，这也有道理。

"故大制不割"。老子在解决了君主作为最高统治者的合法性问题之后，用这句话来提醒和明确以道治理的重点是什么。大，最高的，完善的。制，指制度、政治、治理或管理。割，伤害，用法同第五十八章"是以圣人方而不割"。这句话是说，作为道的化身的君主，甘为天下人的豁谷，其治理模式的重点或基本原则是造福于天下，而不伤害百姓。这层意思又见第三十五章"执大象，天下往。往而不害，安平太"；第六十章"非其神不伤人，圣人亦不伤人。夫两不相伤，故德交归焉"。

【管理启示】

本章揭示了复归思维，"知其'A'，却守其'-A'"。领导者明明知晓自己能够获取面子、荣耀、名声、奢华，但是选择了低调、卑下、清静、俭朴的生活和行为模式，即复归于大道。领导者的"无为""低调"不是苟且者的好死不如赖活着，不是阿Q的精神胜利法，也不是乡愿式的好好先生、表面文章，而是本来能够雄霸一方、荣光显耀、凌辱众生但却放下这些巨大的私利，为了民众利益而甘愿付出一切的担当、胸怀和切实行为。他们深怀"天下兴亡，我最有责"的理念；他们践行了"我不下地狱，谁下地狱"的精神；他们做到了"苟利国家生死以，岂因祸福避趋之"；他们铁肩担道义、甘心做人梯，这样的人，难道不应该做"官长"吗？管理者能这样做，就是与道同在的圣贤；这样的管理模式，就是无为而治。

老子在本章最后讲"大制不割"，还隐含着这样一层意思：领导者吃了亏、受了辱，众人却得了福；反之，如果通过让百姓吃亏受辱而使领导者（短期）利益最大化，那就是可怕的、不可持续的管理模式。对于这个问题，老子在后面章节有明确的揭示。

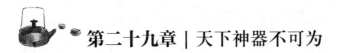

第二十九章 | 天下神器不可为

【原文】

将欲取天下而为之，吾见其不得已。

天下神器，不可为也。为者败之，执者失之。

故物或行或随，或嘘或吹，或强或羸，或挫或隳。

是以圣人去甚，去奢，去泰。

【译文】

如果要获得天下人心却用强力去做，我看他是不能达到目的了。

天下人心是神圣之物，不能加以强力统治。如果用强力统治，就会失败；如果以强力把持天下，就会失去天下。

这是因为，世人（性状不一，）有的行前，有的随后；有的性缓，有的性急；有的强健，有的羸弱；有的自爱，有的自毁。

所以圣人要去除极端的、奢侈的、过度的措施。

【详解】

这一章重点说以无为取天下的道理，可分四段。

"将欲取天下而为之，吾见其不得已"。将，如果，如《孙子·计》："将听吾计，用之必胜，留之。"欲，想要、希望。取，常解为"治理"，还有"夺取""掌握""聚合"等解释。赵又春认为，取是"获取"，"取天下"是说"获取天下民心"，意即得到天下人的衷心拥戴。为，有为，是指按自己的意愿去施为，让对象朝自己预定的方向变化。已，同"矣"。这段话提出本章的主题，也是对君主的警告：想用强力有为的方法获取天下人心，这是不可能办到的。换言之，君主为了达到获取天下民心的目的，如果采用暴力强行干预百姓的"有为"方式，那么根据百姓总是要求"我自然"这个规律，他是不会成功的。

老子眼中的成功，不是这种"其兴也勃焉""其亡也忽焉"的短命成功，也不是营建竭尽民众血汗以满足极少数统治者的残暴组织，而是着眼长远的、使民众心服口服的持久成功。

"天下神器，不可为也。为者败之，执者失之"。"神器"，一说指代帝位、政权；另一说为神圣之物，"言其至贵重者也"（严灵峰）。河上公说："器，物也，人乃天下之神物也；神物好安静，不可以有为治。"天下百姓是神圣的，天下人心乃是神圣之物，不应是个别人的私有物，也不应被个别人把持，而是应该由有道之人进行管理，其管理模式也应该以尊道贵德为基本原则。推而广之，包括企业在内的社会性组织，都带有一定的神圣性，所以组织管理也应符合道的原则。那些违背客观规律的强制措施和管控，不可能使组织获得可持续发展，也不能保证利益相关者的幸福，结果必然失败。

这段话还说明，悖道的管理行为包括两种：一是"为"，指的是强使别人做什么；二是"执"，指的是强使别人不做什么，即限制别人，如郑玄"执，犹拘也"。这两种行为都是违背人心的，因此最终会导致失败。

"故物或行或随，或嘘或吹，或强或羸（léi），或挫或隳"。此段前的"故"字，帛书甲本没有，傅奕本则为"凡"，景龙本、遂州本和敦煌丁本都作"夫"；从逻辑上看，这一段的内容并不是前文的结果，而应该是其原因，所以应将"故"字理解为"这是因为"。嘘：轻声和缓地吐气，引申为性格和缓。吹：急吐气，引申为性格急躁。或挫或隳：挫，河上公本为"载"，意为"安"；隳，意为"危"，帛书本为"堕"；此句陈鼓应校为"或培或堕"（有的自爱，有的自毁）。采取"为""执"之所以会失败，是因为天下人实在太复杂太多样了，几乎每一个人都有自己的特点，也有自己的主体性与能动性，他们的性状不但具有多样性，而且彼此的性状可能完全相反（复杂性），因此，人们不可能长久地接受一刀切的强制管控。天下之人是这样，天下之万事万物都是这样，所以，统治者的"为"与"执"怎么能取得持久的成功呢？第六十四章有"是以圣人无为故无败，无执故无失"，如果移到这里，能提高本章的论证力度。

"是以圣人去甚，去奢，去泰"。泰：极、太。这是本章的结论。由于前文说明了"为之"（包括"为"与"执"两方面）是不可取的，而其根源在于统治者做事情"好甚、好奢、好泰",所以这里提出要"去甚,去奢,去泰",这也是"见素抱朴,少私寡欲"的"无为"治理行为。

【管理启示】

本章对管理者的一个主要启示是,管理者要了知人心的神圣性,进而也要将组织与管理视为具有神圣性的行为;面对这种神圣性,管理者要消除自己的个人主观而归于大道。有道的管理者摒弃极端的事物,不追求个人的奢华享受,也不做过分的行为。总之,不要把自己的意志强加到别人和组织身上,也不要把别人和组织据为己有,甚至要放弃"我要管理别人"的想法。这就像庄子所说的:"只听说任天下安然自在地发展,没有听说要对天下进行治理。"("闻在宥天下,不闻治天下也。"见《庄子·在宥》)人心是神圣的,组织如同一种"神器",如果想据为己有、为自己谋福利,那么自己最终会被吞噬,就像"你凝视深渊,深渊也在凝视你"一样;管理者如果"去甚,去奢,去泰",通过组织为众人谋福利,那么众人和组织也会使管理者成为最幸福的人。

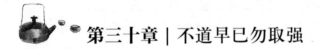

第三十章 | 不道早已勿取强

【原文】

以道佐人主者,不以兵强天下,其事好还。师之所处,荆棘生焉;大军之后,必有凶年。

善有果而已,不敢以取强。果而勿矜,果而勿伐,果而勿骄,果而不得已,果而勿强。

物壮则老,是谓不道,不道早已。

【译文】

用道辅助君主的人,不靠兵力逞强于天下。用兵这件事总会得到还报:军队所到的地方，荆棘就长满了；大战过后，一定会有荒年。

善（用兵的）人只求达到目的就可以了，不会因打赢了就逞强。达到目的而不自大，达到目的而不炫耀，达到目的而不骄傲，达到目的要认为战争是出于不得已，达到目的却不逞强。

事物取强则会衰败，这是由于不合道，不合道很快就会消亡。

【详解】

上章讲不可用"为之"的方法治国，本章将这一思想拓展到军事上。

"以道佐人主者，不以兵强天下，其事好（hào）**还。师之所处，荆棘生焉；大军之后，必有凶年"**。好，倾向于，总是。还，回报，报应。凶年，荒年。老子反战而不"弃战"，更不是投降主义者：到了必须用兵的时候也要用兵，但要遵循大道的原则，不宜用兵逞强，因为战争具有强烈的因果循环。老子把战争造成的不良后果看作一种"报应"或"惩罚"：征战之地，人或死或逃，于是荆棘丛生；战争之后，人口减少，田地撂荒，就会出现荒年。王弼说："以道佐人主，尚不可以兵强于天下，况人主躬于道者乎？为始者务欲立功生事，而有道者务欲还反无为。"用道来辅佐君主的大臣尚且不敢以武力在天下逞强，何况躬身行道的君主自己呢？很多王侯将相总想要立大功、做大事，而有道之人努力做到无为。苏辙说："圣人用兵，皆出于不得已。非不得已，而欲以强胜天下，虽或能胜，其祸必还报之。楚灵、齐潘、秦始皇、汉孝武，或以杀其身，或以祸于孙，人之所毒，鬼之所疾，未有得免之者也。兵之所在，民事废，故田不修；用兵之后，杀气胜，故年谷伤。凡兵皆然，而况以兵强者耶！"有道的圣人因为形势所迫才不得不用兵，否则就是想用暴力征服天下。"以强胜天下"或许能够一时得胜，之后必然受到灾祸的报应。历史上那些穷兵黩武的君王，不是身罹杀身之祸，就是遗祸于子孙。战争是人和鬼都极端厌恶的，兴起战争的人没有能得以幸免的。发生战争的地方，社会生产遭到破坏，田地得不到修整。战争之后，肃杀之气太重，使庄稼受到伤害。凡是用兵都是这样的，何况是以武力逞强的呢？

"善有果而已，不敢以取强。果而勿矜，果而勿伐，果而勿骄，果而不得已，果而勿强"。用兵不是目的，而是解决问题、达到目的的手段。用兵的目的是确保民众的安全和国家的稳定，只要达到这个目的就可以了；如果达到目的而不知止，结果必然走向反面。达到目的之后，也不要自满、炫耀、骄纵，这样才合乎自然规律。反之，势必会引起别人的妒恨，也会使自己放松警惕，致使自己堕落和腐化，这样已经取得的胜利就会化为乌有，甚至导致最终的失败。因此，用兵之道讲求一个合理的度，也要遵循大道，这样才能确保国安民泰。

"物壮则老，是谓不道，不道早已"。这是针对前文的评论、警告和感叹。人们对"物壮则老"的理解各异。王弼说："壮，武力暴兴，喻以兵强于天下者也。"一般说来，君主作战取胜之后往往以武力逞强于天下，多行暴兴之事，这便是"壮"。但是这种逞强的结果是伤人耗己，天怒人怨，会很快走向反面，过早地衰败。违背大道就会破坏正常的生命周期，必然过早衰亡。

【管理启示】

人、事、物和组织都逃不过生命周期规律，而且过了成熟（壮）期阶段就会走向衰老，这是合道的。但是，如果在成熟期过于逞强用力，就会迅速衰老、死亡，这就有违大道规律了。

善有果而已，不敢以取强。完美的组织绩效像树上结出果实一样，是自然生长出来的，而不是强求出来的。结出了果实，即形成了规模和绩效，就要谨慎地对待扩张的欲望，要积极练内功，知雄守雌，如果追求表面的扩张，就会背离了道而走向反面。

第三十一章 | 兵者不祥胜亦悲

【原文】

夫佳兵者，不祥之器，物或恶之，故有道者不处。

君子居则贵左，用兵则贵右。兵者，不祥之器，非君子之器，不得已而用之，恬淡为上。

胜而不美，而美之者，是乐杀人。夫乐杀人者，则不可以得志于天下矣。

吉事尚左，凶事尚右。偏将军居左，上将军居右，言以丧礼处之。杀人之众，以悲哀泣之。战胜以丧礼处之。

【译文】

武力是不祥的东西，人们都憎恶它，所以有道的人不喜欢它。

君子平时要位于左方尊位，用兵时要以右方为尊位。（以此表明）武力是不祥的，不是君子喜欢的东西。万不得已而使用武力，最好要淡然处之。

胜利了也不要赞美武力，如果赞美武力就是嗜杀之人。那些嗜杀的人必定不会得志于天下。

吉庆的事情以左方为尊，凶丧的事情以右方为尊。而偏将军在左边，上将军在右边，这是说出兵打仗用丧礼的仪式来处理。杀人众多，带着哀痛的心情去对待，打了胜仗要用丧礼的仪式去处理。

【详解】

本章继续上一章的话题，讲战争之道。

"**夫佳兵者，不祥之器，物或恶（wù）之，故有道者不处（chǔ）**"。佳，帛书本无此字，陈鼓应等认为是衍文，应该删除。兵，兵器，武力。如前一章所言，喜欢武力逞强的人，"其事好还：师之所处，荆棘生焉。大军之后，必有凶年"，因此，武力是很不吉祥的东西，是人们必定讨厌的，所以有道的君主决不愿意采用武力手段解决问题。王弼也说："以之济难，而不以为常，是谓不处。"

"**君子居则贵左，用兵则贵右。兵者，不祥之器，非君子之器，不得已而用之，恬淡为上**"。君子指的是官员，这里指有道的官员。古代特别讲究排位，日常礼仪以左边为上位，这也是身份尊贵的官员们要占的位置；而外出打仗的时候，官员们就要居于右侧这种下位，以表示自己参与战争是不吉利、不尊贵的，心情是不欢喜的。赵又春认为，"贵"相当于"欲"，如《战国策·东周策》："贵合于秦以伐齐。"鲍彪注："贵，犹欲。"用兵打仗的时候，君子居于下位，表示自己对战争的反感。因为用兵本身是不祥、不善的，所以本就不是有道君子愿意做的事，但是在万不得已的时候，君子不得不使用武力。有道君子用兵时的态度是"恬淡"的。吴澄说："'恬'者不欢愉，'淡'者不浓厚。谓非心所喜好也。"

"**胜而不美，而美之者，是乐杀人。夫乐杀人者，则不可以得志于天下矣**"。美，以之为美，意为赞美、赞赏。乐杀，就是"嗜杀"。战胜者往往被胜利冲昏了头脑，认为武力可以解决一切问题，甚至走上残暴嗜杀之路。有道的君子则清醒地知道战争的弊端，即使在战胜之后也不会以武力为美，不会赞美战争；如果赞美战争，就表明自己以杀人为乐。这种嗜杀之人只能逞一时之强，动不动就动用武力，他们不可能持久地凝聚天下人之心，也就不能长久地得志于天下。《孟子》也说："不嗜杀人者能一（统一）之。"

"**吉事尚左，凶事尚右。偏将军居左，上将军居右，言以丧礼处之。杀人之众，以悲哀泣（lì）之，战胜以丧礼处之**"。泣，通"莅"，处理。君子办喜事的时候，会居于上位，而在办丧事的时候则居于下位。直到现在，中国丧礼的规矩仍然是孝子不管平时多么尊贵，也必须给来吊唁的人行礼，站在下位。在战争期间，君子的排位也要以"丧礼"处之，本来比偏将军尊贵的上将军要居于下位。即便打了胜仗，但由于杀人众多，也要以悲哀的心情与态度追悼阵亡的死者。所以，尊道贵德的君子打胜仗也要以丧礼来加以处置。在这里可以看到，老子有反战思想，但是在不得已的时候，为了民众的利益（以百姓心为心）而参与战争，对杀人要态度谨慎，对胜利要恬淡，要用丧礼的方式将战争的"不详"降到最低。

【管理启示】

人们常说"商场如战场"，但商场毕竟不是战场，商业竞争毕竟不是战争。虽然竞争无法避免，而且竞争力是现代企业的生存发展的基础，但是，有道的企业家不能用"你死我活"的战争思维来搞商业竞争。有道者反对战争，那么更不应该将商业竞争搞成战争。在企业经营中，有道的经营战略是将零和博弈转化为多赢共存，最好是开辟蓝海，以不争而达到天下莫能与之争。

反战不是忘战。"国虽大，好战必亡；天下虽安，忘战必危"（《司马法·仁本》）。对于现代企业管理者而言，忧患意识和竞争意识是他们的一项必修课。管理者不要好斗，即使参与市场竞争也要讲求恬淡无为的境界，要讲人道主义关怀，这是一种高级智慧。在管理过程中，管理者也不能与同事、下属争强好胜，态度蛮横。虽然在一定的情境下，管理者有必要采取批评、斥责、惩罚等强硬手段，但是必须以慈心和内心的恬淡为基础，能达到救助众人的目的就可以了，绝不能放纵自己的情绪，更不能以强势态度与霸凌行为进行管理。

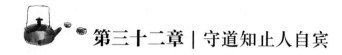 **第三十二章 | 守道知止人自宾**

【原文】

道常无名，朴，虽小，天下莫能臣。侯王若能守之，万物将自宾。

天地相合，以降甘露，民莫之令而自均。

始制有名。名亦既有，夫亦将知止。知止可以不殆。

譬道之在天下，犹川谷之于江海。

【译文】

道永远无名而处于朴质状态，它虽然这样幽微，天下却没有人能使它臣服。侯王如果能守住道，万民将会自然地归服。

天地间（阴阳之气）相合，就降下甘露，人们不须指使它而它自然均匀。

有了管理就产生了各种名分。名分确定之后，也要知道适可而止。知道适可而止，就可以避免危险。

道存在于天下，犹如江海为河川所流注一样。

【详解】

历来注家对此章的解读众说纷纭。本章可分为四段，阐述了"无为而治"思想，强调顺应自然，适可而止，使人们自然宾服。这是对第二十八章"大制不割"思想的拓展。

"道常无名，朴，虽小，天下莫能臣。侯王若能守之，万物将自宾"。臣，使之臣服。从常识看，弱者不可能使强者臣服，当然更不可能使天下人臣服了。但是看起来无名并极其微弱的道，却能够主宰天下一切，即使是最强势的、拥有天下的君王都不可能使"道"臣服。这是因为，大道的无名、微弱是俗人眼里的无名和微弱，其实它具有无比强大、不可战胜即"天下莫能臣"的力量。能够持守道的人相当于道的化身，也就在很大程度上具有了道的力量，能主宰天下。

这句话的用意是，处于强势的侯王不要瞧不起"不起眼"的道，只有持守道，才能使天下宾服，成为真正的"统治者"。一般的侯王通常竭尽全力地守住自己的权势、财富、名望、寿命等外在的、有限的事物，而远离了真正强大的道，结果正如第九章所言的"揣而梲之，不可长保。金玉满堂，莫之能守。富贵而骄，自遗其咎"。"守道"就要"遵道""行道"，"处无为之事，行不言之教"。

"天地相合，以降甘露，民莫之令而自均"。道在自然界的一个具体表现是，使天地阴阳二气自然交合而应时应令地降下雨露，并且使大地万物均能得到滋润、成长。这种降雨并且"自均"的效果是任何人力都不能实现的。老子用这一自然现象来比喻道的力量，既是对上一段观点的强调，也揭示了国家治理中分配这个重要的问题。统治者若能持守无为之道，就会形成宽松、和谐、自然的社会环境，民众会通过自己的天赋、能力、努力来获取相应的生活资源，不必由外在的指令、力量来决定自己的得失，这样就把人们最关心的分配问题自动自发地处理好了，没有人会发出不公的呼声。这也是应用无为而治模式解决治理难题的一个体现。

"始制有名。名亦既有，夫亦将知止。知止可以不殆"。制，又见"大制不割"（见第二十八章），指的是政治、治理或制度[①]，即管理机制。名，可释为"尊卑职责之名号"，即名分。一个国家在建立初始，有必要为了有效施治而设立各种机构、制度、规则，发布命令，所以各种必要的名分也就得以出现。《论语·子路》说："必也正名乎。"王弼说："始制，谓朴散始为官长之时也。始制官长，不可不立名分以定尊卑，故始制有名也。"意思是，"始制"就是圣人用真朴之道以创建组织层级和领导机制，这样就有必要设立名分来区分上下级关系和指挥链，也就出现了各种名分，这就是"始制有名"。

王弼又说："过此以往，将争锥刀之末，故曰'名亦既有，夫亦将知止'也。遂任名以号物，则失治之母也，故'知止所以不殆'也。"人们如果在各自的职责范围内各安其分，忠于职守，那么管理就自然有效。但是，由于名分同

---

① 关于"制"的解释，分歧很大。一般译为"形成""作"，本书依王弼、傅山、任继愈的注解。

人的名誉、权力、资源、利益紧密相连，人们出于贪心、妒忌而争名夺利，从而出现各种祸乱。因此，名分必须结合人心的虚静无为才能实现管理效果。知止，知道适可而止而不是贪婪无度。"亦将知止"的"亦"字说明，确定名分固然必要，而人心的"知止"更加重要。适可而止能使人们特别是统治者不履险地，也可使组织避免祸乱。

"譬道之在天下，犹川谷之于江海"。有道的管理者会尽量减少人为的干预，让人们自然而然地生活、工作，有所成就，即"功成事遂，百姓皆谓我自然"。这种情形，就像江海，一切河川溪水都归流于它，使万物自然宾服。川和谷都是水道，比喻管理的界限、权力的边界，也是各种名分、制度。江河之水在川谷之中流动而不是到处泛滥，而泛滥则不能远达；同样，管理者所拥有的权力必须在适当的边界内运用，一旦滥用权力就会对下属和百姓造成不必要的干扰。这段话用一个精彩的比喻，对"知止"思想进行了拓展与深化。

【管理启示】

大道生管理，管理要归于道，这样才能消除管理异化之弊。老子用"朴"来形容"道"的原始"无名"的状态，这种原始质朴的"道"，落实于组织管理中首先产生各种名分。立制度、定名分、设官职有管理上的必要性，但是这些"名"也可能会成为引起争端、祸乱的重要根源。管理者需要看到，组织中各种各样的"名"（包括职位、名称、命令、制度、口号等），本来是虚幻的，但是由于有了权力和资源的支撑与附着，也就获得了实体价值；一旦有了实体价值，也就有了局限性和潜在弊端，如果放任和强化其中的人为性、诱惑性、可用性，就会造成管理的异化，导致管理失效与失败。因此，管理本身会埋葬管理，组织本身会埋葬组织，命令本身会埋葬命令，权力本身会埋葬权力。要想避免这种悲剧，管理者必须尊道贵德，自己做到无知无欲，或者将自己的欲望降低到最低，同时不要过分干预别人，时刻掌握"适可而止"的原则，适时而变，但牢记初心。

各级管理者要知道适可而止的道理，而高层执政者更要"知止"，知止才能无为，使人们功成事遂皆谓"我自然"，使组织自然而然地有效运作。天降甘露而自均，江河自然归于大海，这都不是人力使然。这两个比喻形象而深刻地说明了知止无为的管理思想。

第三十三章 | 自我管理不失道

【原文】

知人者智，自知者明。胜人者有力，自胜者强。

知足者富，强行者有志，不失其所者久，死而不亡者寿。

【译文】

能认识别人是"智"，能认识自己才是"明"。能够战胜别人是有能力，能够战胜自己才是强大。

知道满足的人是富有的，能战胜自己、努力不懈的人是有志的，不离失安身立命之所的人能够长久，身死而其道不朽的人是长寿的。

【详解】

这一章将"知止""无为"思想拓展到个人修养与自我管理的层面，所提倡的"自知""自胜""强行""不失其所"与"死而不亡"等主张都有特别积极的意义。全章可分为两段，第一段比较分析"我为根源"的道理，第二段是这一原理在管理中四个层面的应用。

"知人者智，自知者明。胜人者有力，自胜者强"。 "知人"难，但"自知"比"知人"更难；"胜人"难，但"自胜"比"胜人"更难。这是因为，"知人""胜人"作用的方向是外部，所依靠的是人的智力和力量。智力与力量既源于先天禀赋，也可以通过后天的学习、锻炼而提高，这对于很多人来说不是很难的事情。但是，"自知""自胜"作用的方向是自身，体现着人的内在精神质量和人格水平。这样一来，"向内求"就与最难把握的"道"联系在一起了。人只有不断地向内求，才能"玄之又玄"，才能开启"众妙之门"，让自己的生命与"道"的力量相连，才能搭上"道"的快车。动物只凭本能而向外用力，能在一定程度上认识外界，战胜天敌，获取食物；人有自我意识和主观能动性，所以不仅能更全面认识外界事物，还能向自己用力，自我批判，反观自省，获得智慧与精神境界的提升。成人之于孩童，觉悟高的人之于觉悟低的人，其区别也主要体现在这方面。所以"人贵有自知之明"，

"人最难战胜的是自己"。第七十一章说："圣人不病；以其病病，是以不病。"这也是在讲"自知"，而且明确了这是圣人的修养与境界。

一个人了解他人是站在旁观者的角度进行的，做到清楚、客观相对容易，智力较高的人尤其如此；但是了解自己却很难，因为人一般都存在美化自己的倾向，感性会掩蔽自己的理性，如夸大自己的优点与付出，对自己的缺点、错误视而不见、弱化或极力掩饰、辩解，等等。所以说能够认识自己的人是高明的。同样，战胜他人只要力量大就行了，但是战胜自己却需要自己直面自己，与自己的弱点、欲望、情感甚至与自己的个性和心智模式作斗争，这都是非常困难的，所以说能够战胜自己的人才是真正的强者。

"知足者富，强行者有志"。"知足"意味着内心有道则不向外逐求，这是对自己现实状态的悦纳，也是对精神财富的重视和对物质欲望的警惕，这样才是真正的、持久的"富足"。"强行"意味着能够自觉克服惰性和欲求，坚守自己内在的道并躬身行道，慎终如始，自强不息，惟其如此，才是"有志"。《庄子·让王》中也说，"无财谓之贫，学而不能行谓之病"。

"不失其所者久"。所：根基、根据地，这里指作为安身立命之所的道。"圣人终日行不离辎重"，有道之人永远不会让自己脱离大道的保障，这样才能够长久。人不离开道，也就有了安身立命之所，既有了思想和行为的依据，也有了最有价值的归宿，这样才是最能持久的。

"死而不亡者寿"。寿，本义是生命延续，这里指精神生命或影响力的持久。一个人既然能够以道为安身立命之所，就必定能为社会、为人类做出贡献，即使物质生命结束了，其人格精神、影响力和事业也值得人们永远怀念、学习，他将长久地活在人们心中，而这就是"寿"。孔子所讲的"朝闻道，夕死可矣"（《论语·里仁》）也包含这样的一种精神。

【管理启示】

本章讲个人修养与自我管理的主题，提出人们要提升自己精神生命质量的

主张。向外求的"知人""胜人"固然显得很重要，但是"向内求"的"自知""自胜"更加重要而且难度更大。一位领导者倘若能够及时地内省，坚定"以百姓心为心"的信念，切实做到知行合一，自知、自胜、知足，砥砺前行，就能够保持旺盛的生命力和满饱的精神风貌，活出高质量的人生。

本章像号角一样催人奋进，可以作为所有管理者和员工的座右铭。

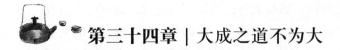

第三十四章 | 大成之道不为大

【原文】

大道氾兮，其可左右。

万物恃之而生而不辞，功成不名有，衣养万物而不为主。常无欲，可名于小；万物归焉而不为主，可名为大。

以其终不自为大，故能成其大。

【译文】

大道广泛流行，能左右一切。

万物依赖它生长而它不推辞，它成就大功而不标榜有功，养育万物而不自以为主宰。它总是无欲无求，可以说它很渺小；万物向它归附而它并不自认为是主宰，可以说它很伟大。

由于它始终不追求大，所以才能成就它的大。

【详解】

本章讲大道之所以为大的原理，这也是有道管理者的成功之道。

"大道氾兮，其可左右"。帛书本中此句为"道汎呵其可左右也"。氾，同"泛"，大水漫流，意为广泛、普遍。左右，一般认为形容大道无处不在，如王弼所说："道汜滥无所不适，可左右上下周旋而用，则无所不至也。"沈善增和黄明哲认为"左右"通"佐佑"，应作"辅助"解，郭世铭、董平、赵又春、温海明认为其义为控制、支配、主宰。显然，后两种解释更具管理学价值。在老子的思想体系中，支配世界上一切事物命运的，不是王侯将相、达官贵人，而是不以人的意志为转移的客观规律——"道"；如果人能与道合一，也就拥有了不可战胜的、支配万物的巨能量。但是，道的表现不像雄狮捕杀羚羊那样威猛无比，而是有着特殊的方式，同样，尊道贵德的圣人也要以特殊的方式来发挥作用。

沈善增考证认为，左右的本义为"助"（如《尚书·益稷》的"予欲左右有民"；《易·泰》的"辅相天地之宜，以左右民"），随着专制思想的深入，才有了"主宰""支配"之义，而在本章中，应该解为"辅助"，这一特殊的"统治"方式能与下文的内容相应。

"万物恃之而生而不辞"，万物（包括人）都依赖道而生，道从来都不推辞生育之责。辞，也可译为"说辞"，那么，这句话的含义就是，万物都依靠道而得以存在，但是道从来不说什么。**"功成不名有"**，名，一些学者认为是衍文而加以删除，其实译为"说""标榜"也无不可。道成就了如此大的功业，但从来不标榜自己有什么功劳。删除"名"之后，"不有"就是"不据为己有"。**"衣（yì）养万物而不为主"**是说，大道养育了万物，但是不追求做万物之主，当然它也不自认为是什么主宰、主人。"衣养"是覆盖、保护的意思。老子接着评论说："常无欲，可名于小；万物归焉而不为主，可名为大。"意思是：道总是无欲无求、无形无名，在一般人眼中，它不引人注目，毫不起眼，因此可以说它很渺小；但是，万物归附于它，而它并没有当主宰的心念，这不是真正的伟大么？

"以其终不自为大，故能成其大"是本章的思想聚焦。帛书本中此句为"是以圣人之能成大也，以其不为大也，故能成大"，可见本章针对的是"圣人"。对于圣人而言，能够成就大业的原因与路径乃是他始终都不谋求伟大，换言之，他的"伟大"是他全心全意为众人服务的自然结果，也是无私奉献、甘为人梯的副产品。

此外，一个"终"字说明，"不自为大"的无我利他精神和行为不是暂时的，而是自始至终都要坚持的，创业需要它，守成更需要它，否则"成其大"也是暂时的。

【管理启示】

这段话与其说是在讲"道",不如说是在讲"有道的领导者":他往往是组织员工得以展开各自的职业生涯的依靠,但是却一直承担养护别人的重责而从不标榜自己有多么了不起,甚至连求得别人认可自己的念头都没有;在成就众人、大功告成之后,他也不把功劳归于自己,以至于没有人知道或提及他。他除了守道,没有额外的私欲和追求,这在俗人看来不是很幼稚、很渺小吗?人们实际上都归附于他的组织而他却决不以主人自居,决不向人发号施令,这不是极其伟大的人吗?

有道的领导者不居功自傲。领导者特别是高层领导者一般都具有超出众人的能力、业绩、功勋和奉献,于是,容易滋生骄傲自满的情绪。历史上,很多领导者在取得阶段性成功之后就开始自认为伟大、圣明,开始自视为众人的主宰,开始以为自己无所不能,喜欢阿谀奉承之言,沉湎于歌功颂德的氛围。他们大多数被"糖衣炮弹"击败,犯下错误,甚至被那些曾经接受他恩惠的人民所抛弃,最终遭到失败的命运。

可见,自大自满,是领导者应该极力避免的错误。只有"终不自为大"的领导者,将自己的心力和精力投放到全心全意为众人服务的事业之中,永远不忘初心,谦虚谨慎,兢兢业业,奉献一生,方能得到众人的爱戴,方能成其大。这可谓"大成之道"。

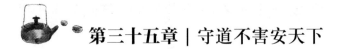

第三十五章 | 守道不害安天下

【原文】

执大象,天下往。往而不害,安平太。

乐与饵,过客止。道之出口,淡乎其无味,视之不足见,听之不足闻,用之不足既。

【译文】

执守大"道"，天下人都来归往。归往而不互相伤害，于是大家都平和安泰。

音乐和美食，能使路过的人停步。而"道"的表述，却平淡得没有味道，看它却看不见，听它却听不见，用它却用不完。

【详解】

对本章的解读，历来众说纷纭。我们从管理学的角度进行解读，分为两段。

"执大象，天下往。往而不害，安平太"。太，同"泰"，安宁，安泰。老子提出了"大象"这一概念。一般认为"大象"指的是大道。赵又春认为"象"字有效法的含义，如《墨子·辞过》："人君为饮食如此，故左右象之。"因此，"大象"就是对道的效法，体现为以道治天下的基本原则、路线、政策、措施等。君主如果以道治理天下，那么普天之下的人们就会来投靠。很多统治者对百姓进行压迫、剥削，损害百姓的利益，但是在以道施治的地方，即使天下人都来归附，为政者业也不会对他们有所损害，反而全心全意为他们服务，使他们享受和平、安泰的生活。第六十章也讲了这个道理："……圣人亦不伤人。夫两不相伤，故德交归焉。"

"乐（yuè）与饵，过客止。道之出口，淡乎其无味，视之不足见（jiàn），听之不足闻，用之不足既"。既，尽。王弼说："人闻道之言，乃更不如乐与饵应时感、悦人心也。乐与饵则能令过客止，而道之出言，淡然无味。视之不足见，则不足以悦其目；听之不足闻，则不足以娱其耳。若无所中，然乃之，不可穷极也。"就是说，普通百姓所感兴趣的，不是无形无相、平淡无奇的大道，而是食物、音乐等能够满足其感官欲求的东西。所以，能够用来号召、感召和安抚百姓的，要以"乐与饵"为主。对于君主而言，要认识到物质性、外在性要素的作用虽然被百姓所看重，但是其作用是有限的、短时的，而大道虽然说出来平淡无味，看也看不见，听也听不见，但是它的效用是永远不会穷尽的。本章落脚点在"用之不足既"，意在劝导君主不要把自己混同于看重感官物欲的普通百姓，而是运用自己的智慧去认识并持守无形无味但效用无尽的大道。

【管理启示】

本章阐述的道理是：圣人从不干涉、加害他人，使人们感到非常安全可靠，正是这个原因，万民才会投靠、归顺他，从而"能成其大"。

春秋时期的百姓生活在社会的底层，不会读书识字，能温饱过活就很满足了。所以，老子对普通百姓抱有温情、宽容和爱护之心，希望统治者能"以百姓心为心"，而对于使百姓对大道感兴趣则不抱希望（"下士闻道，大笑之。不笑不足以为道"）；但是，老子希望统治者能认识道、持守道，其结果是百姓能够过上好日子，统治者也能长治久安。从这个角度来看，在老子的视域中，管理者是有能力、有责任、有使命"识道""用道"的一类特殊群体。物质名利是驱动普通人的基本因素，但是管理者特别是高层领导者应该自觉地以大道作为自己的驱动力。对此，在第二十章中也有深刻的描述："众人熙熙……我独泊兮其未兆，如婴儿之未孩，傈傈兮，若无所归……众人皆有以，而我独顽且鄙。我独异于人，而贵食母。"

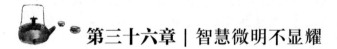

第三十六章 | 智慧微明不显耀

【原文】

将欲歙之，必固张之；将欲弱之，必固强之；将欲废之，必固兴之；将欲取之，必固与之，是谓微明。柔弱胜刚强。

鱼不可脱于渊，国之利器不可以示人。

【译文】

将要收敛它，必定暂且张开它；将要削弱它，必定暂且使它强盛；将要废弃它，必定暂且抬举它；将要夺取它，必定暂且给予它。这就是"微明"的道理。柔弱胜过刚强。

鱼不能离开深渊，国家的利器不可以随便显示于人。

【详解】

这一章提出充满辩证法的"微明"思想，进而讨论"国之利器"问题。本章可分为两段，先讲辩证原理，然后落实于国家治理。

"**将欲歙（xī）之，必固张之；将欲弱之，必固强之；将欲废之，必固兴之；将欲取之，必固与之，是谓微明**"。歙，收敛，合上。固，姑且、暂且（同"姑"），含有"先"的意思；一说"固必"，一定要。与，同"予"，给予。这一段文字曾经引起很大的误解，有人由此认为老子是权术家和阴谋家，所谓的"欲废姑兴""欲夺姑与"就是"欲擒故纵"，专为对手设置陷阱，给对手以错觉，以便出其不意地击败对手。这在古籍中有很多记载，如《韩非子·说林上》记载的"智伯索地"的故事。《周书》之言"将欲败之，必姑辅之；将欲取之，必姑予之"，这可能是老子"欲取姑与"策略的直接来源。又有《吕氏春秋·行论》讲述齐闵王国亡身死之事时，也引《诗》曰："将欲毁之，必重累之；将欲踣之，必高举之。"此处所引的《诗》，不论是从思想上还是从语句上来看，均与本章之言有明显的继承关系。

范应元、吴澄、高亨、陈鼓应、刘笑敢等否认这是权谋之术。老子的思想充满着高超、微妙、普适性的智慧，但是这种智慧一旦被人利用又会变成政治权术。这段话实际上讲的是物极必反的普遍性哲理，而且紧接着就强调"**柔弱胜刚强**"，这是《道德经》一以贯之的处下、贵朴、崇俭、尚柔等主张，并不是"欲擒故纵"的阴谋机心，而且，老子用"微明"来加以匡正可能存在的巧诈机心。微明，河上公注为"道微其效明也"；《韩非子·喻老》注为"起事于无形，而要大功於天下，是谓微明"；一般译为"知幽眇之理而收显著之效"。根据赵又春的研究，"微"字有"隐蔽""藏匿"义，如《左传·哀公十六年》的"白宫奔山而缢，其徒微之"；也可指秘密之事，如《韩非子·说林上》的"夫田子将有大事，而我示之知微，我必危矣"。"微明"是指"能够看出隐蔽之物"的智慧。对立面之间从整体和长远看存在明显的转化关系，但是在局部和短期内这种转化关系是相互掩盖、藏匿的，常人总是被眼前的事物表象所蒙蔽而看不到这种隐藏的转化关系，但是圣人却能自觉地透过表象而在事物发生明显转化之前就清晰地预测和认知。这种智慧即为"微明"。"微明"着眼于"明白四达而能无为"、懂得"柔弱胜刚强"，所以也可以说是"见微知著之明"。

"**鱼不可脱于渊，国之利器不可以示人**"。这句话将辩证法和"微明"思想聚焦并落实到了治理上，就是在竞争中要采取低姿态，低姿态才是制高点。低姿态看起来是示弱，但实际上绝不是弱者。老子在这里明确指出：一个国家要有"利器"！也就是说，一个国家要有自己的核心竞争力，要有战略威慑力。但是，老子思想的高妙之处在于，这些"国之利器"要像鱼藏于渊才能活得好一样，不要轻易示人，也不可以拿来炫耀或吓唬人。人们都知道"国之利器"的存在，但又看不到，同时又能切实感受到大国对自己没有恶意、只有善意，这样才能实现持久和平。

【管理启示】

本章的微明思想对于竞争战略、经营战略和市场营销有着重要启示。经营谋略不可或缺，但是，运用之妙，存乎一心，心中要有"微明"。微明是微妙而光明的智慧，其前提是动机纯正，在内容上能见微知著、防微杜渐、居安思危，在策略、手段上则灵活机动，以达到圆满的效果。微明思想不但不是权谋、阴谋，而且是一种基于道的大智慧，它提示管理者：可以搞阳谋，不要搞阴谋，搞阴谋诡计必会失败；处于逆境，要看到光明；处于顺境，要警惕隐患。

出于微明智慧，一个组织要拥有自己的"利器"而且不要轻易显示。"国之利器"，有人说是兵器，有人说"道"或以道施治的基本原则。老子的管理思想中，"道"是最重要的"国之利器"。为什么"不可以示人"呢？"示"字含有很强的显露甚至夸耀的意味，有违"无为"原则；而且，"示人"会使人们觉得在搞阴谋、玩套路。中国历史上长期以来沿用"内用黄老，外示儒术"的治国原则，而"内用黄老之道"意味着不能大张旗鼓地宣传"黄老之道"，否则就让人们产生怀疑了。这就像传统的家庭中，父母本来为儿女尽心尽力、操心费力，但父母不会把自己的功劳和苦劳挂在嘴上，这样才会自然而然地长幼和谐。

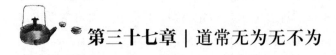

第三十七章 | 道常无为无不为

【原文】

道常无为而无不为，侯王若能守之，万物将自化。

化而欲作，吾将镇之以无名之朴。无名之朴，夫亦将无欲。

不欲以静，天下将自正。

【译文】

道是恒常自然无为的，然而没有一件事不是它所为。侯王如果能持守它，万物就会自主化育、发展。

人们自主化育而贪欲萌作时，我就用道的真朴来安定它。面对道的真朴，人们也就会不起贪欲了。

君主以"静"使人们消弭贪欲，天下就会自然走向正轨。

【详解】

本章讲了"无为而治"模式中民众从"自化"到"自正"的过程和施治原则。

"道常无为而无不为，侯王若能守之，万物将自化"。这一段在帛书本中是"道恒无名，侯王若能守之，万物将自化"，而在更早的竹简本中为"道恒亡（同'无'）为也，侯王能守之，而万物将自化"。道是"无为而无不为"的，那么有道、用道的君主也能因无为而实现"无不为"的效果。因此，治理天下要持守"无为"这一根本原则。人们如果在"无为"的组织氛围下工作、生活，就不会感到自己的言行受到拘束、干预和强迫，相反，会有一种自由感，觉得自己是在做自己愿意做的事，能够按照自己的本性、意愿、才能，在具体情境下自愿、自主、自然地工作、生活，实现各自的生命价值。这就是"自化"。"自化"的特征是，其动因来自个体的内部，而不是外部强力。"万物"指的是民众。

"万物将自化"是就整体而言的一般原理，然而，有些人在"自化"中会生出一些乱象。老子下面就讲到了这个问题。

"化而欲作，吾将镇之以无名之朴。无名之朴，夫亦将无欲"。"欲"指的不是所有的欲望，而是不合人的自然本性的、会导致越轨行为的欲念。老子思想隐含的一个重要原则是，一个人如果产生了背离自然本性的"不轨念头"（"邪念"），就必然最终损害他自己，当然也会有害于社会。欲，还有人解为"想要"（陈徽）。"作"是产生、兴起的意思。"化而欲作"的意思是，在"无为"的氛围中，"化"的主体即百姓（一般是部分百姓）可能会产生不正常的欲求，生发损人害已的"邪念""邪行"。对此,有道的君主应该采取相应的措施,但这些措施并不是与道相悖的强力镇压和管束,而是以"道"即"无名之朴"加以安定。镇,"安也"(广雅·释诂一);竹简本为"贞",安定。《围炉夜话》有句名言,"泼妇之啼哭怒骂,伎俩要亦无多,静而镇之,则自止矣;谗人之簸弄挑唆,情形虽若甚迫,淡而置之,则自消矣",讲的也是这个道理。本章出现两次"无名之朴",强调君主在处理"化而欲作"问题时要真用道、用真道,其中的关键是自身能保持清静无欲。蒋锡昌说:"有贪欲起者,吾将压之以道之真也。道之真何?无欲而已。"

"不欲以静,天下将自正"。老子特别重视"静"的治理价值:"清静为天下正"(见第四十五章),"我好静而民自正"(见第五十七章)。本章的"静"是"无名之朴"的表现与特征。君主守静处下,不去激发人们的邪念,也不与人们的邪念、邪行发生正面对抗,那么,人们的邪念就会失去方向和重心,就自然转向去否定自己。这就像前述的泼妇哭骂,没人理她,她自然也渐渐觉得无趣而停止了。这也如同太极拳的借力打力、化劲的工夫:人刚我柔,舍己从人,以静制动,四两拨千斤。

从管理的角度看,人在"无为"的管理模式下工作、生活,不仅按其本性自由活动、自主发展(自化),而且自己的私欲、邪念得不到诱发,自然地从事与组织目标相契合的活动,这就是"自正"。简言之,自正就是员工自觉地采取合组织的行为,这是管理学和组织行为学所追求的理想的激励效果。

【管理启示】

第三十二章的"自宾"讲的是"如何得天下",本章的"自化""自正"讲的是"如何治天下"。从"自宾"到"自化",最后归于"自正",这是"无为而治"的基本路线图。在《道经》的最后这一章,老子把"道"在政治和管理中的价值予以充分揭示,认为最完美的治世之法是"无为",即顺着道的法则自然而为,这样就会自然实现"天下自正"的理想境界。

"无为而无不为"是对道的应用价值和管理价值的概括。但是通行本中的这句话在竹简本和帛书本中却有不同的表述。对此,高明在《帛书老子校注》中作了详尽周密的考证,说:"'无为'是老子哲学中最重要的观念,誉为人之最高德性。此一观念在他那五千余言的著作中,反复讲了十一次。"而"《老子》

原本只讲'无为'，或曰'无为而无以为'，从未讲过'无为而无不为'。'无为而无不为'的思想本不出于《老子》，它是战国末年出现的一种新的观念，可以说是对老子'无为'思想的改造。"我们从管理学的角度，将"无为而无不为"视为《道德经》的核心管理命题。

第三十八章 | 辨德处实不居华

【原文】

上德不德，是以有德；下德不失德，是以无德。

上德无为而无以为（，下德为之而有以为）。上仁为之而无以为，上义为之而有以为。上礼为之而莫之应，则攘臂而扔之。

故失道而后德，失德而后仁，失仁而后义，失义而后礼。夫礼者，忠信之薄而乱之首。前识者，道之华而愚之始。

是以大丈夫处其厚，不居其薄；处其实，不居其华。故去彼取此。

【译文】

上德之人不自恃有德，所以他是真正有德的；下德之人刻意求德，所以他没有达到德的境界。

上德是顺任自然而且无所因而为。上仁是有为而且无分别地作为，上义是有为而且有分别地作为。上礼的人强加作为而得不到别人的积极回应，于是就扬起胳膊使人强从。

因此，失去道，德才会显现；失去德，仁才会显现；失去仁，义才会显现；失去义，礼才会显现。礼标志着忠信的不足和祸乱的开始。事先预设的种种观念，不过是道的虚华，是愚昧的开始。

因此大丈夫立身敦厚而不居于浅薄，存心笃实而不居于虚华。所以舍弃浅薄而采取厚实。

【详解】

在帛书甲乙本和《韩非子·解老》中，本章是全经的首章；在通行本中，本章是《德经》之首，由此可见其重要性。本章集中反映了老子的"德论"思想，可分为四段。

第一段提出了"上德"与"下德"两个概念。"**上德不德，是以有德；下德不失德，是以无德**"。"德"字含义丰富，甲骨文为"？"、"？"、"？"，意为"循行视察"，《玉篇》释为"施也"，后来增"心"而写作"？"（毛公鼎）、"悳"（悳与德同，见《晋书音义·下》）。《说文》中有，"德，升也"；"内得于心曰升"。据此可知，"德"的一个核心含义是"直心"，直心即正直的本心、淳朴无染的本性。张其成解为"遵循正道而行"，也有"直心"的意思。可见，古人对"德"的认识有一个演变的过程，从对外在道路的循行发展为对内在直心的遵循，后人则将其演变为对既定规范的执守，以至于成为道德说教。"内在直心"不是对事物表象的直接反应，而是体认事物的内在规律并化为行为的律令。在上古时期，个人与集体浑然一体，没有个人利益与集体利益之分，个人的"得"自然也就是集体的"得"。此时，人心淳朴，其内心律令自然合道，因而德就是遵道之所得，所谓"德是道的具体体现，道是德的实际内涵；道是无形的、不可见的，德是有形的、外显的；隐含在内的就是道，显现出来的就是德。道为体，德为用，体用不二，两者是不可分割的"（张其成），这是就"德"的古义而言的，也就是老子在本章所讲的"上德"。随着人心逐渐"不古"，或者用现代语言来说，随着私有制的产生，人心中的私欲越来越多，人们越来越注重对个人利益的追求，内心律令也由"从道"演化为"从欲""从利""从私"，与之相对应，"德"与"道"渐行渐远，"德"也从"上德"演化为"下德"。当然，这并不意味着"上德"或"真德"的消失，只不过随着私有制和阶级社会的逐步普遍化，"上德"之人（与事）越来越少，而"下德"之人（与事）越来越多。

这两句话对"上德"和"下德"的最本质特征做了规定，同时也提出了两者的区分标准为是否有个人私意，即是不是有意求"德"。具备上德的人，道行层次最高，具备整体思维或"一元化思维"，没有分别之心，因此不刻意追求德行高尚，但是他的所思所行都是"利天下""利万物"的，这才是真正的有德。下德之人，道行层次较低，存在很重的分别之心，总是执着于德，总想不失德，甚至通过各种方式去显示、标榜自己有德，这就有了人为、造作的成分，并且容易产生虚伪，即使他们也做了很多"利万物"的事情，但是"利万物而争德争名（甚至争实利）”，这是缺乏真德的。在老子的视域中，真正的“有德”，或者说圣人眼中的“有德”，与常人眼中的“有德”往往是相反的，因为常人总是注重形式上的德，而圣人更注重实质上的德。德与道一样，你越是注重形式，就越是远离了它的实质。因此，很多人将“上德不德”译为“上德之人不在意形式上的德”，也是有道理的。“德”是“道”的体现，“道”本身就是自然而然的，任何刻意的、有心的、有为的人与事都不符合“道”。《庄子·大宗师》也说：“天上小人，人间君子；人间君子，天上小人也。”

第二段对“上德”“下德”“上仁”“上义”“上礼”进行比较分析。**“上德无为而无以为（，下德为之而有以为）”**。这是对本章首句所讲原理的细化。“下德为之而有以为”存在于河上公本与王弼本中，傅奕本则写作“下德为之而无以为”。这句话很难理解，因为与“上义”句内容重复；帛书甲乙本与《韩非子解老》所引都没有此句，高明、王朝华、陈鼓应认为是衍文而应该删除，理由是从内容和行文上来看，删除此句使语意更为清楚，行文更加有序，避免了语意重复、行文混乱。

“无为”与“为之”相对，两者是《道德经》中的常见词汇，含义比较清楚。“有以为”和“无以为”相对，对此注家们有不同的解读，因而使这段话也有不同的译法。

（1）以，解为“心”“故意”。无以为，即无心作为。冯友兰认为，“‘有以为’和‘无以为’说的是有没有模拟造作。有模拟造作就是‘有以为’，没有模拟造作就是‘无以为’”。任继愈、陈鼓应也持此说，任先生将“无以为”翻译为“并不故意表现他的德”。因此，前两句的句意为：上德之人顺应自然而无心作为，下德之人有所作为而且有意作为。根据这一解读，“无以为—有以为”强调动机，那么“无为—有为”只能指人的行为。根据组织行为学的基本原理，人的行为与动机是一致的，动机驱动行为；另外，就《道德经》的整体思想而言，“无为—有为”是动机和行为的统一，动机上“无为”则行为上也随之“无为”，动机上“有为”则行为上必然也“有为”。因此，如果将“无以为”解为“无心地作为”，那么与本质上“无为”就没有明显区别了，“无为而无以为”便是语义重复；如果将“有以为”解为“有心地故意作为”，那么与“有为”也就一样了，“为之而有以为”也是语义重复。这样的话，“为之而无以为”便反映了行为与动机的错乱现象：强为而又无心强为。

（2）以，解为“因”“凭借”（赵又春），如《诗·邶风》“何其久也，必有以也"。高亨认为，"无以为者，无所因而为之""有以为者，有所因而为之"。我们将"以"解为"有为"或"为之"的前置条件、依据，这种条件或依据就是后文中的"前识"。"无以为"的意思是无条件地尊道贵德，即没有事先固定的观念、规范和标准作为所因所据之物，没有差别，一视同仁；"有以为"则是依据先入为主的观念和标准，有条件、有差别（即有分别念）地"尊道贵德"。

"上德无为而无以为"，"无为"即顺应自然，不妄为，不扰民，没有个人私欲，但是却有利益众生的目的和行为，即"以百姓心为心""利万物而不争"；"无以为"就是没有任何事先设定的那些判别谁对谁错、孰优孰劣的标准，平等对待万物众生，不会因对方的不同而有所分别。

"上仁为之而无以为，上义为之而有以为。上礼为之而莫之应，则攘臂而扔之"。上仁是有为的，在心里对别人有要求，但能做到不讲条件地、无差别地、平等地对待万物。上义与上礼都是有为的，也是差别性施为的。上义之人能比较灵活地根据情境的差别而施德，上礼之人则根据事先固化的礼制僵化地加以推行。这种固化的礼主要是为了维护社会秩序、政治秩序而制定的典章制度和道德规范。在推行礼制时，一旦得不到别人的积极响应，或者一旦出现人们不遵守制度规范的现象，推行礼的人就很可能大动肝火，撸胳膊、挽袖子，以各种方式要求人们去守礼。攘（rǎng）：捋起衣袖露出手臂，形容其貌粗鲁。扔：用力拉扯。从逻辑上讲，既然有"上仁""上义""上礼"，也就应该有"下仁""下义""下礼"。

老子没有讲"下仁""下义""下礼"，因为这种低层次的"假仁""假义""虚礼"乃是彻头彻尾的"伪道德"，没有正面价值，只有负面价值，根本不值得讨论。因此，虽然老子对上仁、上义、上礼有所批评，但并不否定其正面价值的存在。

第三段阐明了道、德、仁、义、礼的次第。**"故失道而后德，失德而后仁，失仁而后义，失义而后礼。夫礼者，忠信之薄而乱之首"**"上德"如果失去内在的道就会沦为下德。仁、义、礼相对于"上德"等而下之，每况愈下。与上一段一样，老子着重分析礼，指出了礼制可能存在的严重后果：礼制意味着忠信的不足和祸乱的开端，换言之，礼制使社会忠信逐渐丧失并引发动乱。

《庄子·徐无鬼》中的一段话有助于我们理解老子的上述思想："夫仁义之行，唯且无诚，且假乎禽贪者器。是以一人之断制天下，譬之犹一覕也。夫尧知贤人之利天下也，而不知其贼天下也。夫唯外乎贤者知之矣。"意思是，大力推行仁义会减少人们的诚信，而且还会被禽兽一般贪婪的人借用为工具。一个君主关于仁、义、礼的裁断与决定，会给天下人带来一些好处，但这些好处就像短暂的一瞥很快就消失了。唐尧知道贤人能给天下人带来好处，却不知道他们对天下人的危害，而只有身处贤者之外的得道之人才能知道这个道理。

"前识者，道之华而愚之始"，注家解读各异，分歧源于对"前识者"的认识不一。有的解为"先见之明"；有的解为"有预见的人，即智者"；有的解为"预先有所认识，也就是成见，指礼仪之类的观念"；有的解为"此章前文的这些认知，即关于仁、义、礼的认识"；有的解为"先前有卓识的人，意指制定礼乐制度的周公"；有的认为"'前识'，指预设种种礼仪规范"。《韩非子·解老》中说："先物行、先理动之谓前识，前识者，无缘而忘（妄）意度也。"前识是在事物、事理生发之前就存在的对该事物、事理的认识，这种认识通常有一个先入为主的评判标准，经常是没有事实根据的妄自臆测。王弼的解释与韩非相类："前识者，前人而识也，即下德之伦也。"前识是比常人提前认识而形成的观念，是属于下德的特征。王弼清晰地解释了"前识"之弊："竭其聪明以为前识，役其智力以营庶事，虽得其情，奸巧弥密，虽丰其誉，愈丧笃实。劳而事昏，务而治秽，虽竭圣智，而民愈害。舍己任物，则无为而泰。守夫素朴，则不顺典制。耽彼所获，弃此所守。识，道之华而愚之首。"意思是，竭力动脑筋来先于别人认识，耗费智力来处理日常事务，虽然能对事物有所了解，但实际上还有许多奸诈、虚伪夹杂其中；虽然享有盛誉，但却失去了更多真实。越劳累事情就越乱，越繁忙治理却越差，虽然用尽了智谋，民众却受到更大损害。舍弃自己的意图和利益，使事物自然发展，就会无为而治。持守简单、朴素，就不必非按制度、法条上写的去做。耽溺于所获得的事物表象，就会忽视了所应持守的内在大道。因此，前识是道浮华表浅的表现，是造成愚蠢的主要因素。

第四段讲的是有道者的抉择问题。**"是以大丈夫处其厚，不居其薄（bó）；处其实，不居其华。故去彼取此"**。大丈夫，最了不起的人，超凡脱俗的人，指有道者；韩非子称之为"大智之人"。所以，大丈夫看重并持守的是事物内在的大道规律，而不是外在的纷纭表象，他们追求的是内在的充实和敦厚，而不是一些金玉其外、华而不实的东西。对于君主而言，"处其厚""处其实"也就获得了功业的根本，王弼称之为"为功之母"："故苟得其为功之母，则万物作焉而不辞也，万事存焉而不劳也。用不以形，御不以名，故仁义可显，礼敬可彰也。"如果得到了铸就功绩的真正根本，万物自然发展而君主不推辞责任、不懈怠，那么万物得以保全而君主却毫不劳累。因循事物的自然本性，发挥作用而无形无迹，有效施治而不假名相，这样，仁义能自然显现，礼仪也自然彰显了。

【管理启示】

志于道的领导者，要时刻省察自己的心态，警惕自己的"前识陷阱"，规避出现"强调某事因而资养其反"的困境。在尊道贵德的实践中，领导者越是有分别之心，越将个人的主观意志掺杂其中，也就与道、德渐行渐远，弊端就越是明显。王弼说："竭其聪明以为前识，役其智力以营庶事，虽德其情，奸巧弥密，虽丰其誉，愈丧笃实。"有前识的领导者是这样的一类人，他们事先精心准备了很多帽子，见了人就给人家扣一顶帽子，这是下德的人经常干的事。这种人虽然希望培养自己的德性，但却又经常用小聪明来算计，喜欢钻营取巧，虽然也能赢得别人好评，但却缺失了淳朴敦厚的德性。

老子的"德论"思想与儒家以及通常的主流观点差异很大。我们在理解"道论"的基础上才能把握"德论"，否则会被本章的"德论"惊到。更有甚者，有人还会因此而轻视甚至抛弃仁、义、礼等人类社会不可或缺的价值元素和秩序保障，进而为所欲为、为非作歹，要是这样学习《道德经》，不能"不仅未学好道，连德仁义礼也丢了"。众所周知，德、仁、义、礼等基本信条在规范人心和维护正常社会秩序等方面发挥着不可或缺的积极作用，我们不能根据本章的字面意思而妄加推论，对德、仁、义、礼大加贬斥，进而成为狂悖之徒或阴险狡诈的阴谋家，这就完全背离了老子的慈悲关切和济世情怀。基于此，任法融在解释此章时特别强调道德仁义礼本为一体、不可缺一。

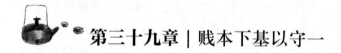

第三十九章 | 贱本下基以守一

【原文】

昔之得一者：天得一以清，地得一以宁，神得一以灵，谷得一以盈，万物得一以生，侯王得一以为天下贞。其致之。

天无以清将恐裂，地无以宁将恐发，神无以灵将恐歇，谷无以盈将恐竭，万物无以生将恐灭，侯王无以贵高将恐蹶。

故贵以贱为本，高以下为基。是以侯王自谓孤、寡、不榖。此非以贱为本邪？非乎？故致数舆无舆。不欲琭琭如玉，珞珞如石。

【译文】

自古以来凡是得到道的：天得到道而清明，地得到道而宁静，神得到道而灵妙，河谷得到道而充盈，万物得到道而生长，侯王得到道而为天下之首。这都是得到道的结果。

天不能保持清明，难免要崩裂；地不能保持宁静，难免要震溃；神不能保持灵妙，难免要消失；河谷不能保持充盈，难免要涸竭；万物不能保持生长，难免要绝灭；侯王不能保持权位，难免要被颠覆。

所以贵以贱为根本，高以下为基础。因此侯王自称为"孤""寡""不榖"。这不是把低贱当作根本吗？难道不是吗？所以最高的荣誉是无须夸誉的。因此，有道的君主不会追求宝玉一般的华丽，而是持守石块一般的坚实。

【详解】

本章从道的普遍作用推论出为政谦下之理。可分为三段。

"**昔之得一者：天得一以清，地得一以宁，神得一以灵，谷得一以盈，万物得一以生，侯王得一以为天下贞。其致之**"。关于七个"一"，历来注家几乎都解为"道"。有人发问：第四十二章说"道生一"，如果"一"就是"道"，岂不是说"道生道"了？道本身是混沌一体、无形无欲的，因而也就有"统一性""一致性"或"和谐性"的特征，这些特征可概括为"一"。"一"不完全等同于道，但可以代表道。从应用与实践的角度看，"道"与"一"难以区分清楚，可以互相借用。因此，从管理哲学的角度看，本段的"一"释为"道""上德"或"和谐性"都不离其宗。

在本段中，老子列举天、地、神、谷、万物与道合一的效用，说天与道相合便会变得清明，地与道相合便会变得宁静，神与道相合便会灵验，川谷与道相合便会盈满，这五例实际上是拟人化的表达，说明一个普遍的道理：万物与道合一才能实现各自的最高价值。那么，这个道理也能同样地体现在王侯身上：

王侯与道相合便能使天下大治，而他们自己则成为天下共主。"贞"，帛书本与河上公本为"正"，有安定、准则、首领、治理者等译法，本书从傅佩荣、齐善鸿等译为"首领"。如果侯王以道施治，会得到天下人的一致拥戴，因而自然成为天下人的首领。

关于"其致之"，王弼说"各以其一，致此清、宁、灵、盈、生、贞"，这是对本段的总结。高亨、张松如、陈鼓应等认为这句话是"启下"的，译为"推而言之"。

既然"一"是万物实现其最高价值的依据与关键，那么，假如这个世界上没有"一"，将会是怎样一种情景呢？

"**天无以清将恐裂，地无以宁将恐发**（fèi，通'废'），**神无以灵将恐歇，谷无以盈将恐竭，万物无以生将恐灭，侯王无以贵高将恐蹶**（jué，跌倒）"。这一段是反面论述，揭示了天地万物在没有"一"的情况下将会出现的后果：上天如果无道而不清明，便会崩裂；大地如果无道而不能安宁，便会废止；神灵如果无道而不灵验，便会消失；河谷如果无道而不充盈，便会枯竭；万物如果无道而失去生机，便会遭到毁灭；王侯如果无道而失去权位，恐怕将会被倾覆。

本段的重点在最后一句。"侯王"失去高位的原因是不能得"一"，也就是"无道""缺德"，老子在第五十三章所讲的"盗夸"就是其典型，他们"服文彩，带利剑，厌饮食，财货有余"，但是"朝甚除，田甚芜，仓甚虚"，实际上完全处于民众的对立面了。这种人一旦失去权位，后果往往是非常悲惨的，老子用了一个"蹶"字，概括了多少无道统治者的必然命运！万物合道则生，失道则死，统治者更是如此。

"**故贵以贱为本，高以下为基。是以侯王自谓孤、寡、不穀。此非以贱为本邪**（yé）**? 非乎? 故致数**（shuò）**舆**（yù）**无舆**"。"孤""寡"是百姓中最可怜的贫苦无依之人。不穀（gǔ），指不养父母、缺德不义的不良之人。"孤""寡""不穀"都是贱称。根据老子的辩证法，高低、贵贱是互为根据、相互依存、互相转化的。在阶级社会中，人们总是分高低贵贱的。正是下层和底层那些"低贱"者的存在，才造就了上层王侯将相的高贵。所以，低贱是高贵的基础和根本；基础厚实，统治者的位子才稳固。那么，怎样才能夯实统治基础、获得高贵之本呢? 最重要的就是得民心。位高权重的统治者如果失去了民心，失去了民众的拥戴，也就失去了统治的基础和根本，最终必然落得身败名裂的下场。得民心的前提是让百姓安心、幸福。对百姓好，百姓才拥戴统治者，统治基础才厚实，统治者的位子才稳固。因此，统治者对低贱者好，才是真正地对自己好。同理，管理者真正地利益下属和员工，才是真正地利益自己。上古时代的侯王认识到了这个道理，为了不忘本，就时刻警示自己，自称"孤""寡人""不穀"等贱称，这些自称一直被后世君主所沿用。这些称呼的本来用意难道不正是以"贱"自居以期使自己不失"贵"的根基吗？这段话最后的两个反问句，一方面表达了对"贵以贱为本，高以下为基"这个基本原则的肯定和强调，另一方面也是对后世（老子所处的时代）君主的诘问、提醒和警告。

"故致数舆无舆"。舆，同"誉"；数，同"速"。这句话是前面几句的推论："所以，可以推论出这个道理：如果想人为地、快速且直接地获取荣誉，结果是得不到什么荣誉。"这个道理与"曲则直""洼则盈"以及"欲速则不达"是一致的。陈鼓应将"致数舆无舆"校定为庄子所讲的"致誉无誉"，可有两种理解：一是"最高的荣誉是无须夸誉的"或"最高的荣誉是没有荣誉的"，因为最高荣誉已经不需要有外在的形式了（致，同"至"）；二是"一心地追求荣誉，就成了浅薄的虚荣小人了，而且易于引起众人的反感和反对，最终会沦为笑柄"（致，致力于）。

"不欲琭（lù）琭如玉，珞（luò）珞如石"。陈鼓应在这句话前加了"是故"二字，表明这是老子根据前面的道理而提出的建议。琭琭：美而坚的样子，形容玉的华丽。珞珞：坚硬粗劣的样子，形容石块的坚实。这句话的意思是：有道的君主不会去刻意追求美玉一般的华丽，而是持守石块一般的坚实，这也是老子所强调的"和光同尘""见素抱朴""守雌贵柔""被褐怀玉"等思想主张。

【管理启示】

"贵以贱为本，高以下为基"为管理者权位合法性问题提供了重要启示。处于强势的管理者即便是仅仅从自己的长久利益出发，也要极端重视自己的权位的基础和根本不在于"上"，而在于"下"。表面看来，组织内部的管理者，除了一把手之外，其权位来自上司，但从本质上来说则源于自己的下属、员工和客户。如果各级管理者的眼睛都往上看，那么组织这棵大树的"根"就朝上长了，本末倒置的最终结果是整个组织垮掉。一个组织健康、"合道"的标志，是能让各级管理者眼睛往下看，劲儿往下用，根往下扎。所以，组织有必要、有责任建立一整套机制，使各级管理者全心全意为员工和客户服务，而且慎终如始，不忘初心，一以贯之。任何一个管理者，如果对着下属摆谱儿，对"农夫樵子"瞧不上眼，见着"贩夫走卒"就觉得自己多么高贵，看着贫民、乞丐就烦，千方百计媚上欺下，那么，他就是在为组织的腐烂而创造条件，他就无异于组织肌体中的蛀虫，他的权位也就失去了合法性。

一个组织如何才能使各级管理者眼睛往下看、根往下扎呢？很多文献和案例分析从治理机制、组织公平、组织文化、绩效考评等角度进行了探讨，但是根据老子的思想，最关键还是在于组织一把手。各种制度、文化、方法的有效性最终有赖于组织一把手的素养、胸怀、使命、智慧和毅力。一把手如果合道、用道，那么就会根据组织的具体条件和环境采取适合的措施，包括现代企业制度和治理机制，包括促进组织公平和健康文化的各种措施，这要求他去除私心。其最高的境界就是没有个人欲求，没有善恶、荣辱、美丑的执念，也没有争利的念头，总是千方百计为众人谋幸福……这就是个人与大道的和谐统一。合道的管理者没有欲求，指的是没有个人利益方面的欲求，但是却有着对众人幸福、天下利益的追求，所谓"圣人无常心，以百姓心为心"指的就是这种情况。老子的思想是积极入世的，而这种无我利他利天下的思想不是一般的入世，也不是做官的厚黑学，而是最高境界的入世，使自身融入天下、归依民众，做一块民众足下的铺路石（"不欲琭琭如玉，珞珞如石"）。这是人生的最高境界，也是有道管理者能成为管理者的合法性源头。

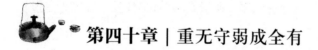

第四十章 | 重无守弱成全有

【原文】

反者，道之动；弱者，道之用。
天下万物生于有，有生于无。

【译文】

事物的循环变化是道的运动，道以柔弱的方式发挥作用。

天下的所有事物生于"有"，而"有"的源头在于"无"。

【详解】

本章看似简单易懂，但仔细思考则义理很深。

"反者，道之动；弱者，道之用"。帛书本为"反也者，道之动也；弱也者，道之用也"，竹简本此句与帛书本基本相同，只是"反"为"返"。可见，"反"同"返"，意思是循环往复。有人将"反"译为"相反""对立面"，可以说，"相反"是"循环"的一部分，"返"包含着"反"。曾仕强认为"反"有三个含义，一指返回原点，二指发展到反面，三指相反相成。这一解读使本章更具管理学含义。

"反（也）者"，可以理解为一个省略句，意思是"事物走向反面的循环变化"，其主语是"事物"。"反也者，道之动也"是说，"事物的循环变化，是合乎道的运动"，其中必然包括"事物走向反面"这一阶段性运动，也就是说，事物走向反面是合乎规律的，也是必然趋势。很多人将此句译为"道的作用是循环的"，语义较为模糊，给人"道本身是变化的"的感觉，而实际上，道本身是不变的（因为根本规律是不变的，可变的就不是根本规律），但道作用于事物之上，会使事物发生规律性变化，亦即，道的本体不变，但道表现在万物的运动上是循环往复变化的，这正如第二十五章讲的"独立不改，周行而不殆"。因此，此句可理解为"道的作用是使事物循环运动"或"道的表现是循环运动"。庄子在《秋水》中也明确讲道："道无终始，物有死生。消息盈虚，终则有始。物之生也，若骤若驰。无动而不变，无时而不移。"

"弱者，道之用"是说，道在发挥作用的时候，体现的是柔弱的、无形的方式，它顺其自然，任由一切事物依照自然规律发展变化，而决不强加干涉，也不强加自己的意志，而是留给万物自由的发展空间。道孕育了万物，却不主宰万物，不把它们据为己有，不使它们受制于自己的力量。如果君主能够顺应大道，效法大道的做法，以柔弱、守雌或无为的方式来治理天下，那么他们就能使民众自然化育、发展，甚至使其"乐推而不厌"。

既然道使事物向反面运动，那么"弱"必然向"强"转化，因此，君主发挥主观能动性，能主动守弱，这是合乎君主的最高利益的，也是合乎道的。这也是老子对君主的教诲：你目前已经处于强势，这种强势今后会向弱势或失败转化，为了消解这种趋势，你应该表现出某种弱势，这乃是使你自己维持实际强势的根本途径。本段前一句是后一句的理论基础，意在申明要对实现这个转化充满信心。

"天下万物生于有，有生于无"。"天下万物"在帛书本与竹简本中均为"天下之物"，意思是"天下任何事物"。这句话是逆着第四十二章的"道生一，一生二，二生三，三生万物"而讲的。其中隐含对君主的劝谏：因为君主所看重的是天下万物，因此，老子从天下万物这些表象来逐步揭示其内在的、深层次的发生规律，引导君主将目光聚焦于"无"也就是"道"上。至于无如何生有，在前文已经做了铺垫，如第二十一章"道之为物，惟恍惟惚。惚兮恍兮，其中有象；恍兮惚兮，其中有物。窈兮冥兮，其中有精；其精甚真，其中有信"，更加详细的生成机制则在第四十二章论述。

【管理启示】

本章揭示了管理的"全有之道"。"全有"来自王弼的注解："天下之物，皆以有为生。有之所始，以无为本。将欲全有，必反于无也。"就是说，天下所有事物都从存在物（主要是物质）而来，而存在物是以"无"为源头的，因此，如果要圆满保全存在物，必须追本溯源，从"无"入手想办法。全有，对于管理者而言，其含义是"长久而完整地保全既有的利益"，这种利益既包括自身的位势利益，也包括民众、组织、国家、万物的根本利益。如果像常人一样，仅仅认识到"有生万物"而着眼于"有"，就会倾向于"有为"，"有为"是"不道"的，老子认为"不道早已"，因而不能实现"全有"。有道的管理者深知"有生于无"的道理，因而不但重视有，更重视无，于是从最具根本性的道的层面来施治，从而实现"深根固柢，长生久视"（见第五十九章）。"全有"着眼于超长的时空跨度并持守事物演化的根本规律——道。在道的作用之下，矛盾形成事物发展的内力，事物在自我批判中开辟自己前进的道路，其表现是：事物在运动过程中不断地否定自己，既向对立面变化，也最终向自己回归。这两个方向相反的运动构成了事物运动的周期规律，即"反者道之动"。对于巨型组织（如地球、国家、社会、大型企业等）而言，其生命周期往往超过人类个体的生命长度，所以老子着重向君主讲述事物趋向自己反面的运动规律。因此，管理者要自觉地运用道进行自我批判，实现自己的持久利益。对于已经处于强势的管理者而言，进行自我批判是符合道的，他们自我批判的结果就是主动示弱、坚持守弱，这种"弱"并不是虚弱、软弱、懦弱，而是以百姓心为心，行不言之教，处无为之事，利万物而不争，这样才能消除对立和仇恨，使组织与民众健康、持续、全面地生长和发展。

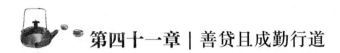

第四十一章 | 善贷且成勤行道

【原文】

上士闻道，勤而行之；中士闻道，若存若亡；下士闻道，大笑之。不笑不足以为道。

故建言有之：明道若昧，进道若退，夷道若纇。上德若谷，大白若辱，广德若不足，建德若偷，质真若渝。大方无隅，大器晚成，大音希声，大象无形。

道隐无名。夫唯道，善贷且成。

【译文】

上士听了道，会努力践行；中士听了道，将信将疑；下士听了道，会放声嘲笑。不被下士嘲笑，那就不足以成为道！

"建言"有这样的话：光明之道好似暗昧，前进之道好似后退，平坦之道好似崎岖不平。崇高的德好似低下的川谷，最洁白的东西似乎含垢，广大的德似乎有不足，刚健的德似乎怠惰懦弱，质性坚贞好像会变化。最方正的事物没有棱角，最重要的器物很晚完成，最大的声音几乎没有声响，最大的形象没有形迹。

道隐幽而无名，但只有道能善于辅助并且成就万物。

【详解】

本章阐述了道的超越常人识见的特性和"善贷且成"的作用。

"上士闻道，勤而行之；中士闻道，若存若亡；下士闻道，大笑之。不笑不足以为道"。士，一般是指有一定社会身份的人；士的等级也与社会阶层有关。

老子在本章中对士的分级以对道的认识水平为标准。上士悟道较深，渔夫、樵夫、农夫、乞丐等普通百姓如果悟道很深，也是上士；下士对道无知且否定、嘲笑，王侯将相和饱学宿儒如果对道"大笑之"，也是下士；中士介于两者之间，对道半信半疑。人们对道的认识水平不同，就会产生相应的态度、评论和行为：上士听人讲大道，很快就能领悟到其中的真谛，并将领悟到的道理应用到实践中去，以引导自己的行为，实现个人与大道的和谐统一。中士听闻大道，或者大致相信而不能践行，或者勉强行之而不相信，或者半信半疑浅尝辄止，总之，他们不能充分理解大道的真谛，也不能把道切实应用到实践之中。下士听人讲到道时，完全否认道的存在，还会对道和有道之人大加嘲讽，更不用说运用大道的真谛去指导实践、引导自己的行为了。老子特别说明，如果"道"不遭到下士的讥笑，也就称不上"道"了。显然，下士包括那些物欲横流的统治者，正如第五十三章所说："服文彩，带利剑，厌饮食，财货有余，是为盗夸，非道也哉！"老子称之为"大盗"，对其人格水平、思想境界表示失望。然而，本段的重点不在于表达对下士的失望，而是以此来凸显道的"非世俗性"和高妙的特征。接下来，老子说明大道"非世俗性"的理由，当然这也是"下士大笑之"的原因。

"故建言有之：明道若昧，进道若退，夷道若颣（lèi）。上德若谷，大白若辱，广德若不足，建德若偷，质真若渝（yú）。大方无隅（yú），大器晚成，大音希声，大象无形"。"故"字的后文解释上句"不笑不足以为道"的原因，可见"故"作为发语词，或译为"因为""本来"，不宜直译为"因此"。建言：立言，一说是"别人所立的名言"，另一说是老子曾经讲过的话。夷：平坦。颣：不平坦，崎岖。建：同"健"。偷：懒惰、懈怠。渝：改变，一说"污"。隅：墙角，角落，棱角。希：稀少。

本段话中哪些属于"建言"？历来有不同的观点。刘笑敢、赵又春等学者认为，老子所引的建言只包括其后的三句话。这三句话也可理解为：教人进取的道理，好像是让人退却；使人明白之道，好像是让人糊涂；教人求平安的道理，像是让人去经历坎坷。这三句话的思想和逻辑与紧接着的九句话是一致的。同样是听闻大道，上士能充分领悟到道的"明""进""夷（平坦）"，当然他们也十分清楚"明道若昧，进道若退，夷道若颣"；而下士看到的则是"昧""退""颣"，而且被这三个特征蒙蔽了自己的双眼，看不到道的"明""进""夷"。

接下来列出的"三德"（上德、广德、建德）、"一真"（质真）和"五大"（大白、大方、大器、大音、大象），同样在上士和下士的眼中有不同的呈现：上士能看到而且相信大道之德具有"上""广""建""真"等特征，所以会"勤而行之"；下士看到的则只有"谷、不足、偷、渝、辱、无隅、晚成、希声、无形"，他们不相信也理解不了上士的识见，所以就"大笑之"。

"道隐无名。夫唯道，善贷且成"。贷：施与、给予，引申为帮助、辅助之意。这两句话在帛书本中为"道褒无名。夫唯道善始且善成"。"褒"相当于"大"。

这两句是全章的总结。大道虽然幽深隐形，无声无息，但正是这个道，善于使万物成长化育，实现其自我价值，善始善终。这既是针对"下士""中士"对"道"的态度而发（他们担心依道行事最终会受骗上当，没有好下场），也是对"上士"表示嘉勉和鼓励，但落脚点在于，希望有抱负、有能力的人应该做"上士"，勤勉行道，以使万物以及中士、下士和普通百姓提升各自的境界、获得各自的成功和幸福。最后一句话，暗含着老子对所有人的宽容、温情和爱心。

【管理启示】

管理者要做上士。大道是常人难以置信的，但是唯有大道可以包容万物、成全万物，能够实现组织、社会乃至全人类的最高福祉，所以有抱负、有使命感的管理者要做学道、悟道、行道的上士。如果管理者怀有一颗包容、慈爱之心，对众人"善贷且成"，那么，他们就是有道的管理者，道的特征、力量与作用也会体现在他们身上。有道管理者的行为特征是"善贷且成"，这绝不是利用大道为自己谋取私利，也不是为统治阶级服务，而是全心全意地为民众服务，提高民众的幸福水准和生命质量。这与"善利万物而不争"的思想是一脉相承的，并且在第四十九章、第六十七章等章节有所拓展。这类有道的管理者就是老子所赞赏和寄予无限希望的"上士"。今天的管理者如果能继承和发扬大道，就与2500多年前的老子心灵相通，老子一定能泉下含笑。

第四十二章 | 阴阳辩证思损益

【原文】

道生一,一生二,二生三,三生万物。万物负阴而抱阳,冲气以为和。

人之所恶,唯孤、寡、不穀,而王公以为称。故物或损之而益,或益之而损。

人之所教,我亦教之。强梁者不得其死,吾将以为教父。

【译文】

道展现为统一的整体,这个整体又展现为阴阳二气,阴阳二气相交而形成一种和谐的状态,阴、阳、和三气产生了天下万物。万物都背阴而向阳,并且在阴阳二气的互相激荡中生成新的和谐体。

人所厌恶的就是"孤""寡""不穀",但是王公却用来称呼自己。所以一切事物,减损它有时反而得到增加,增加它有时反而受到减损。

别人教导我的,我也用来教导别人。强横的人不得好死,我把它当作施教的根本信条。

【详解】

本章在中国古典哲学中十分闻名,冯友兰等认为其中有宇宙形成论和本体论的哲学思想。本章可分为三段,与第三十六章等章节一样,其基本逻辑是"以立意句提出一般原理—落实于管理现实的推理分析—落脚于管理策略"。

"**道生一,一生二,二生三,三生万物。万物负阴而抱阳,冲气以为和**"。有人说这是《道德经》的总纲,也是中国传统哲学、中医学、武学等学科的总纲。但人们对这段话的解释分歧很大。庄子的解释是:"天地与我并生,而万物与我为一。既已为一矣,且得有言乎?既已谓之一矣,且得无言乎?一与言为二,二与一为三。自此以往,巧历不能得,而况其凡乎!故自无适有,以至于三,而况自有适有乎！无适焉，因是已！"(《庄子·齐物》) 王弼的解释与此相类："万物万形，其归一也。何由致一？由于无也。由无乃一，一可谓无？已谓之一，岂得无言乎？有言有一，非二如何？有一有二，遂生乎三。从无之有，数尽乎斯，过此以往，非道之流。故万物之生，吾知其主，虽有万形，冲气一焉。"

王蒙的解释是："大道具有唯一性，这个唯一性将渐渐被认识与体现出来，故称道生一。唯一之中产生了或分裂成了对立面，成为二。两者互相斗争互相结合，产生了下一代的第三样事物。从此万象万物源源不绝，万物背负阴气，拥抱阳气，而通过阴阳两气的作用，以求达到和谐。"

根据古今更多注家的解释，道是无极，能产生原始的混元一体之气；这种混元之气又产生阴阳二气，阴阳二气相交而形成一种交融和谐的状态（"和气"），在这种状态中产生万物。万物背阴而向阳，并且在阴阳二气的互相激荡而成新的和谐体。万事万物虽千差万别，形态各异，但它们都由阴阳二气和合而成，都包含阴阳两种因子。阴阳是互相补充、对立统一的。"负阴而抱阳"是万物的根本特性，而以"气"贯穿之，调和阴阳，恬淡匀和。

"**人之所恶（wù），唯孤、寡、不穀（gǔ），而王公以为称（chēng）。故物或损之而益，或益之而损**"。穀：善，好。不穀，先秦诸侯之长的谦称；另作不穀，河上公注："不穀，喻不能如车穀为众辐所凑。"一般来说，人们都趋利避害，趋阳避阴，都不喜欢鳏寡孤独，不希望被人遗弃。然而王侯公卿常常称呼自己为"孤家""寡人""不穀"，其实这是虚心谦下的做法，他们越是自谦，越能得到天下万民的拥护和尊敬，这就是损之而有益。相反，如果高傲自大、自夸自利，就会招致万民的反感，必然有损于己。常人倾向于自益自利，权贵者易于对百姓强横霸道，结果必然是"益之而损"。

"**人之所教（jiào），我亦教（jiāo）之。强梁者不得其死，吾将以为教（jiào）父（fù）**"。强梁：强横凶暴。父，有些学者解释为"始"，有些解释为"本"，有些解释为"规矩"；教父，有根本教义和指导思想的意思。这段话是说，古之圣人教人戒骄戒躁，谦让居下，忍辱仁柔，"我"也以此而教之。强横逞凶之人，仗权势，施淫威，伤天害理，他们必自种恶果，成为众矢之的，不得好死。老子以此为鉴镜，作为教育别人的根本。赵又春认为，本章力求从一切事物都是对立的统一这条宇宙最高规律出发，证明"强梁者不得其死"也是一条具体的规律，以此警告统治者，要他们莫对民众滥施淫威。这就是本章的主旨。

【管理启示】

管理者要具备阴阳辩证思维。万事万物皆有阴阳，阴阳为两种互相依存、互相对立和互相消长的能量、性质与趋势。在管理学研究中，阴阳理论是一种元理论，具有思维层面的意义。领导者因其位高权重而易于成为"强梁"，虽然一般不会成为杀人放火的强盗，但总是倾向于有意无意、或明或暗、千方百计地将自己的意志加于众人身上，于是便有了各种强梁式领导者。老子指出，强梁式领导者实际上把自己置于"不得其死"的危险境地。因此，有道的领导者要守雌守弱，在语言、态度、行为上要谦卑，以塑造冲和之气，使组织中的人们不会有被强迫感、受剥削感，而是都有受尊重感、自我实现感。这就是"损之而益"原理，也是"冲气以为和""三生万物"之理。

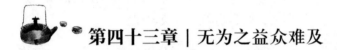

第四十三章 | 无为之益众难及

【原文】

天下之至柔，驰骋天下之至坚。无有入无间。吾是以知无为之有益。

不言之教，无为之益，天下希及之。

【译文】

天下最柔弱的东西，能自由活动在天下最坚硬的东西之中。空虚无形之物，能穿透没有间隙的东西。我因此懂得了"无为"的益处。

无言的教化，无为的益处，天下很少有人能够做得到。

【详解】

上章讲到"强梁"的问题，本章讲柔弱、无为的效用，可分两段。

第一段讲道的两个特征，一是至柔，二是无有，两者皆是无为的体现。"天下之至柔，驰骋天下之至坚"。驰骋，有纵横自如、自由活跃之义，形容柔弱胜刚强的状态。刚克刚，如杀敌一千自损八百，常常很艰难，谈不上驰骋；刚克柔，如猛虎扑杀牛羊，状况很凶惨，可用蹂躏来形容。唯独"至柔"就像马儿在草原上自由自在地撒欢儿一样，驰骋于天下最坚硬之物中，没有伤害任何一方，皆大欢喜，堪称完美。天下最柔的就是道。天下再坚硬的事物，也都是阴阳二气所化成，而道则是调和二气的指挥者和设计者。因此，无论多么坚硬的东西，道都能够深入其内部，就像水能深入动植物体内、电磁波能穿透物体一样。从这个角度而言，"道"行于天下，驰骋纵横，所向披靡。

"无有入无间，吾是以知无为之有益"。无有，无形无物，无任何企图心，也就是至柔之物，即道。无间，坚硬到没有任何间隙，也就是至坚之物。自身没有固定形态、无我无私念亦即没有意图居心的东西，会受到一切对象包括至为坚硬毫无空子可钻的东西的接纳。

"我"就是根据这一点，知道了无为是大有好处的。也就是说，道能被任何东西包括最坚硬的东西接纳，乃是因为道有无为之性，无为有着无比强大的功能。

第二段有政策建议的味道。"不言之教，无为之益，天下希及之"。希，同"稀"，很少。道从来不用告诉万物如何生活，也从来不刻意为万物增益什么，这样，万物才能自然而然地生生不息。但是"不知道"的常人受自己的欲求驱动，通常更喜欢伪诈巧智，自作聪明地去辩论、希求、命令，做一些自认为有益于自己和别人的行为，越是这样，反倒越是"益之而损"。有道的统治者能克制自己的欲求，能行不言之教，处无为之事，这不是俗常之人能做到的，而其收益也是俗常之人难以收获的。

【管理启示】

本章首先描绘了无为而治的美好。事实上，没有人愿意被控制和奴役，人类文明的发展史就是一部摆脱被奴役、被控制的抗争史。老子用"驰骋""太上，不知有之""功成事遂百姓皆谓我自然"等词句来描绘无为而治这一近乎完美的管理状态，揭示其中的关键是消除了奴役、控制，百姓没有被管理的感觉。为什么能有这种效果呢？关键是管理者自身首先做到"无有""无为"！"无有"的要义在于管理形式的非实体化，尽量减少人们对于被管理这一事实的感受和认识。"无为"的要义在于管理者在主观上没有自己的私利和个人目的，在行为上不以强力干预他人，同时以百姓心为心，全心全意为众人服务，从而自然而然地消弭了众人的抗拒且在成就众人的同时也成就了自己。就是说，管理者让别人自由，自己也就有了最大的自由；让别人都普遍成功，自己也就获得了最大的成功；让别人普遍地幸福，自己也就获得了最大的幸福。这就是无为而治——以道为本的管理模式的好处。事实上，很少有管理者能够做到这种无为，所以也就享受不到无为而治的巨大好处，也就不会获得"驰骋天下"的快乐。

第四十四章 | 知足知止自长久

【原文】

名与身孰亲？身与货孰多？得与亡孰病？
是故甚爱必大费，多藏必厚亡。
知足不辱，知止不殆，可以长久。

【译文】

声名与生命哪一样（对自己）更为亲近？生命与货利哪一样（对自己）更贵重？得与失哪一样更有损害？

所以，过分的爱惜必定要付出重大的代价，过多的积敛财富必定会招致惨重的损失。

知道满足就不会受到屈辱，知道适可而止就不会带来危险，这样才可以保持长久。

【详解】

本章易于理解，讲的是生命与尊严的长久保全这一主题。

"名与身孰亲？身与货孰多？得与亡孰病？" 身：生命。多：重，贵重（陈鼓应等）。亡：失去。老子问了三个貌似简单的问题：名与身孰亲孰远？身与货孰轻孰重？得与失孰好孰坏？按理说，自己的生命更亲、更重要，在"得""失"之间谁都会选择"得"。但是，在现实中真正能这样理性选择的人并不多，而统治者能做到的就更少了，更多的是"人为名财死，鸟为食物亡"。

而明白下面这个更深层的道理的就更少了，"**甚爱必大费，多藏必厚亡**"。对名利的过分贪爱，即使暂时有所获得，但必然付出自己在精力乃至生命方面巨大的代价；对财货的过多积敛，会导致别人的反抗（被剥削）、妒嫉、觊觎与争抢，从而给自己招来大祸。自古及今，因为"甚爱""多藏"而身死名裂的统治者太多了。

老子主张贵身，贵身也就是贵生，生命和尊严都重要，两者都要保全。老子所讲的贵身是洞悉了生命真谛后的觉悟，不是简单的"好死不如赖活着"的懵懂。因此，老子反对超出生命本身需求的奢华靡费，反对向外驰求，提倡通过"**知足**"来规避精神上的屈辱，通过"**知止**"达致生命的最大延续，进而实现生命的长久自在与逍遥。

【管理启示】

本章与第十三章对管理者保全自己的生命与尊严有着深刻的启示。第十三章以宠辱荣患与人的自身价值进行对比，说明人要自重、自爱。本章则进一步以外在的名、货与人的自身价值进行对比，也是要人自重、自爱。自重自爱意味着对待名利要适可而止，知足知乐，这样才可以避免遇到危难，使自己的生命和名位保持长久；反之，为蜗角虚名、蝇头微利而奋不顾身，则常常会落得损人不利己、身败名裂的可悲下场。第五十章所讲的"生生之厚"，也是这种看似对自己有利实则伤害自己的短视行为，其结果是"动之于死地"。这正是：俗人欲除苦，反行痛苦因；愚人虽求乐，毁乐如灭仇。

在现实的职场上，利用聪慧的头脑和勤劳的双手来争取财富和名誉是正当的，但必须把握住一个度，要适可而止。这样才能既收获名利，又能保持持久的身心健康。

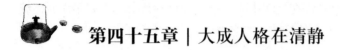
第四十五章 | 大成人格在清静

【原文】

大成若缺，其用不弊。大盈若冲，其用不穷。大直若屈，大巧若拙，大辩若讷。躁胜寒，静胜热。清静为天下正。

【译文】

最大的成就好像有欠缺，而其作用不会败坏。最充盈的状态好像是空虚的，而其作用不会穷尽。同样，最正直的好像弯曲，最灵巧的好像笨拙，最卓越的辩才好像口讷。

疾动可以御寒，安静可以耐热。清静无为是天下正道。

【详解】

从内容和行文结构上来看，本章可以说是第四十一章的延续，讲真正的"大"是合于道的，而"合道"的"大"却似乎有缺陷，然后落实到清静的社会价值上。本章可分为两段。

"**大成若缺，其用不弊。大盈若冲，其用不穷。大直若屈，大巧若拙，大辩若讷**"。弊，帛书本和竹简本为"敝"，破败，败坏。本段讲的"五大"的主体既可以是自然万物，又可以是人。有人说"辩"是专讲人的，但是孔子也讲过"天何言哉"（《论语·阳货》），《庄子·知北游》上还说"天地有大美而不言，四时有明法而不议，万物有成理而不说"。从管理学的角度看，"五大"既可指人的人格、德行，也可指人的行为模式、成功策略和处世技巧。这段话同《道德经》其他章节一样，通过列举的方式说明一个普适性的原理。从实然的角度来说，这"五大五若"是对现实存在的自然和社会现象的客观性描述，但是也包含着应然角度的策略建议。

"大成若缺，其用不弊"是说，"最圆满的成就好像有所缺陷，（因）而其作用不会衰竭"，两个分句之间到底是转折关系还是因果关系，或者两者兼而有之，都有道理。这句话也可以给我们"应然"层面的启示：一个取得了巨大成就的人要表现得有所欠缺，这是因为，只有让自己保持欠缺，才能保持已有的成就，使发挥出来的作用永不衰退。大成若缺的道理与老子上一章所说的"知足不辱，知止不殆"是一致的。"有所欠缺"可以理解为，做事要留有余地。这是因为留有余地不但可以进退自如，还能保持自己开创的事业不衰退，并使其长久地发展下去。

"大盈若冲，其用不穷"是说，最充盈的东西好像是空虚一样，（因）而它的作用永不穷尽。"冲"是冲虚、空虚。这句话给我们的启示是，一个人的人生或事业达到圆满了，也要表现得什么都没有的样子，这样才能永远不会穷尽。

"大直若屈，大巧若拙，大辩若讷"的道理同上，而且这三句话的后面都省略了"其用不弊（穷）"。例如，"大辩若讷"是说，真正有口才的人，说话很注意场合，会顾及他人感受，讲究方式方法，通常少言寡语、笨嘴拙舌，这在常人看来就是"讷"（口才不好），但是其沟通效果却是最佳的。

以上五个"'大A'若'-A'，其用不弊（穷）"的句式演绎的是前面所提到的反成原理。然而，本章的反成原理与第二章"夫唯弗居，是以不去"所体现的反成原理所强调的重点不同。本章下一句揭示了这个重点。

"躁胜寒，静胜热"。竹简本为"燥胜冷，清胜热"。躁，疾动。第二十六章有"静为躁君""躁则失君"的主张，说明老子是反对君主之"躁"的，但是，并不是无条件地摒除"躁"。

"躁胜寒"说明：寒冷是抑制生机的死寂状态，对于一个组织而言，人们的沉默、冷漠，工作的僵化和程式化，组织文化的表面化、模式化、虚假化，这些都是组织衰落的预兆，为挽救这种"寒冷"、僵化的组织，"躁"字诀是有效的，就是千方百计地让组织中的人都动起来、热起来。然而，老子的眼界是长远的、全局性的，他敏锐地洞察到，让组织热起来相对容易，但是躁容易引发狂热、盲动的弊端，所以组织要有长久的发展，就需要清静下来，当然，这种清静主要是对统治者的要求，即**"清静为天下正"**。清静既是心性要求，也是行为模式。见素抱朴、少私寡欲以及不自见、不自伐、功成身退、无为不争等，无不是清静心性的体现。正，一说为"正确"，释为"正道""正途"，那么末句可解释为"清静才是治理天下的正道"；另一说为"正人"（蒋锡昌），引申为"模范""楷模"（陈鼓应），那么此句意为"清静无为可以做人民的模范"；还有一说为"管理者""首领"，用法如"里正"，那么末句意为：清静的人可以担当天下重任，作万民的首领（赵又春）。

【管理启示】

本章的管理思想聚焦为管理者的"大成人格"。"大成""大盈""大直""大巧""大辩"是管理者理想的人格形态，而这"五大"人格之所以成为"大"，是因为它同时具备"若缺""若冲""若屈""若拙""若讷"的外在表现。这说明，管理者的完美人格，不在于外形上的表露，而在于内在心性的超越与收放，因此可称为"大成人格"。一个有道管理者能做到心性清静，才能超越世俗物欲的羁绊；能超越物欲，才能收放自如；能收放自如，才能在外在的行为、言语、表情等各方面表现出"若缺"：何时"缺"、哪里"缺"、怎样"缺"、"缺"多少等问题的处理，都需要有足够的心力和智慧去把握具体条件并拿捏火候。"若冲""若屈""若拙""若讷"都是如此。关于心力的收放，老子给出一个总体原则，就是以收敛含藏为主，亦即管理者所能成就的高、大、强、优、成、盈，乃是以处下、作细、贵柔、守拙、若缺、若冲为外在表现与条件，这样才能充分利用各种资源甚至能创造条件，有充分的回旋余地去实现更高的绩效以至于达到圆满无缺。但是，老子并不主张绝对的收敛退让，而是在一定的条件下也会杀伐决断，用兵征讨，不过，即使在用兵的过程中也会遵循道的原则。所以老子说，清静为天下正。这是守道、用道的体现。

可见，一个"若"字，蕴含着丰富的含义。不管怎样，我们都要看到，在老子思想中，绝不排斥世间的成就，只不过老子并不满足于世间普通的成就，他追求的是大成就，成就的是大人格。这种大人格的基础和关键乃是清静无为的心性。这在《道德经》其他章节已有很多阐述。

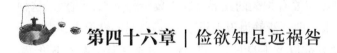

第四十六章 | 俭欲知足远祸咎

【原文】

天下有道，却走马以粪；天下无道，戎马生于郊。

祸莫大于不知足，咎莫大于欲得。故知足之足，常足矣。

【译文】

治理天下有道，把战马还给农夫用来耕种。治理天下无道，便把耕马征用为战马。

最大的祸患是不知足，最大的过错是放纵自己的欲望。所以懂得满足的这种足，是永远的满足。

【详解】

本章讲了知足常足的道理，也反映了老子的反战思想。

"天下有道，却走马以粪；天下无道，戎马生于郊"。却：退回，退而改为他用。粪：播种。戎马：战马。天下有道则太平无事，国家会把本来用于军事的马匹改为给民众用于耕种；天下无道的一个标志是，连怀孕的母马都被征去或抢去作战，就在战场上分娩。老子崇尚和平，认为马匹的最佳用途是耕田而不是作战，因此战场本来不是马应该去的地方，战争也不是百姓愿意看到和参与的。但是战争总是对百姓造成巨大的伤害，因为战争要发生大量的物资损失和人员伤亡，这些最终都会直接或间接地由百姓承担。"春秋无义战"，战争常常是统治者个人意愿和私欲的产物，所以百姓因战争而发生的损失从根本上源自于统治者的贪欲。

"祸莫大于不知足，咎莫大于欲得"。在老子生活的春秋后期，人们的心智和行为被物欲左右，孔子也说"已矣乎！吾未见好德如好色者也"（《论语·子罕》）。统治者为了满足私欲而互相争夺乃至战乱频发，天下大乱。所以老子才把"不知足""欲得"视为一种最大的祸患。欲不可纵，人一旦放纵自己的欲望，就会深陷于无底洞之中，必将付出无法估量的代价。那么，怎样从这种祸患中得到解脱呢？老子说："**故知足之足，常足矣。**"大道的德行是无欲无求或少私寡欲，这种敛欲就是知足，因为人到了合道的境界，内在的心灵力量无比强大，就自然摆脱了物欲和私欲的纠缠，从而发觉自己什么也不缺，够富有的了，"常（恒）足矣"。

【管理启示】

本章将欲望管理（见第十二章）置于"天下观"的框架之中。一般而言，人有追逐权力、财利、名声、美色等的欲望，这些欲望一方面引导着人类社会不断前进，另一方面却是诸多烦恼和痛苦的根源。如果说，人类的物化之欲是一种非理性的"类动物"行为（其实，动物之欲是自然而然的本能），那么"不知足"则是掺杂了人类智力有目的、有策略的贪婪，或者叫"私利最大化行为"。统治者为了满足贪婪的欲望而发动战争，"戎马生于郊"，把国家和人民引向无穷的灾难；普通人不知足，也会把自己拖入众叛亲离的境地。所以，老子把不知足视为人类最大的祸患，这一观点并不是危言耸听。

将本章与第四十四章的"知足不辱，知止不殆，可以长久"合读，能更准确、全面地把握欲望管理的逻辑链：知足主要指在心灵或精神层面有所追求、有所提升，这种内求使人了知自心本来具足因而不断降低向外逐求的频度，这是欲望管理的逻辑起点。以此为起点，统治者（领导者）知足而寡欲—降低向外贪求的行为—消除争夺与战争—天下和平—统治者与民众远祸、恒足。这样的领导者"无常心，以百姓心为心"，践行"不争""无为"，以实现"天下有道，却走马以粪"的大治之效。

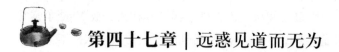

第四十七章 | 远惑见道而无为

【原文】

不出户，知天下；不窥牖，见天道。其出弥远，其知弥少。
是以圣人不行而知，不见而名，不为而成。

【译文】

（得道之人）不出家门能够了知天下的事理，不望窗外能够了解天道。一个人越向外奔逐，对道的认识也越少。

　　这是因为，有道的圣人不必出行而能知晓实情，不必亲自察看而能做决策发指令，无为而能成功。

【详解】

　　本章从特殊的认识论出发，主张君主要实行无为而治。

　　"不出户，知天下；不窥牖，见（jiàn）天道。其出弥远，其知弥少"。户：门。牖（yǒu）：窗户。前两个分句的主语是得道者。得道者足不出户，就能知道天上和天下事物的本质和规律，即知晓"道"。因为"道"是事物普遍本质的反映，不是靠归纳感性材料获得的，所以可以这样说。"其出弥远"，帛书本为"其出弥远者"，可见这句话的主语不再是得道者，而是"未得道的人"（苏辙称之为"世之人"）。那些没有得道的人向外奔逐得越远，懂得的"道"也就越少。很多注家认为"其"也指得道者。根据《史记》《庄子》等典籍的记载，老子本人也不是足不出户的，而且得道之人即使周游天下，也不会丧失道的。还有人将后一句译为"经历得越多，知道得越少"，这就违背基本常识了，因为经历得越多，知道的事情、知识也会越多。俗常之人本来就被自己的欲望、杂念所左右，如果再加上很多的经历，他们的视野就更加被经验材料所封闭，因而对根本规律知道得更少。

　　这段话讲了一种特殊的认识论，或者说是"道的认识论"，这在第一章、第十六章已经做过比较详细的阐述。本章强调，"道的认识论"要人摆脱感官认识的局限和束缚，超越感性世界而直达本质、回归本源，其基本认识路径是向内求，而不是向外求。"内求"就是摒弃个体的欲念，清除心灵的蔽障，以虚静的心境，通过内在直觉的方式认识和把握宇宙、人生、社会运行的根本规律——道。

　　"是以圣人不行而知，不见而名，不为而成"。是以，这是因为。名：发布政令。这是在上述特殊的认识论基础上提出的实践论。按照苏辙的解释，圣人能无所不知是因为恢复了纯净、完整的光明本性，这种本性能认知、能决策并发布指令，还能够顺应事物的自然本性来做成事情，而不必自己亲自去劳作、去察看（原文："圣人复性而足……性之所及，非特能知能名而已。盖可以因物之自然，不劳而成之矣"）。

　　"不见而名"，《韩非子·喻老》引为"不见而明"，蒋锡昌、陈鼓应等认为应该改"名"为"明"，那么此句的意思是"不察看却能明晓"。但是，帛书本、河上公本和傅奕本皆同王弼本为"名"，而"名"具有管理学意义，所以本书从土弼本。

【管理启示】

本章讲的是有道之人的特殊的认识论和实践论，这虽然也是无为而治的内容，但是我们不能因此在管理实践中忽略对实践经验的总结和必要的调查研究。如果尚未通过道家所谓的"虚极静笃""唯道集虚"工夫而得道，即没有达到圣人的境界之前，那么就应采用现实而理性的实践策略。但是，本章对决策者也有一个特别重要的启示：不能过于相信和依赖自己的成功经验，因为执着以往的成功经验往往会导致决策失误，进而导致失败。同样的道理，管理者也不能过于依赖书本的知识，即不能搞教条主义、本本主义，因为书本知识是过去经验的总结与抽象，不一定是应对不确定环境的灵丹妙药。因此，管理者既要重视调查研究，又要重视静心思考、反思，有条件的管理者不妨学习、借鉴著名企业家乔布斯的静坐案例，在安宁虚静的心境中体悟经营管理和创新之道。

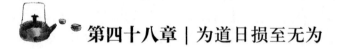

第四十八章 | 为道日损至无为

【原文】

为学日益，为道日损。损之又损，以至于无为。无为而无不为。
取天下常以无事，及其有事，不足以取天下。

【译文】

为学之人知识日渐增加，为道之人私欲日渐减少。减少又减少，一直到"无为"的境地。如能无为那就没有什么事情做不成的了。

获取天下民心要以清净不扰民为原则，至于政举繁苛，就不足以获取天下民心了。

【详解】

本章与第三十七章互训，也是上一章的拓展。

"为学日益，为道日损。损之又损，以至于无为。无为而无不为"。为学与为道不同。学习追求的是增进自己的能力，增加自己的学识，所以勤奋学习会使自己每天都有所增益。在老子的思想体系中，为学所得到的一般知识基本上属于局部知识，不是真理实相，不但不能得见大道，还往往阻碍"得道"。为道即修道，追求的是"道"这一真理实相，这要求人返回空虚、清静、无为的状态，即"常无欲，以观其妙"（详见第一章），所以为道会使自己的欲念、偏见、执着、分别心等日益减少，减少到最后就达到无为的境界。这里的无为就是"道"的境界。如前所述，持道、用道能够使万物自然生长，使百姓功成事遂皆谓"我自然"，使天下大治，这就是"无为而无不为"。

老子在这里并没有说反对为学、反对知识的话，而是强调为道的重要性。平常人总是重视为学，很少重视为道。为道是对知识的超越，是达致个人和组织持久成功的路径。管理者要知晓，片面重视为学是不够的。这就像庄子说的："吾生也有涯，而知也无涯。以有涯随无涯，殆已！已而为知者，殆而已矣！"

优秀的管理者要同时做加法与减法。做加法，就是不断地学习；做减法，就是不断地修行。所谓"损之又损"，就是不断减少自己的偏见和固执，直到消弭所有的主观偏见和人为之执，以与道合一，即"以至于无为"。学习是领导力和影响力的重要来源，否则就会令下属和客户轻视；修行是对经验和知识表象的超越，是对根本规律的体认，从而有助于做出正确的决策。

"取天下常以无事，及其有事，不足以取天下"。苏辙说，人们都有取得天下的野心，所以通过各种事端来达到目的；这种野心表现在外，会受到其他人的厌恶，所以最终也达不到目的。圣人无所作为，所以也没有什么事情需要处理，他的心思表现出来，万物都感觉安宁，虽然不去主动争夺天下，天下也自然会来归顺、拥戴他①。

我们可以从正面理解"取天下"，就是获得天下民心，将国家治理得很好。按照前述为道的思想，这种取天下要求君主长保自己清静无为的状态，从而获

---

① 原文："人皆有欲取天下之心，故造事而求之；心见于外，而物恶之，故终不可得。圣人无为故无事，其心见于外而物安之，虽不取天下，而天下归之矣。"

得民众真心拥戴；一旦失去这个保证，那就不可能重获民心，更难以恢复国家大治的局面了。

【管理启示】

有人说"无事"和"无为"就是啥也不干、无所事事，"无为"思想是消极落后的。这是对《道德经》管理思想的严重误读和歪曲，也往往成为懒政庸政的借口。《黄帝内经·四气调神大论》有段名言："是故圣人不治已病治未病，不治已乱治未乱，此之谓也。大病已成而后药之，乱已成而后治之，譬犹渴而穿井，斗而铸锥，不亦晚乎？"就是说，到口渴时再去掘井，开战时再去打造兵刃，那就来不及了。国家扰乱后再去平变，纵然复归安定，也已元气大伤。所以优秀的管理者就像高明的医生一样，要着力"治未病""治未乱"。第六十三章说："为无为，事无事，味无味……图难于其易，为大于其细。天下难事必作于易，天下大事必作于细。"第六十四章明确讲道："其安易持，其未兆易谋。其脆易泮，其微易散。为之于未有，治之于未乱。"因此，管理者除了不扰民、不压榨员工、不折腾、不故意制造矛盾、不无事生非，更重要的是要做好顶层设计、机制构建、文化塑造和幕后工作，这些几乎都是一般员工所不太了解的默默无闻的工作。

这些基础性工作做好了，会使员工各得其所、各乐其业，不必为工作之外的事情而困扰、奔波，其关键是管理者自身要"有不做大官，只做大事"的使命和担当。"只做大官"的管理者的眼睛总是向上看，专门搞面子工程，爱折腾，一心出政绩而不顾员工感受，就会不惜破坏组织的基础机制和氛围，就会做出各种令员工反感、唾弃的事情，这种管理就会失效。"不做大官"常常体现为无事、无为、简朴、谦卑；"只做大事"就是致力于前述管理中最重要的基础性工作，这就近乎依道施治了。其实这对管理者而言是一种最优、最稳妥的选择，组织平台、文化、班子等建设好了，管理者要亲自处理的事就会越来越少，减少了还可以再减少，以至于完全清静无为；那时虽然什么也没有做，但管理者会觉得并没有什么事情不是按自己意愿做的了；同时，员工各自努力，功成事遂皆谓"我自然"，而组织也会因之而获得发展，管理者也"是以天下乐推而不厌。以其不争，故天下莫能与之争"。

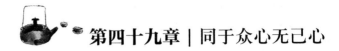

第四十九章 | 同于众心无己心

【原文】

圣人无常心，以百姓心为心。

善者，吾善之；不善者，吾亦善之，德善。信者，吾信之；不信者，吾亦信之，德信。

圣人在天下，歙歙，为天下浑其心。（百姓皆注其耳目，）圣人皆孩之。

【译文】

圣人没有主观成见，以百姓的心作为自己的心。

对于善良的人，我善待他；对于不善良的人，我也善待他；这样得到了合道的善。对于诚信的人，我以诚信对待他；对于不诚信的人，我也以诚信对待他；这样就得到了合道的诚信。

圣人在治理天下时，收敛自己的意欲，总是与百姓心心相连浑然一体。百姓都关注他们自己的眼前利益，圣人将百姓全部当作自己的孩子一样呵护。

【详解】

本章论述圣人与百姓之间的关系，深刻地反映了老子的民本思想。全章分三段。

"圣人无常心，以百姓心为心"。"无常心"，帛书本为"恒无心"，河上公本和傅奕本皆同王弼本。无常心，不是主意多变、朝秦暮楚、没有立场，而是没有偏见和私心。圣人总是从百姓的利益出发，亦即总是想百姓之想，忧百姓之忧，乐百姓之乐，而绝无个人的意图；如果他发现自己的想法同百姓的想法不一致，一定是让自己的"心"服从百姓的"心"。这是本章的主旨，可概括为"全心全意为百姓着想"，也可以说是"全心全意为人民服务"的古代版。

"善者，吾善之；不善者，吾亦善之，德善。信者，吾信之；不信者，吾亦信之，德信"。这段话的主语"吾"即为上一段的"圣人"。德，同"得"。"德善"，陈鼓应、傅佩荣等译为"这样可使人人向善"，我们采用的是任继愈、齐善鸿的翻译。

圣人善待善良的人，也同样善待不善良的人，因为圣人"以百姓心为心"，而且"善救人，故无弃人"，有智慧、能力和条件使善人和不善人都得到最优的结果，就像春风化雨，不论大树还是小草、熊猫还是豺狼，都能得到滋养，尽管具体方式可能有所不同，但是圣人的善是无差别的，这样的善是真正的善。同理，圣人对于诚信与不诚信的人都以诚相待，因而体现了真正的诚信。其实，不善之人虽然对别人不善，但也希望别人善待自己；不诚信的人虽然对别人不诚信，但也希望别人诚信对待自己，这说明"不善者"和"不信者"也有对善的渴望和内在的良知，这也使他们具备向善转化的潜在基础和现实可能性。圣人无差别地善待百姓以感化和成就百姓，这是"无为"的表现，是"以百姓心为心"的表现。

通常，人们不会善待那些不善的恶人，以牙还牙、以暴制暴是很多人秉持的、普遍流行的观念。有道的圣人作为拥有最高智慧的统治者，其观念不同于普通人。在最高的智慧层面，圣人当然会不同于百姓的某些想法，否则，如果与百姓的所有观念、欲求、行为完全一致的话，那么圣人也就与百姓没有差别了。从这个角度看，圣人之心与百姓之心既相同又不同：在决策出发点和政策指向方面，圣人"以百姓心为心"而没有自己的私心；在心性质量和高度方面，圣人是超越百姓的。

"圣人在天下，歙歙，为天下浑其心"与首句相对应。歙（xī），通"翕"，收缩，敛息。这两句话是说，圣人在治理天下时收敛自己的欲望，对天下万物没有个人偏见，没有好恶，为了天下百姓自然发展而使自己的心思"与万民之心浑然一体"（任法融）。此外，有些学者将"为天下浑其心"解为"使天下人的心思归于浑朴"。

"百姓皆注其耳目"，王弼本中没有，但在注解中提到了；河上公本和帛书甲本皆有类似的语句。百姓都专注于他们的耳目见闻，即把心智和精力用在眼前的个人利益之上（任法融），在这种情形下，人们会"各用聪明"，产生各种纷争巧夺。这句话的另一种解释是，百姓都在用耳、目观察君主的举动。

对于百姓，圣人的态度和措施是**"皆孩之"**。陈鼓应将"圣人皆孩之"解为

"圣人使他们都回复到婴孩般纯真的状态",刘笑敢指出,这种解读"把'孩'字转作使动词的意味过强,试想要把那么多百姓转化为婴孩般淳朴何其难也!"而且,这也"与上文'以百姓心为心'相矛盾"。孩,当为意动用法;孩之,以之为孩,即圣人把百姓当作自己的孩子一般,呵护之,信任之,因任之。这样理解,才能与上文"以百姓心为心""善者,吾善之;不善者,吾亦善之"融贯一体,辞通意顺。

苏辙详细分析了其中的作用机理:"天下善恶信伪,方各自是,以相非相贼,不知所定。圣人忧之,故慄慄为天下浑其心。无善恶,无信伪,皆以一待之。彼方注其耳目,以观圣人之与夺,而吾一以婴儿遇之。于善无所喜,于恶无所嫉,夫是以善者不矜,恶者不惕,释然皆化,而天下始定矣。"就是说,天下百姓有善、有恶、有真诚、有虚伪,各自都认为自己是正确的,于是人们相互指责、相互攻击,难以安定下来。圣人对此感到忧虑,于是小心谨慎地与天下人同心同德,对百姓不分善恶、不分真伪,都一视同仁地对待。百姓注重眼前利益,并观察君主的态度是想要给予还是想夺取,而圣人像对待婴儿一样,以没有褒贬的态度来回应。对善的不喜悦,对恶的不嫉恨,这就会使善良的人不自傲,邪恶的人不嫉恨,慢慢地都受到教化,于是天下就能安定下来了。

【管理启示】

管理者要"无常心,以百姓心为心",全心全意为人民服务。管理者的成就高低取决于能把多少人的冷暖装在自己心里,能为多少人全心全意地服务。为此,管理者的心性要实现三个超越:首先要超越自己的聪明和私欲,使自己的心与众人的心合一。齐善鸿教授指出,主观之外都是客观,而客观就是大道。对于管理者而言,众人之心就是客观大道,与众合一就是与道合一。把自己的欲望降到最低,把造福众人的责任举到最高。其次要超越善恶二元对立思维,建立合于道的普善和普信思维。善待善者是人的基本理性,善待恶人则是人的道性。管理者超越了二元对立,"为天下浑其心",就会明了自己才是一切的根源,所谓的"不善""不信"乃是自心的外化,因此,不评判别人,严格要求自己,"万方有罪,罪在朕躬",管理者的普善、普信会使组织中人人向善。最后,管理者要超越普通人的心性,即便普通人都注重眼前利益,存在各种毛病,有道的管理者也要像母亲容纳、善待儿女一样对待他们,不抛弃、不放弃,智慧善巧地使之走向幸福人生。这样的管理者就是圣人。

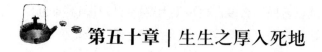 第五十章 | 生生之厚入死地

【原文】

出生入死。生之徒，十有三；死之徒，十有三；人之生，动之于死地，亦十有三。夫何故？以其生生之厚。

盖闻善摄生者，陆行不遇兕虎，入军不被甲兵。兕无所投其角，虎无所用其爪，兵无所容其刃。夫何故？以其无死地。

【译文】

人出生之后就迈向死亡。（在所有人中，）能够长寿而终的，占十分之三；短命而亡的，占十分之三；本来可以安享天年，却私心妄作加速走向死亡的人，也占了十分之三。为什么呢？因为自我奉养太过度了。

听说那些善于养生的人，在陆地上行走不会遇到犀牛和老虎，在战争中不会受到杀伤。在他们身上，犀牛没有地方投刺它的尖角，老虎没有地方用上它的利爪，兵器没有地方容纳它的锋刃。为什么会这样呢？因为他们身上没有可以致死的地方。

【详解】

历来注家对这一章的理解分歧很大。一般认为，本章主旨是摄生，体现了道家对生命的关怀。全章分两段。

第一段就人的生死这一重大问题算了一笔账，**"出生入死"** 在现代语境中含褒义，用于赞扬人英勇无畏，在本章中是中性词，高度抽象地概括了人的生命历程。每个人在出生之后，每时每刻都在走向死亡——这是个简单明了的现实，但是人们对待生命的态度和行为大相径庭，因而生命的长度和质量也迥然不同。老子将人的生命状态分为四种类型。徒，意为"类"。一是 **"生之徒"**，即能够

寿终正寝的人，占十分之三；二是"**死之徒**"，即夭折、短命的人，占十分之三。第三类人是重点分析的，他们本来能够长寿的，却不知也不会真正珍惜自己的生命，对自己过于"好"了，如每天大鱼大肉、骄奢淫逸，致力于将自身感官刺激做到最大化，这种对自己的过度奉养就是"**生生之厚**"，其结果就是死得更快。可见，这种对自己的"好"实际上是在祸害自己，无异于自杀，即"**动之于死地**"。老子说这种人能占到十分之三，主要指那些"服文彩，带利剑，厌饮食，财货有余"（见第五十三章）的贵族统治者，因为他们更有条件"生生之厚"。

老子在这里提出了一个每个人都应反思的问题：怎样才是真正的善待自己？简言之，怎样才能真正地提高自己的生命质量？不明道的人在自己的衣食住行、玩乐享受、名利荣华方面百般贪求。这种建立在过度物欲和私意之上的行为实际上降低了自己的生命质量，老子明确而坚决地反对这种自害型（即"生生之厚"）的生命观。

这一段讲了总人口十分之九的人的生死类型，那么剩下的十分之一是第四种类型，也是下一段所讲的善摄生的圣人（苏辙、陈鼓应、张其成），实际上，这类人凤毛麟角，远低于十分之一（任继愈、汤漳平）。

第二段，"**盖闻善摄生者，陆行不遇兕虎，入军不被（pī）甲兵。兕无所投其角，虎无所用其爪（zhǎo），兵无所容其刃。夫何故？以其无死地**"。摄生：养生。兕（sì）是属于犀牛类的动物。被（pī），同"披"，加盖。这一段讲的是有道圣人的生命观，所谈到的现象如"陆行不遇兕虎""兕无所投其角"等，我们用逻辑和常识很难理解。不过，其主旨是很清晰的，"善摄生者"的要义在于"无死地"。汤漳平指出，"无死地是指善于摄生的得道之士，能不为外物所伤，对这种人来说，身上没有可以致死之地"，这也是第五十五章所讲的"含德之厚，比于赤子。蜂虿虺蛇不螫，猛兽不据，攫鸟不搏"。

从现实角度看，死地指的是兕、虎、甲兵之类能致死的因素。人们为什么要去招惹兕、虎或甲兵呢？一个常见的原因是追逐、满足或最大化自己的物欲，即为了"生生之厚"而去捕猎、争夺、战争。张其成认为，这里的猛兽和兵器比喻各种危险，包括自然环境、人生道路、人情世故中的各种危险因素。老子主张不要靠战争、抢夺来保护自己，不要掠食其他生命、以奢侈的生活方式来营养自己，而是清静无为、恪守"道"的原则，不妄为，不伤害众生，生活简朴，这就最大限度地规避其他生命的反抗，因而排除造成人们寿命短促的人为因素。可见，能够做到少私寡欲，清静质朴，纯任自然，也是善于摄生。

【管理启示】

现代人要进行自我生命管理。老子说，1/3 的人天生长寿，1/3 的人天生不长寿，还有 1/3 的人本应该能长寿却早死了。早死的原因有两个：一是"生生之厚"，即过分养生，如每天吃大鱼大肉等；二是不知避害。究其根源乃是任性纵欲，没有按道行事。一般而言，领导者比普通人更加富足、更有权势，因而也就更有条件去刺激和满足自己的物欲，这不但会使自己的身体罹病，而且还惹出无数的祸事。换言之，领导者要珍重自己的生命，不能用贪心、物欲去喂养心中的兕虎或甲兵。所谓的"死地"，就是自己心里的兕虎甲兵啊。这个道理也适用于所有人。现代人如何"养生"？这不单单是身体的健康长寿问题，更是自我的欲望管理问题。

 第五十一章 | 道尊德贵常自然

【原文】

道生之，德畜之，物形之，势成之。是以万物莫不尊道而贵德。

道之尊，德之贵，夫莫之命而常自然。故道生之，德畜之；长之育之，亭之毒之，养之覆之。

生而不有，为而不恃，长而不宰，是谓玄德。

【译文】

道生成万物，德蓄养万物，物质使万物有形体，环境使万物成长。所以万物没有不尊崇道而珍视德的。

道之所以受尊崇，德之所以被珍视，就在于道与德对万物不加干涉而永远顺应自然。所以道生成万物，德蓄养万物，使万物成长、作育，使万物安宁、成熟，使万物得到滋养、呵护。

生长万物却不据为己有，成就万物却不自恃己能，长养万物却不加以主宰，这就是最深的德。

【详解】

这一章通过论述"道""德"与万物的关系而揭示道的德性与功能，并归结为"玄德"。全章可分为三段。

"**道生之，德畜之，物形之，势成之。是以万物莫不尊道而贵德**"。畜（xù）：畜养。势：条件、环境；帛书本为"器"。事物发展有四个阶段，由道生成，由德养育，由物质赋形，最终由情势完成。这四个阶段不是严格的先后关系，而是存在一定的重合和交叉，用"生""畜""形""成"的说法是为了强调每一个阶段都是有缘由的，正因为"有所由焉，则莫不由乎道也。故推而极之，亦至道也。随其所因，故各有称焉"（王弼）。就是说，虽然"道、德、物、势"的要旨与作用不同，但是贯穿这四个阶段的其实还是"道"，后面三个阶段只是"道"的逐步展开和具体表现罢了。所以推导到源头，也还是道；万物因循着道才能得以正常发展。由此可见，万物在发展过程中，只有有了道，才能有德而得以畜养，才能获物而得以成形，才能得势而成就自己的完整价值。这样，道和德给予万物以最大的恩典，那么万物也无不尊道而贵德。

"**道之尊，德之贵，夫莫之命而常自然。故道生之，德畜之；长之育之，亭之毒之，养之覆之**"。亭、毒，按高亨说，分别通"成（chéng）""熟（shú）"。覆，保护。老子所谓的万物尊道，不是尊崇一种名字叫作"道"的外在的、独立的、超自然的存在，而是对自身本具的道性的自然尊崇；这不同于人类对外在神祇的顶礼膜拜。除了人以外，万物是无意识地、自然而然地按照自身的规律（道）而生长化育的。所谓的万物贵德也是如此，"德"是万物自身的"德"，亦即它的特性、品质，而不是"他物"。当然，说万物尊道而贵德，这是拟人化的说法，因为万物（不包括人）是没有分别、思辨、思考、私欲等主观意识的，即没有"尊""贵"的概念，自然而然地做到了尊道而贵德。所以，鹰击长空，鱼翔浅底，万类霜天竞自由，万物不会尊崇任何事物，也不会遵从任何他物的命令，但是万物自身的道与德就是万物时刻都在遵从的律令。万物尊道是尊崇自身的道，贵德也是珍爱自身的德，所以，万物绝对不愿接受任何外物的干预，总是按其自然本性生长、化育。就是说，万物在产生、畜养、成长、壮大、成熟，以及罹受痛苦或得享快乐直至灭亡的全过程中，都是按自己固有的规律进行的。

"**生而不有，为而不恃，长（zhǎng）而不宰，是谓玄德**"。这段话将上述普遍原理运用于人间社会，主要讲君主如何用道来施治。这部分文字在第十章已经出现过，如果结合本章所讲的上述原理，我们会更加全面、深入地理解老子所特别强调的"玄德论"。"玄德"应是第三十八章所说的"上德"，以"玄"来置换"上"，带有"幽深""广远""玄妙""超越""极具力量"等含义，那是修道进德的最高境界。

【管理启示】

本章表明，万物之中的每一个个体都自然尊崇、珍视自身固有的本质和根性，不会因外来干预、压力而背离、抛弃自己的本性；对人而言，人人都要求自主，要求按自己的愿望走自己的路，本质上具有自我赋值、自我驱动的特性。齐善鸿教授将这种特性称为"主体性"。主体性理论是理解老子管理思想的一个关键。

万物莫不尊道而贵德，但是人却很少尊道而贵德，原因在于人与万物不同，人有私欲和分别意识。万物除了遵从自己内在的道和德，不会遵从任何外在的强力或命令（也许狗等"人类的朋友"稍有例外），可以说，万物都保全了自己的主体性，这是自然主体性。常人却总是不自觉地成为名利的奴隶、个体私欲的奴隶、自己所创造之物如文字、金钱的奴隶，然而，常人即使在异化之中仍然具有自我赋值、自我驱动等主体性表现，这就是常人主体性。圣人的基本特征是"与道合一"，这意味着他们没有自己的目的、意志和分别心，作为领导者，他们能时刻与对象合一从而消除了二元对立，把自己的意识融入对象而实现整体合一，即"以百姓心为心"、像水一样"利万物而不争"，这是"道者主体性"，是真正的自由和自在，达到了被庄子称为"逍遥"的境界。

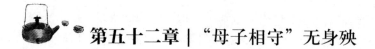

第五十二章 | "母子相守"无身殃

【原文】

天下有始，以为天下母。既得其母，以知其子；既知其子，复守其母，没身不殆。

塞其兑，闭其门，终身不勤。开其兑，济其事，终身不救。

见小曰明，守柔曰强。用其光，复归其明，无遗身殃，是为习常。

【译文】

天下万物都有本始，这本始是天地万物的根源。如果得知根源，就能认识万物；如果认识了万物，又持守这万物的根源，终身都没有危险。

塞住嗜欲的孔窍，闭起嗜欲的门径，终身都不要停止。打开嗜欲的孔窍，增添纷杂的事件，终身都不可救治。

能洞察细微叫作"明"，能持守柔弱叫作"强"。运用智慧的光，返归内在的明，不给自己带来灾殃，这叫作承袭常道。

【详解】

本章讲在立身处世中复归于大道的方法，并阐释了道为天下万物之母的道理。

"**天下有始，以为天下母。既得其母，以知其子；既知其子，复守其母，没**（mò，终）**身不殆**（危险，疑惑）"。"天下"指的是"天下之物"。"始"和"母"，已见第一章"无，名天地之始；有，名万物之母"。"始"是时间关系中的在先者，代表阶段性；"母"是一种继承关系中的居长者，代表连续性。辩证法认为事物的发展是阶段性和连续性的统一。本章首句似已蕴含着这一辩证思想。苏辙说："无名天地之始，有名万物之母。道方无名，则物之所资始也。及其有名，则物之所资生也。故谓之始，又谓之母。其子则万物也。圣人体道以周物，譬如以母知其子，了然无不察也。虽其智能周之，然而未尝以物忘道，故终守其母也。"道在无名之时，万物借由它得以形成；等到道有所作用和命名，万物借由它而发展、变化、繁衍。所以道既是本始，又是母体。它的具体产物就是天下万物。圣人体道之后再来了解万物，就像是通过母亲来了解儿子一样，什么都看得清楚。虽然圣人智慧广博、洞察万物，但是不会因了解万物而忽视道，所以一直持守道的根本。这就是说，圣人世事洞明，对世间诸事诸人，眼中清清楚楚，心里明明白白，但是绝不会沉迷于这些表象，而是"复守其母"，回归于对大道的坚守，这才是根本，其结果就是终身都没有任何危险（没身不殆）。

"**塞（sè）其兑，闭其门，终身不勤。开其兑，济其事，终身不救**"。勤，通"尽"，竭，完，见第六章"绵绵若存，用之不勤"；另可解释为勤劳，引申为困顿、劳扰。兑：口，引申为孔穴。这一段讲的是如何守道，其关键是欲望管理。一个领导者，塞住自己欲念的孔穴，闭起自己欲念的门径，终身都不要停止，亦即保持初心，始终复归并持守根本大道，不受外物干扰。如果他打开自己欲念的孔穴，为满足自己的欲念而向外逐求，那么此人这辈子没救了。此外，"终身不勤"多译为"终身没有劳扰的事"或"终身都不会困窘"，也有道理，其中隐含的意思是：能做到终身"塞其兑，闭其门"，则可终身没有困窘。

"**见小曰明，守柔曰强。用其光，复归其明，无遗身殃，是为习常**"。习：通"袭"，袭承，因循。常：恒常。能够察见到细微的事物，叫作"明"，老子还说"自知者明"，综合这两句话，一个人能够及时省察自己细微的心念与行为，使之不至于偏离大道，即可见到并发挥自身的光明本性。"守柔曰强"，老子还说"自胜者强"，如果能够终身持守柔弱，这是真正的"胜己"，也是最了不起的"强"。圣人发挥其光明本性的光芒而建立功业，功成名就之后一定要返照内在的"明"即"复归其明"；能"复归其明"自然也能保持他真正的"强"，这样就不会给自己带来灾难，这叫"习（袭）常"，即因循、坚守了恒常大道。

【管理启示】

老子在本章为领导者提出了一个很重要的现实问题：在以道施治的过程中，守道要持久，终身要守道，即不忘初心，方得始终。有些领导者在以道施治的过程中，智慧大开，洞察万物，即"既得其母，以知其子"，获得了成功；但是实现了对人事物的把控之后，却难以把控、管理自己的欲望，沉湎于已有的成就，迷失在具体名利、事务之中，而忘却了大道，即"既知其子，不守其母"，结果是走向挫折、失败。这是很多冲过五关、斩过六将、名噪一时的领导者最终败走麦城的原因。第十六章也讲道，"归根曰静，是谓复命。复命曰常，知常曰明"，领导者在成功之后要及时省察自己是否萌动了贪婪、狂妄之心，一定要及时警觉，对自己进行"二次革命"。本章最后所讲的"习常"是老子对管理者的慈心忠告：一定要坚持行在恒常大道上啊！这样才能使自身免遭祸殃。

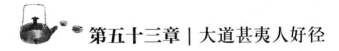

第五十三章 | 大道甚夷人好径

【原文】

使我介然有知，行于大道，唯施是畏。大道甚夷，而人好径。

朝甚除，田甚芜，仓甚虚；服文彩，带利剑，厌饮食，财货有余，是为盗夸，非道也哉！

【译文】

即使我稍微有些理智，在大道上行走时也担心误入歧途。尽管大道十分平坦，但是人们偏偏喜欢走邪径。

朝政非常腐败，农田非常荒芜，仓库非常空虚；权贵们还穿着锦绣的服饰，佩带锋利的宝剑，饱足精美的饮食，占有过多的财货，这就是大盗，是多么无道呀！

【详解】

本章是老子对当时统治者不行大道而走歪道，不认真治理国家而沉湎于奢华生活的批评。全章分为两段，第一段讲普遍原理，第二段讲社会现实。

"使我介然有知，行于大道，唯施是畏。大道甚夷，而人好径"。介然，一说为稍微，另一说为坚固、深刻。知，一说为"智慧"，读"zhì"；另一说为"知识"，读"zhī"。施（yí），通"迤"，指逶迤的小路、山路、险路。径：邪径。正常人要出行，一定会首先选择走大路，而对小路、险道有所警惕。为什么？因为大路最保险、最平坦、最安全，对自己最有利。

大路一般遇不到强盗，因为强盗总是在小路或山路进行打劫，也叫剪径。但可悲的是，无知的人们却喜欢走自认为对自己最有利的捷径，岂不知那是特别危险的山间小路和黑暗森林。驱动人们走邪径的是人心中的贪婪、戾气和愚痴，这些因素也是人心中的邪径。

"朝甚除，田甚芜，仓甚虚；服文彩，带利剑，厌饮食，财货有余，是为盗夸，非道也哉！"朝（cháo）：朝政，朝堂。除：败坏，一说"整洁"。朝甚除，意为朝政非常败坏，一说为"宫殿很整洁"。夸：大。盗夸：大盗。本段把"大道甚夷，而人好径"的道理落实到社会治理上。虽然汲汲于名利的俗人不走大道，损人利己的恶人不走正道，但是不走正道的最典型代表却是大多数权贵，他们非常容易走险径。险径，就是陷阱（权贵比普通人更有条件奢华享受，但奢华就是陷阱），就是险境。很多权贵为了追求个人享受，千方百计去剥削百姓、狂搞权术、穷兵黩武，造成两极分化。在任何社会、任何组织中，两极分化意味着不可调和的阶级矛盾，高层腐朽糜烂，底层贫苦压抑，社会宛如火药桶，这不是险境么？这不是逼着拥有巨大力量的民众造反、革命吗？这也是"物壮则老，是谓不道，不道早已"（见第三十章）在社会治理层面的内在机理。当然，老子认为其中有个"天道"法则在发挥着基础性作用，"天之道，损不足以奉有余"。你违背了天道法则，天道就不会惯着你。古代统治者通常自称"孤""寡""不穀"，说明他们是以"行大道"为标榜的，主观上也可能有行大道的意愿，但实际做起来却是非道的，所以老子对他们的真面目和虚伪性进行了彻底的揭露。

【管理启示】

管理者的坦途在哪里？管理者越是位高权重，越有可能激发自身的各种"欲"，其贪心和野心犹如滚雪球，在跌落深渊谷底之前会越滚越大，因而离道、远道、悖道，成为老子所批判的"道夸"，他们将自身置于"畏之""侮之"的境地，也给组织带来了巨大的风险。"祸莫大于不知足，咎莫大于欲得"（见第四十六章）。高位者越贪婪，就越显示出莫名其妙的强硬与自大，就越倾向于搜刮民众以满足自己，也就越是让民众贫困、反感和反抗；高位者越是少私寡欲，谦和卑下，越是利万物而不争，就越是显得柔弱，也就越能得到民众的喜爱和拥戴，所以"柔弱胜刚强"。管理者的稳妥出路，在于约束自己的贪欲，同时让民众过上好日子，安其居，乐其俗，实现其生命价值，两不相害，这不就是"下知有之"甚至"不知有之"的"太上"管理境界吗？

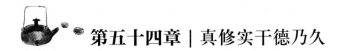 **第五十四章 | 真修实干德乃久**

【原文】

善建者不拔，善抱者不脱，子孙以祭祀不辍。

修之于身，其德乃真；修之于家，其德乃余；修之于乡，其德乃长；修之于国，其德乃丰；修之于天下，其德乃普。

故以身观身，以家观家，以乡观乡，以国观国，以天下观天下。吾何以知天下然哉？以此。

【译文】

善于建树的不会被拔除，善于抱持的不会脱落，因此后人会不断地祭祀他。

一个人真实修道，他的德就会是真实的；一家人真实修道，德就会有余；一乡人真实修道，德就会延长；一国人真实修道，德就会丰盛；天下人真实修道，德就会普遍。

以"自身是否真修"作为检验个人的标准，以"家人是否真修"作为检验家的标准，以"乡人是否真修"作为检验乡的标准，以"国人是否真修"作为检验国的标准，以"天下人是否真修"作为检验天下的标准。我怎么知道天下的（道与德）实情呢？凭借的就是这个方法。

【详解】

明代德清认为，本章讲了"圣人所以功德无穷泽及子孙者，皆是以真修为本也"，强调了修道要真修才有实效之理。本章比较难懂，下面分三段进行解读。

"善建者不拔，善抱者不脱，子孙以祭祀不辍（chuò）"。 建：建立。拔：动摇。善于建树的人，其所建树之物不会被拔除；善于抱持的人，其所抱持之物不会脱落。苏辙曾经发问："世岂有建而不拔，抱而不脱者乎？"他的回答是：

"唯圣人知性之真，审物之妄，捐物而修身，其德充积。实无所立，而其建有不可拔者；实无所执，而其抱有不可脱者。故至其子孙，犹以祭祀不辍也。"意思是，只有圣人知道本性的真实可靠，了知外物的虚妄性，因而舍弃外物而修炼自身，他的德行就积累下来。这种修道修德其实根本没有建立起什么，但这种"无所立"也是一种不可能被拔除的建立；根本没有执着什么，但这种特殊的抱持却不会松动。一个人基于道和德而建立功业，不但利益当代而且泽被后世，所以在他死后，子孙仍然祭祀不绝，后人永远怀念。

"不拔""不脱"是说所修的道及其显示的德行与功业是真实的、坚固的；"子孙以祭祀不辍"是说，它还是持久的。可见，这句话讲的重点在于，对于道要真修实干，只有真修才会真正得道、守道、行道，才会显现出利己利人利天下的真实绩效——德，才会被后人永远怀念。如果仅仅把道与德当作一种知识或谈资而不真修，即使口若悬河、著述等身，道也不会落到他的身上与他合一，那也是假的学道，不会得道用道，自然也不会建立真正利益众人的实际功绩。对于这种"口惠而实不至"的空谈者，不但大众不会感恩他，子孙也不会把他当回事。

所以，首段作为立意句，主要讲的是"修道要真修，才有实效"。

"修之于身，其德乃真；修之于家，其德乃余；修之于乡，其德乃长；修之于国，其德乃丰；修之于天下，其德乃普"。五个"之"，一说指代首段所讲的道理、原则（任继愈、张松如、陈鼓应等），即"不拔不脱之德"（赵又春），一说指代"道"（王蒙），一说指代"德"（高亨、张其成等），一说指代"道的原则"。长（cháng）：增长，丰富；还有人译为"尊崇""楷模"。蒋锡昌认为五个"德"字都同"得"。"修之于身"的意思是，不要修之于口、修之于脑，即不要把道当作知识记住就满足了，而是要作为行动指南和路线图而真修实干，只有真干才能使道上身，与道合一，此时"所得到的"才是真正、真实的"德"。因此，"修之于身，其德乃真"明确了"善建"一句的原因：正因为他真修道、修真道、真得道、得真道，所以才会使子子孙孙祭祀不绝。孔子的弟子子张也说："执德不弘，信道不笃，焉能为有？焉能为亡？"（《论语·微子》）

一个人，只有这样躬身实修，才能真正得道，或者说，他所得到的道才是真的；一家人如果这样真修实干，那么这个家庭所得到的德行就是惠及多人了；同样地，一乡的人实修，那么惠及的人就增加了；一国之人都实修，惠及的人就更多了；天下人都实修，那么道和德就普及全天下人了。韩非子在《解老篇》

中说："治邦者行此节，则乡之有德者益众，故曰'修之邦，其德乃丰'。"

"故以身观身，以家观家，以乡观乡，以国观国，以天下观天下。吾何以知天下然哉？以此"。此段讲修道的判断标准。对这段话的解释是个难点（刘笑敢）。有人将本段的"五观"译为："从我个人观照其他的个人，从我家观照其他人的家，……从我的天下观照其他的天下。"这种简单的"以己度人"显然不是老子的思想，而且古人是否有两个或多个"天下"的观念？如何以"我的天下"去观"其他天下"？这行得通吗？

前面两段的重点是修道、学道必须真修实干，坚决杜绝只学不做、三心二意的现象，反对把道和德作为知识来做谈资、谋私利。对于个人而言，真修实干就是"修之身"，所以要以"是否修之于身"作为检验个人修道的标准；同样地，以"是否修之于家"作为检验家庭修道的标准，以"是否修之于乡"作为检验一乡修道的标准，以"是否修之于国"作为检验一国修道的标准，以"是否修之于天下"作为检验天下人修道的标准。怎么知道天下人修道的实情呢？可以凭借这个方法去检验不同的人、家、乡、国。比如，用这个检验标准来评价某个家庭，就要看这家人是否对道和德真修实干。如果仅仅是口头夸耀，满口仁义道德，但是实际上坏事都快做遍了，那么这个家肯定不好；如果人家不怎么谈论什么道啊德啊的，但却心慈、简朴、谦卑，像水一样利益他人，那么这家人便是幸福的"道家"了。

苏辙认为："修身之至，以身观身，以家观家，以乡观乡，以邦观邦，皆吾之所及知也。然安知圣人以天下观天下，亦若吾之以身观身乎？岂身可以身观，而天下独不可以天下观乎？故曰：'吾何以知天下之然哉，以此。'"自身修道到了极致，即达到悟道、体道的境界，那么"以身观身，以家观家，以乡观乡，以邦观邦"，都是圣人能够办到的。然而怎样知道圣人"以天下观天下"如同"以身观身"呢？难道圣人能以身观身，对天下就不能以天下来观吗？就是说，人悟道之后，能与观察对象合一，也能与天下合一；合一之后，就像观察自己之身一样来观察天下了。这种考察方法或认识论的关键还是认识主体自身对道有真切的体悟。

【管理启示】

本章的管理思想可概括为有道管理者的客体思维。以道立身，以道立业，关键是做到与道合一，而与道合一也就是与天下万物合一，自然能从客体本身的角度去观察和了解客体，进而采取最有效果，也是最能成就对方的措施。用这种基于道的客体思维来建功立业（持道行事），这种功业就不会被废除，后人也会受到裨益，会感恩的。客体思维要求管理者必须真修实干，真正利益众人。如果拿着《道德经》夸夸其谈，不实修，不真干，就不会得道，连自己都利益不到，何谈利益众人呢？不能利益众人，怎能叫客体思维呢？

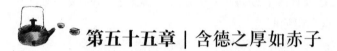

第五十五章 | 含德之厚如赤子

【原文】

含德之厚，比于赤子。蜂虿虺蛇不螫，猛兽不据，攫鸟不搏。骨弱筋柔而握固，未知牝牡之合而全作，精之至也；终日号而不嗄，和之至也。

知和曰常，知常曰明。益生曰祥，心使气曰强。物壮则老，谓之不道，不道早已。

【译文】

含德深厚的人，比得上初生的婴儿。蜂蝎毒蛇不叮咬他，猛兽不抓他，凶鸟不扑击他。他筋骨柔弱拳头却握得很牢固，他还不知道男女交合但小生殖器却自动勃起，这是精气充足的缘故；他整天号哭，但是他的喉咙却不会沙哑，这是元气淳和的缘故。

知道阴阳调和就了解了常道，知晓常道乃是明达。刻意增益生命就会有灾殃，欲念主使精气就是逞强。刚到壮年就很快衰老，这是因为不合道，不合道很快就会死亡。

【详解】

本章以婴儿为喻，说明合道乃是人生的最佳状态。全章可分为两段。

第一段提出了著名的赤子之喻。"含德之厚，比于赤子。蜂虿虺蛇不螫，猛兽不据，攫鸟不搏。骨弱筋柔而握固，未知牝牡之合而全作，精之至也；终日号而不嗄，和之至也"。赤子：初生的婴儿。虿（chài），是蝎类爬虫的古称。虺（huǐ）：一种毒蛇。螫（shì）：毒刺伤人。据：兽类用爪抓取。攫（jué）：抓。全，同"朘"（zuī），指男性的外生殖器。嗄（shà）：哑。婴儿本来是最脆弱的，但蜂蝎毒蛇不咬他，凶鸟猛兽不攻击他，这是由于拥有厚德（处于无为、无害的状态）而不会触犯外部力量，还能得到悉心保护；小手紧握、哭不哑等，表明婴儿在精气、气血方面是最和谐、最充盈的状态，体内中和之气充盈，能够茁壮成长。

王弼说："赤子，无求无欲，不犯众物，故毒螫之物无犯于人也。含德之厚者，不犯于物，故无物以损其全也。以柔弱之故，故握能周固。作，长也。无物以损其身，故能全长也。含德之厚者，无物可以损其德、渝其真。柔弱不争而不摧折，皆若此也。"有道之人，无欲无求，不会侵害任何外界事物，因而也不会受到伤害。虽然老子以赤子喻道，但是这只能比喻道的本体，而不能形容道的效用。道与道者在本体上是无欲无求的，这一点很像赤子；但是赤子在独自面对猛虎毒蛇时是毫无自保能力的，这一点与道的无与伦比的力量是截然不同的。苏辙说："老子之言道德，每以婴儿况之者，皆言其体而已，未及其用也。夫婴儿泊然无欲，其体则至矣，然而物来而不知应，故未可以言用也。道无形体，物莫得而见之也，况可得而伤之乎？"又说："人之所以至于有形者，由其有心也。故有心而后有形，有形而后有敌，敌立而伤之者至矣。无心之人，物无与敌者，而曷由伤之？夫赤子所以至此者，唯无心也。"

人不可能停留在婴儿时期，所以，无欲无求的赤子状态是难以保持的。成年人有了情感、知识和理性，那就面临着如何选择自己的生命模式和心智模式的问题。下面讲的就是这个问题。

第二段包含四句话。**"知和曰常，知常曰明"**。"和"指阴阳调和的状态，也指醇和之气。"知和曰常"，竹简本和帛书甲本均为"和曰常"。曰：是，用法如第十六章。了知阴阳调和之理也就知道了恒常之道；能够了知恒常之道，才称得上是明达智慧。第十六章有"复命曰常，知常曰明"之说，本章则将"和"纳入常道之中。所谓"和实生物，同则不继"（《国语·郑语》），是说阴阳平衡、和谐才能使生命得以存在、成长。

"益生曰祥，心使气曰强"。益生：纵欲贪生，贪求生活享受。祥：妖祥，这里是灾祸、不吉的意思。与婴儿不同的是，成年人往往企图违逆自然规律而纵欲贪生，这是引起灾祸的预兆；还经常以欲念主使精气，即行为任凭欲念的驱使，纵情享乐，强作妄为，这是一种逞强，也同样是一种凶兆，因为这就破坏了生命的平衡。

"物壮则老，谓之不道，不道早已"。此句又见三十章，这里加以强调。壮，即取强。人的生命也好，事业也好，一旦强作妄为，就会走向衰落，这确实不合于道；不合道的事物会过早地衰亡。前一段的"益生""心使气"都是"壮"的表现，其性质是"不道"，其结果就是过早地衰败。而那些保持无为、合于大道的人，不但事业上"天下乐推而不厌"，而且自己生命质量很高，不但逍遥自在，而且寿命很长；不但长生久视，而且死而不亡。

【管理启示】

一个组织在成长、演化过程中，也要讲求"养生"。一般而言，组织在创业初始阶段，风清气正，上下一心，斗志昂扬，奋勇拼搏，生产切合市场需求的产品，组织会健康发展。但是，在步入成熟阶段之后，很多组织就迅速出现老化现象，例如，官僚风气严重、决策脱离现实、领导与成员关系紧张、内斗或内耗激烈，等等，这就是"物壮则老，谓之不道，不道早已"。

为什么很多组织会"物壮则老"呢？根据老子的思想，根本原因在于管理者容易被权势和成功所迷惑，其欲望会被无限放大，进而一味求快、求多、求效率，破坏组织运营的平衡与"和气"，迅速导致阶层分化和严重的对立。老子提出的解决方案重在领导层的自觉，即遏制、把控自己的欲望，实行无为而治。老子给高层管理者提出了一个无法回避的选择题：是做一个能使多方共赢的"圣贤"，还是做葬送自己和组织未来的"盗夸"？本章体现了老子的深刻洞察力和老子思想的历史穿透力，值得后人深思。

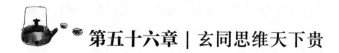

第五十六章 | 玄同思维天下贵

【原文】

知者不言，言者不知。

塞其兑，闭其门，挫其锐，解其纷，和其光，同其尘，是谓玄同。

故不可得而亲，不可得而疏；不可得而利，不可得而害；不可得而贵，不可得而贱。故为天下贵。

【译文】

有智慧的人不多言说，多话的就没有智慧。

塞住嗜欲的孔窍，闭起嗜欲的门径，不露锋芒，消解纷扰，含敛光耀，混同尘世，这就是"玄同"的境界。

因此，人们不可能亲近他，也不可能疏远他；不可能因他而获利，也不可能因他而受到损害；不可能因他而高贵，也不可能因他而卑贱。（他就这样对任何人都一视同仁，）因此他是天下最可贵的人。

【详解】

本章讲修德的方法，提出了"玄同"的概念。全章可分为三段。

"知（zhì）者不言，言者不知（zhì）"。竹简本这两句作"智之者弗言，言之者弗智"，"知"同"智"。道可道，非常道；名可名，非常名。知"道"的人不一定想说，而言说"道"的人不一定能知"道"。因为语言总是"分别心"的表征，而道的智慧是没有分别的。对于知"道"的领导者而言，他们很清楚管理之道和领导之道，所以不会夸夸其谈，也不经常发号施令；而那些试图通过高谈阔论来显耀自己的领导者恰恰是无知、愚笨的。这种知"道"的领导者才是真正高明和睿智的领导者，即智慧型领导。

那么，智慧领导究竟是怎样施治的呢？

"塞（sè）其兑，闭其门，挫其锐，解其纷，和其光，同其尘，是谓玄同"。头两句在第五十二章出现过，后四句在第四章出现过，本章将其命名为"玄同"。老子用"玄"形容最高、最妙境界，与第五十一章说的"玄德"的"玄"一样，指的是"道"的境界。

"玄同"分为两个层面：一是对内部的"玄同"，通过关闭自己嗜欲的门户而达到，其本质是把控和管理好自己的欲望，使自己同于"道"，这是最关键的环节；二是对外部的"玄同"，通过消磨锋芒、消解繁杂、调和光芒、混同尘土，以同于世间万物，使道在领导施治中发挥效用。"玄同"的基本特征是消除了"分别"，进行彻底的一体化、整体化处理，其结果是在管理中能避免伤人和自伤，不但保全了自己，还保全了别人，更保全了组织原本自然良好的氛围和正常的运作机制，从而实现无为而治。

在现实组织中，很多领导者为了显示自己的权威和存在，往往成为说话最多、声音最高的人，而且无论大事小情，总是喜欢拍板，好像不如此就显示不出自己是个领导；这样一来，员工自然地就会少说话、不说话，组织沉默、官僚主义、创造性和主动性下降等非常消极的现象就自然形成了。领导者为什么会这样呢？原因就在于他们的欲望在不断地膨胀，而他们又难以克制自己的欲望，这固然是人的本性使然，但也与他们不知"道"有关。所以，老子提出，知"道"的领导者才是真正高明的智慧型领导者，他们就像深沉的大海一样深不可测、不露锋芒（"挫其锐，解其纷"），他们看似普通、随大流而决不追求个性（"和其光，同其尘"），因为他们能够控制自己的欲望，堵塞自己嗜欲的孔、关闭嗜欲的门，也就是"塞其兑，闭其门"。只有智慧型领导才可能达到这种"玄同"境界。

"故不可得而亲，不可得而疏；不可得而利，不可得而害；不可得而贵，不可得而贱"。这段话是说，玄同的境界超出了亲疏、利害、贵贱的世俗区别，所以为天下人所尊重。但是，现代译文多有不同，主要是人们对"不可得"的理解有差异。"不可得"的主语是"众人"而非"圣人"，宾语则相反。头句话的意思是，众人不可能被圣人亲近，也不可能被他疏远，因为达到"玄同"境界的圣人对所有人都是一视同仁的。后两组分句与此同理。

王弼说："可得而亲，则可得而疏也。可得而利，则可得而害也。可得而贵，则可得而贱也。故为天下贵，无物可以加之也。"意思是，可以被亲近，就可能被疏远；可以获得利益，就可能受到损害；可以被当作高贵，就可能被看作低贱。天下最高贵的人，是没有什么事物能够影响他的。

苏辙进一步解释道："可得而亲则亦可得而疏，可得而利则亦可得而害，可得而贵则亦可得而贱。体道者均覆万物，而孰为亲疏？等观逆顺，而孰为利害？不知荣辱，而孰为贵贱？情计之所不及，此所以为天下贵也。"体会了道的领导者对万物一视同仁，就没有亲近疏远的分别；顺境逆境都一样看待，对获利、受损就不去区分；不去思考荣誉和耻辱，心里也就没有高贵、卑贱的区别。对于这样的人，不能拿人之常情去衡量他，所以才被天下人敬重。就是说，平常人总是有远近、亲疏、利害的分别，只有有道的领导者才能超越平常人的心态和做法，使众人不再担心自己被冷落、被算计、被损害，因此才会自然获得众人的信任和尊重。

【管理启示】

本章阐述了智慧型领导者所具备的玄同思维。这一思维方式使领导者对"顺逆""是非""亲疏""利害""贵贱"等价值观念产生更高的、超越性的认识境界。玄同不是不分是非，而是对俗常是非观念的超越，能从长远和整体上看到万物无善恶、事情无成败、人间无对立、利益无你我，有的只是不同能量之间的转化，能因势利导，合二为一，和合共赢，命运共同。领导者在玄同思维的指引下，在人生得意时应该低调，学会蓄能；在不顺利时别着急，要庆幸自己遇到了更新自己的机会；接触不同类型的人，要学会找双方的共同点；面对批评自己的人，要明白批评者是帮自己查漏补缺的贵人。如此这般，领导者才可以顺不狂、逆不馁，不排异己，悦纳谏言，破除对立冲突，达到和谐统一的玄同境界。

具有玄同思维的领导者不分亲、疏，不分利、害，不分贵、贱，对任何人都一视同仁，人们也就不会担心在他的领导之下自己吃亏，就会各自放心地自然而然地生活、工作、创造，发挥各自的天赋才华，实现各自的价值，以至于"功成事遂，百姓皆谓'我自然'"。因此，这种智慧型领导者是最可贵的人。当然，由于施行了无为而治，这种领导者并不希望得到天下人的赞美和尊重，很可能"下知有之"甚至"不知有之"（见第十七章），正因为这样，他们才更加可贵。

第五十七章 | 常以无事取天下

【原文】

以正治国，以奇用兵，以无事取天下。

吾何以知其然哉？以此：天下多忌讳，而民弥贫；民多利器，国家滋昏；人多伎（jì）巧，奇物滋起；法令滋彰，盗贼多有。

故圣人云："我无为而民自化，我好静而民自正，我无事而民自富，我无欲而民自朴。"

【译文】

以正规方法治理国家，以奇术用兵作战，以不搅扰民众来取得天下。

我怎么知道是这样的呢？从下面的这些事端上可以看出：天下的禁忌越多，民众越陷于贫困；人间的利器越多，国家越陷于混乱；人们的技巧越多，邪僻的事物就层出不穷；法令越森严，盗贼反而不断地增加。

所以圣人说："我无为，民众就自我化育；我好静，民众就自然上轨道；我不搅扰，民众就自然富足；我没有贪欲，民众就自然朴实。"

【详解】

这一章通过比较的方法阐述实行无为而治的理由与原则，可分为三段。

"以正治国，以奇用兵，以无事取天下"。这是本章的立意句，重点是第三句。有人认为，"正"指的是清静之道，这是老子的治国方略，如第四十五章说："清静为天下正。"但是，根据王弼、苏辙、高亨、吴澄等学者的观点，"以无事取天下"才是老子的治国方略，从老子的思想体系来看，这应该更接近老子的本意。"正"与"奇"相对。"以奇用兵"是说打仗靠出奇制胜，"奇"是不守常规、出人意料，让敌方无所防备，措手不及；"正"则是指常理、通则；也通"政"，指的是公开、公正的行政施治工具与方式。"以正治国"是说，国家通过建立正式的管理机构、公开颁布政策法令、任命各级管理者等举措来进行公共治理。

"以正治国"不同于"以道治国"。王弼说："以道治国则国平，以正治国则奇兵起也""以道治国，崇本以息末；以正治国，立辟以攻末""以正治国，则不足以取天下"。可见，"以正治国"虽然有其必要性，能够达到维持统治的效果，但不能获取天下人之心。正如第五十八章所讲的，"正复为奇，善复为妖"，"以正治国"存在着向相反方向转化的隐患，如演变为以权威、刑法等强制手段来解决表面、具体的问题，民心也就不可能真正安定、满足，进而会出现各种乱子，因而难以长治久安。

"以无事取天下"即为"以道治天下"。"治"与"取"相比，有通过人为干预使民众有所改变的意味，而"取"则是完整获取。"天下"一词强调天下人心而不是"国"这种人为的组织形式。"以无事取天下"是说，用清静无为的方式（如减少行政影响和法律惩治）能普遍而完整地取得天下民心，从而能使天下长治久安。第四十八章说："取天下常以无事，及其有事，不足以取天下。"苏辙也说："故以治国为正，以用兵为奇。虽然，此亦未足以取天下。天下神器不可为也，为者败之，执者失之。唯体道者，廓然无事，虽不取天下而天下归之矣。人王多忌讳，下情不上达，则民贫而无告。"

首段意在说明，"以道治国"能够达到"以无事取天下"的最佳效果，"以正治国"等而下之，"以奇用兵"则不得已而为之。

"吾何以知其然哉？以此：天下多忌讳，而民弥贫；民多利器，国家滋昏；人多伎巧，奇物滋起；法令滋彰，盗贼多有"。滋，更加。伎，jì，同"技"。奇物，邪僻之事。彰，明白、清楚。这一段话对"以正治国"不如"以道治国"（"以无事取天下"）的原因加以解释，老子在这里所列举的四条弊端都是"以正治国"的次生问题。我们需要理解其中的作用发生机理。

为什么"天下多忌讳，而民弥贫"呢？有些忌讳是为了维护某种秩序的，如为尊者讳；有些忌讳为了让人们"趋吉避凶"的，如某些日子不能出行、不能动土。忌讳总是有理由的，但是如果忌讳多了，人们一不小心就犯了哪条忌讳，动辄得咎，就会消极起来，无法发挥主动性和积极性，从而陷于贫困。王弼的说法是，很多忌讳本来是让人们好的，但搞得多了反而使百姓更加贫困（"多忌讳欲以耻贫，而民弥贫"）。

为什么"民多利器，国家滋昏"？利器，今人多译为"武器"，而王弼说"利器，凡所以利己之器也"，苏辙说"利器，权谋也"，可见，利器指所有为己谋利的工具和方法，包含武器、权力、权谋等。苏辙接着说："民多权谋，则其上眩而昏矣。"意思是，百姓如果都私欲膨胀，拥有能使个人利益最大化的各种手段和工具，其中不乏勾心斗角、勾结行贿、构陷营害、拉帮结派、铤而走险、持用凶器等行为，统治者防不胜防，或被迷惑，或被拉下水，或严厉镇压，或出各种昏招，国家就会走向混乱、衰弱。

为什么"人多伎巧，奇物滋起"？人们不安心于本业，而是把聪明才智用于刺激和满足物欲，致力于奇技淫巧（新奇的技艺和作品），那么就会使邪风怪事和邪僻之物层出不穷。对此，苏辙说，"人不务本业而趋末技，则非常无益之物作矣"；王弼则说，"民多智慧，则巧伪生；巧伪生，则邪事起"。例如，发达的科技所带来的超级武器、克隆等已经给人类的未来带来了无法估量的隐患。

至于"法令滋彰，盗贼多有"，苏辙解释道："患人之诈伪，而多为法令以胜之，民无所措手足，则日入于盗贼矣。"意思是，为了避免百姓的奸诈虚伪，统治者多设置法令来压制，百姓手足无措，就只好去犯罪了。

以上四种弊病，都是舍弃根本而专注末事才导致的结果。这四个问题也存在一定的关联性：统治者越贪婪妄为，天下的禁忌就会越多；天下的禁忌越多，民众的生活就会越贫困；民众生活贫困，就容易惹是生非，天下就会发生逆乱；民众逆乱，国家就会陷入混乱的状态；国家混乱，民众的机巧心智就会越来越多，邪风怪事也就更加盛行了；邪风怪事盛行，法令条文就会越来越森严，盗贼也就更加猖獗。

"故圣人云：'我无为而民自化，我好静而民自正，我无事而民自富，我无欲而民自朴。'" 基于前述，圣人总结说："我无为，民众就会自然归顺和归化于我；我谦下守静，民众自然会走上正道；我不折腾民众，他们就会自找出路致富；我自觉守本分去贪心，民众就自然不求虚浮，保住真朴本性。"这四条都是"以无事取天下"的具体体现，也是无为而治的基本原则。其中的关键乃是领导者自己如何安排、管理自己的欲望和行为。王弼指出："上之所欲，民从之速也。"领导者体现出什么欲求，百姓都会马上跟从、仿效。如果领导者"所欲唯无欲"，即所想要的只是没有欲望，那么百姓也会跟着没有欲望而自然达到朴素、简单。上面四种情况也是"崇本以息末"的基本举措。

【管理启示】

在现代企业的管理实践中，"以正治国""以奇用兵""以无事取天下"并不互相排斥，而是可以互相补充的，但应以"正"为组织管理的基础，以"奇"为例外管理和应对竞争的战术原则，而以"无事"为指引领导升级的路标和提高领导质量的标准。对于大中型企业而言，"正"指的是公开公平公正的组织机制、制度和文化；"奇"则在具体运营中应对异质性的、非常规的事务，这些事务要用特殊的方法来处理。"正"是基础，"奇"是手段，而"四我"则是取得人心的根本原则，即"以无事取天下"。领导者的"无事"绝非无所事事、放任不管，而要以自己的清静无为使下有为。在企业内部，只有在风清气正的组织文化的指引下，领导者通过处无为之事、行不言之教，时刻注意自己所产生的示范效应，构建和维护公正公平的晋升赏罚制度，员工才能自然而然地发挥个人的积极性和创造性，组织才能获得持久的良性发展。

第五十八章 | 福祸辩证须用道

【原文】

其政闷闷，其民淳淳；其政察察，其民缺缺。

祸兮福之所倚，福兮祸之所伏。孰知其极？其无正。正复为奇，善复为妖。人之迷，其日固久。

是以圣人方而不割，廉而不刿，直而不肆，光而不耀。

【译文】

政治宽厚，民众就淳朴；政治严苛，民众就狡黠。

灾祸啊，幸福倚傍在它里面；幸福啊，灾祸藏伏在它之中。谁能知道福祸互相转化的究竟呢？因为它们并没有一个定准！正忽而转变为邪，善忽而转变为恶。这是常人的难解之谜，已经非常久远了。

因而有道的人方正而不伤人，清廉而不生硬，直率而不放肆，光亮而不刺目。

【详解】

这一章从正反两面的对立与转化，讲到君主要坚守中道原则，以免因"福"得"祸"。全章分为三段。

"其政闷闷，其民淳淳；其政察察，其民缺缺"。闷（mèn）闷：昏浊，不清楚，有宽厚之义，与"察察"相对。察察：精于计算，有严厉、苛刻之义。缺缺：狡黠（高亨认为其义同"狯"）、不满足之义。在第二十章中，"俗人察察，我独闷闷"讲的是俗人和圣人的区别，本段则用同样的词语阐明"以正治国"（有为之治）和"以道治国"（无为之治）的鲜明差别。在常人的眼中，"闷闷"是一种傻乎乎的样子，不受人待见；而"察察"则是精明、会算计、很能干的样子，对此几乎人人都加以赞许。老子指出，统治者如果为政很宽厚甚至昏昧粗朴，百姓不但不会乘机生非作乱，反而纯厚知足，国家风清气正；与此相反，统治者如果为政精明、细察以至于苛刻、严酷，什么都逃不过他们的法眼，这反而会刺激百姓的私欲，使其精于算计，当他们的欲望得不到满足的时候，就会狡诈难治，甚至发生逆乱。第六十五章有进一步的阐述："古之善为道者，非以明民，将以愚之。民之难治，以其智多。故以智治国，国之贼；不以智治国，国之福。"可见，在为政这件事上，什么是好，什么是坏？如何评价呢？能进行静态的、绝对的评价吗？

老子对上述现象发出了哲人的感叹："**祸兮福之所倚，福兮祸之所伏**。"福祸之间存在相根相依、互相转化的规律。对于统治者而言，"无为而治"的"其政闷闷"看似冒傻气、让人看不起，自己也看似平淡、不荣光，好像是"祸"；但"其民淳淳"就是自己的"福"；而"有为之治"的"其政察察"会让人畏惧，自己也会觉得了不起，觉得一切都在自己掌控之中，可以随意把玩，快意恩仇，特别荣光，好像是在享福；但是"其民缺缺"，百姓一万个不愉快，或怀异心，或奔他乡，这不就是自己的"祸"么？老子接着自问自答："**孰知其极？其无正**。"极，终点、究竟之义。正，指的是标准，确定的认知。这些福祸之间的转化交织，何时是个头呢？谁能解释得清楚呢？实际上，对此从来没有一个明确的解释，因为这些变化本身就是不确定的。进而言之，"**正复（反而）为奇，善复为妖（邪恶）。人之迷，其日固（已经）久**"。复：反而。妖：邪恶。固：已经。人们本想走正道，结果反而上了邪路；自以为存好心办好事反而受到不好的报应，为什么会这样？这确实是人们的难解之谜，而且自古以来，人们惑于其中已经太久了，至今未能获解。从历史和全局上看，正变奇，奇又变正；善变恶，恶又变善，不断往复，纷繁复杂，没有尽头。人们迷于其中，随波逐流，一群又一群，一代又一代，长久以来，一直如此，有几个是清醒的呢？

苏辙说，世人不能领悟道，也就看不到事物发展的全局和根本，反而以为听到的、看到的就是事物的全部。当他们自以为享福的时候，并不知道祸患就在其中潜伏。当他们自以为行善的时候，不知道邪恶正在其中萌发。常人仅仅满足于对事物表象的观察、分辨和区别，还以为自己很聪明，其实他们根本没有发觉那是对事物本质的歪曲。这不是很可悲吗？①

"是以圣人方而不割，廉而不刿，直而不肆，光而不耀"。刿：guì，割伤。这是本章的落脚点，也是老子为统治者提出的合于道的施政原则。圣人知道仅仅通过表象和局部是不能完全了解事物的，所以他们为人处世、为政施治总是基于事物的全局、根本和长远，也就是以道为本。圣人知道方正、清廉、公直、光明是有利于百姓和天下的，但也非常清楚地知道，方正容易伤人，清廉显得生硬，正直坦率让人感觉是放肆，正大光明让人们觉得耀眼，因此圣人内用方、廉、直、光而外示昏昏、闷闷，力求避免其副作用。再好的施政策略也会产生某些消极作用，人们会因反感其一点而否定好政策本身，甚至会因此反对整个施政系统。苏辙深刻地指出："（圣人）虽能方、能廉、能直、能光，而不用其能。恐其陷于一偏而不反也。"

【管理启示】

管理者要有福祸奇正辩证思维，这关系到自身与组织的成败。管理中福祸、奇正的转换，原因是多方面的，但根本原因在于管理者的价值观。正如习近平所指出的："价值观是人生的第一粒扣子，如果第一粒扣子系错了，下面就全错了。"管理者如果汲汲于自我利益，那么其不仅不会真正利益别人，还有从别人那里获取利益的内在动机或倾向，以使自我利益最大化，这就让别人有压力、提防和反抗；如果人人以自我为中心，那么大家就会互相提防、竞争、倾轧、争斗，失势者隐忍待机，成功者患得患失。一些人即使暂时打败别人、使人臣服，但是每个人所处的具体条件和时势不会静止不变，而是不断变迁的，所以胜利和失败都是暂时的，成败变换如白云苍狗，分合不定；职场万事皆阴阳互

---

① 原文：若夫世人不知道之全体，以耳目之所知为至。彼方且自以为福，而不知祸之伏于后。方且自以为善，而不知妖之起于中。区区以察为明，至于察甚伤物，而不悟其非也。可不哀哉！知小察之不能尽物，是以虽能方、能廉、能直、能光，而不用其能。恐其陷于一偏而不反也。（苏辙：《老子解》）

根，福祸相依，如此迁流不止。但具体何时成功、获福，何时失败、罹难，这是很难预料的。老子总是强调得势的领导者要见素抱朴、少私寡欲，主张无为而治，其中隐含一个告诫：领导者的价值观和思维方式在很大程度上影响管理中的祸福转变，只有动机纯正，不为己，不作恶，全心全意为民众服务，同时有智慧地采取适当的行动，把不利因素和消极影响转为"道用"，才可能趋吉避凶，远祸得福。管理者若自己能心性合道，行为遵道，那么结果必然"得福"。人有本事才能发光；有大本事，才能发出明亮的大光；有本事又能遵道，才能光亮而不耀眼。

赵又春认为，管理者在施政方面如果能够做到以下四条，那么就合道了：制定公正的政策法令要务求不伤害民众（大制不割，方而不割），管理过程严正、公廉，但不至于让民众受不了（廉而不刿），施治方法即使直接管用但不会滥用（直而不肆），确实收效明显但不会同时产生不良的副作用（光而不耀）。

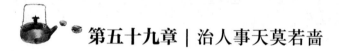

第五十九章 | 治人事天莫若啬

【原文】

治人事天莫若啬。

夫唯啬，是谓早服；早服谓之重积德。重积德则无不克；无不克则莫知其极；莫知其极，可以有国；有国之母，可以长久。

是谓深根固柢，长生久视之道。

【译文】

对于治国理政和侍奉上天，没有比俭约更重要的了。

只有做到俭约，才可以说是早行道；早行道可以说是（在民心、天意方面有了）双重而长久的收获。（君主）能拥有这样双重而长久的收获，做事就没有不成功的；做事无不成功，人们就无法估量他（的力量和功业）；人们无法估量他，他就可以保有国家；保有国家的根本，就可以长治久安。

以上是夯实统治基础、进而持久保有君位的道理。

【详解】

本章提出以啬（俭）治国的主张，历来注解分歧很大；可分为三段。

"治人事天莫若啬" 是立意句。"治人"即治民、治国；"事天"就是遵天意，承天命，行天道，侍奉上天。古代能"治人事天"的是统治者，即"天子"和国君。古代统治者的使命就是"上承天命，下绥百姓"（王弼，傅佩荣）。此外，高亨等认为，"事，治也"；"天，身也"；"事天"乃是"治身"（严灵峰谓之"保养天赋"即"摄生"），"啬以治人则民不劳，啬以治身则精不亏"。今人多从高注。从《道德经》的整体思想和本书的管理视角出发，我们从王弼等的注解。

啬，古棣认为其含义与"俭"一致，如第六十七章："我有三宝，持而保之。一曰慈，二曰俭……俭，故能广。"苏辙认为："唯圣人方而不割，廉而不刿，直而不肆，光而不耀，此谓啬也。夫啬者，有而不用者也。"《韩非子·解老》认为："圣人之用神也静，静则少费，少费之谓啬。啬之谓术也，生于道理。"可见，"啬"是圣人将"不欲""致虚极，守静笃"的内在境界外化为治国事天的基本原则，具有多层次的含义：在个体精神层面，见素抱朴，少私寡欲，内敛不盈；在生活层面，知足、简约、俭朴，不铺张浪费、挥霍奢华；在施政层面，少发政令，厚藏根基，无为不争。也就是说，"'啬'是达到清静空虚之'道'的最佳途径"（张其成）。韩非所说的"少费"和苏辙所说的"有而不用"，不是指向别人的"吝啬"，而是指向自己的"修炼"。统治者如果做到了唯道是守、守道不失、与道为一，自然就不会向外驰求，也就没有炫耀、奢华的必要了。

春秋时期的统治者已经出现穷奢极欲、挥霍无度的现象，而老子在这里明确提出一个相反的主张，作为对统治者的忠告：治民和事天的最佳方式与根本原则就是"啬"。具体地，治民要爱惜民财，为政简约，使百姓休养生息、自然发展；事天要爱惜物力和生命，不能挥霍、滥杀，因为古人认为上天有好生之德。"治人事天"的隐含意思是得到百姓的拥戴和"天命"的眷顾，这也是古代那些有抱负的统治者梦寐以求的统治基础。"莫若啬"是说，"治人事天"的具体措施有多种，但最佳的方法是"啬"。

"夫唯啬，是谓早服；早服谓之重（chóng）积德。重积德则无不克；无不克则莫知其极；莫知其极，可以有国；有国之母，可以长久"。"是谓"，帛书本和傅奕本皆为"是以"。早，竹简本、帛书乙本与《韩非子·解老》皆为"蚤"；古文中"蚤"常通"早"。任继愈、陈鼓应等认为，服，通"备"；早服，早作准备。前三句译为："爱惜精力，乃是早作准备；早作准备就是不断的积德。"司马光、朱熹皆以"不远而复"解"服"，俞樾等认为"服"应作"复"，此说今人多不用。韩非子、高亨、汤漳平、齐善鸿等认为"服"乃"从事""服事""服从"之义。高亨还说："窃疑'服'下当有'道'字，'服道'即第二十三章所云'从事于道'之意也。"朱谦之等认同此说。《韩非子·解老》解释了"啬"与"蚤服"的关系机理："夫能啬也，是从于道而服于理者也。众人离于患，陷于祸，犹未知退而不服从道理。圣人虽未见祸患之形，虚无服从于道理，以称蚤服。故曰：夫谓啬，是以蚤服。"可见，"早复"是说"及早依行无为之道"，如果祸患已现，再想起"道"来就不免为时已晚了。

接下来的问题是，"早服"为什么"谓之重积德"？"积德"，现代学者一般直接沿用其现代语义而不加解释。那么，老子所讲的"积德"是否就是现代语境的"积德"呢？《道德经》中其他章节并没有这一说法，反而有"上德不德""绝仁弃义"等著名命题，可见"老子无意推广'德行'（仁义）"（傅佩荣）。在儒家思想中，"德"与"积德"被作为君主为政的基础，如《左传·襄公二十四年·传》："德，国家之基也。"《孔子家语》："德，政之始也。"结合本章首句提出的"治人""事天"，"重积德"可解读为"在民心、天意两方面的长久积累与获得"。其中，"重"（chóng）意为"两方面"；"积"，长久积累；"德"同"得"，又见《广雅·释诂三》："德，得也。"统治者因为自身厉行俭约而尽早地践行了"道"，这种"早服"就能尽早地得民心、合天意；在民心与天意两方面长久地积累，这可说是双重的积累之得（德）。

接下来，"重积德则无不克"是说，"重积德"意味着既得到百姓的拥护又得到上天的支持，因此办事没有不顺利、不成功的（克，成功）。"无不克则莫知其极"是说，既然办事无不顺利成功，那么他的事业就没有极限也无法估量（极，尽头、极限）。"莫知其极，可以有国"是说，"无不克"并且"莫知其极"的人自然在德行、能力、功业和资历各方面是别人无法企及的，这样的人才能拥有国家、做一国之主（有，拥有、专有）。"有国之母，可以长久"，"母"，喻指根源、基础。"守啬"乃是长久"有国"的根基，不能"守啬"会使天怒人怨，也就失去了"有国"的根基。

这一段揭示了从"啬"到"早服"（尊道行道），到"重积德"（获得人、天的支持），直到"无不克""莫知其极""有国""长久"之间的因果逻辑链条。在这条因果链上，初始原因是"啬"，老子将它提到"有国之母"这一关键位置上。

本章最后再次强调了"啬"对统治者的重大价值：**"是谓深根固柢，长生久视之道。"**"视"是治理、处理之义，又见《左传·襄公二十五年》的"崔子称疾，不视事"；其宾语自是"政事"。"久视"是说"长保君位"。"生"既有"生命存续"之义，也有"君位继承"之义，如《公羊传·庄公三十二年》中"鲁一生一及，君已知之矣"。何休注："父死子继曰生，兄死弟继曰及。""长生"与"久视"并言，是指君位可以世代相传（赵又春）。结合河上公等历代学者秉持的"养生解老说"和汉语语境，我们认为"长生久视"包含两层意思：一是君主个人生命的延长，二是君主政治生命的代际持久存续。

本段强调了君主守啬的重大价值："有国"的原因在于能够坚守"啬（俭约）"原则，对这一原则如果能够长久持守，就会使君民一心、天人合一，即能够获得民众和上天的支持，而这正是统治地位得以稳固的基础；夯实"人""天"这两个基础，就是深根固柢之道；统治基础牢靠了，才能确保君位世代相传、持续君临天下，同时也能使君主个人生命质量得到提升。

【 管理启示 】

本章提出了比较独特的"啬式"治理因果观："啬"为因，"长生久视"为果。从逻辑上，"守啬"是获取民心与天意的因，民心天意即"重积德"是造就广大无尽的功业的因；民心、天意、广大功业则是统治基础即"深根固柢"的因，"深根固柢"则是永保君位、长治久安即"长生久视"的因。

啬有着丰富的含义，生活简约仅仅是其中一个要素，更重要的是心智淳朴、行为简约。《韩非子·解老》说："啬之谓术也生于道理。"啬来源于道。道本管理者作为道的化身，其心灵力量极其强大，不但少私寡欲，虚极静笃，空如橐龠；还心细如丝，智慧如海，洞察一切，而又单纯如婴儿。他（们）广有天下，甚至富可敌国，但生活非常简单；对自己很吝啬，对众生却很慷慨；对悖道离德的人和事很吝啬，对合道合德的人和事却倾力相助；他们言语不多，但时时处处都行不言之教；他们看起来没有什么举动，但在幕后做了大量的工作；他们自己似乎无为，却让众人大有作为。总之，他（们）对自己如同吝啬鬼，但在为人民服务方面不惜付出自己的一切，因为他（们）以百姓心为心而没有自私之心。

从老子思想体系来看，能做到守啬也是最难的，因为这意味着君主必须战胜自己的贪欲，必须时刻对自己进行省察，防微杜渐，这种"自知""自胜"意味着与自己人性中强大的贪欲做斗争。人最难战胜的是自己，因此很少有人能成为长久的胜利者。从这个角度而言，本章反复出现的"长久"乃是一种意味深长的劝勉。

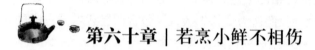

第六十章 | 若烹小鲜不相伤

【原文】

治大国若烹小鲜。

以道莅天下，其鬼不神。非其鬼不神，其神不伤人；非其神不伤人，圣人亦不伤人。

夫两不相伤，故德交归焉。

【译文】

治理大国如同煎小鱼。

用道治理天下，鬼就不显神通了。不是鬼没有神通，而是它的神通不伤人了；不是鬼的神通不能伤人，而是因为圣人也不伤人了。

鬼和君主都不伤人，所以他们的恩德就一并归于民众。

【详解】

本章是以烹小鱼为喻，说明实行无为而治的基本原则。

"治大国若烹小鲜"。这句举世闻名的话形象地概括了老子的治国方针。"小鲜"即小鱼小虾之类。烹小鱼要小心谨慎，不能翻来翻去，否则会将小鱼煎碎。烹煎小鱼喻指治理国家，强调统治者要因任自然。因任自然就是在为政时不要强加自己的主观意志，不折腾，不扰民，使百姓自用其才，各得其乐，功成事遂皆谓"我自然"。

"以道莅（lì）天下，其鬼不神。非其鬼不神，其神不伤人；非其神不伤人，圣人亦不伤人"。神，指的是鬼祟所具有的超验的力量和作用，即神力、神通。王弼说："以道莅天下，则其鬼不神也。神不害自然也。物守自然，则神无所加。神无所加，则不知神之为神也。"意思是，以道治理天下的时候，鬼祟就不显示神通了。鬼神是不会悖逆自然规律的，事物遵循自然规律，就不会受到神力的影响。人们感受不到鬼神力量的影响，就不知道有神存在。可见，如果一个组织、一个人是合道的，即清静自然，健康守正，那么其就充满了活力和朝气，从而难以发现"鬼祟"的踪影；反之，如果物欲横流，就会阴气凄迷，阴谋盛行，颓气充盈，那么"鬼祟"就会乘机来大显神通。

圣人在治理天下时，能够遵循大道，少私寡欲，以百姓心为心，不去干预也更不会侵凌、伤害百姓，因此，鬼祟就不会施展其神通或者有神通也发挥不出来，自然就无法伤人了（包括伤不到统治者）。简言之，只要统治者不伤害百姓，那么神鬼也就不去伤害包含统治者在内的所有人。这里隐含着如下思想：首先，如果统治者善待百姓，那么神鬼也就不伤害统治者；其次，如果统治者对百姓不好，就会引发百姓作乱，那么就会感召鬼祟来伤害统治者和所有作乱者；再次，终极原因在于"圣人不伤人"，圣人乃是一切好效应的"始因"；最后，由以上推论：统治者施行无为而治、做有道的圣人，才是天下大治、人鬼皆安的最佳路径。按照这个逻辑，在以道施治的前提下，鬼祟的神通并未丧失，而是它的神通不伤人了；实际上，也不是鬼祟的神通伤不了人，只不过因为圣人不伤百姓罢了。

"夫两不相伤，故德交归焉"。这是对上一段的总结，也明确了本章首句的喻义。"两不相伤"指的是鬼祟与人不相伤以及统治者与百姓不相伤。《韩非子·解老》指出："鬼祟也疾人之谓鬼伤人，人逐除之之谓人伤鬼也。民犯法令之谓民伤上，上刑戮民之谓上伤民。……上不与民相害，而鬼不与人相伤，故曰'两不相伤'。"这样，圣人和鬼祟都能实现各自的"德"，各得其所，各得其乐，而泽惠一并归于百姓。

【管理启示】

"治大国若烹小鲜"对古今中外的思想家、管理者特别是政治家都产生了深刻的启示和影响。这段话体现了老子"无为而治"的治理原则，是"道法自然"思想的发挥。老子以形象、简洁的语言揭示了治国理政的基本原则在于依道治理，充分发挥民众的天性和主动性；基本方针是清静无为，不扰害百姓；其前提和实施的关键是，执政者必须以人为本，胸怀宽广，谨慎认真，不能出于个人利益和主观意志而任加干预，更不能扰民。如果以个人的主观愿望朝令夕改、忽左忽右，百姓或员工就会无所适从，进而导致人心涣散、行为混乱，最终使组织动乱不安。这可以说是管理中的"市场机制"，其中也有"看不见的手"在起基础性作用。与经济学中的"市场机制"不同的是，道家管理思想强调管理者的"第一因"。管理中"烹小鲜"的第一因就是管理者，管理者是否把"小鱼小虾"翻过来调过去地炒，就看他是不是有智慧、是不是愿意了。

第六十一章 | 大者为下两相宜

【原文】

大国者下流，天下之交，天下之牝。牝常以静胜牡，以静为下。

故大国以下小国，则取小国；小国以下大国，则取大国。故或下以取，或下而取。大国不过欲兼畜人，小国不过欲入事人。

夫两者各得所欲，大者宜为下。

【译文】

大国要像大海那样处于江河的下游，为天下河流所归附，居于天下雌柔的位置。雌柔总是能以安静守定而胜过雄强，这是因为它安静而能谦下的缘故。

所以，大国对小国谦下，则能会聚小国；小国对大国谦下，则能见容于大国。所以，有的是靠谦下来取信，有的是因谦下而取信。大国不过是想聚养小国，小国不过是想依附大国。

这样大国小国都满足了各自的愿求，而大国更应该谦下。

【详解】

前几章讲内政，着重阐述对内的无为理念；这一章则是讲外交，强调谦下原则，这是对外的"无为而治"。全章分为三段。

第一段提出了**"大国者下流"**的命题。孟子曰"春秋无义战"，那时的诸侯国之间互相欺诈、倾轧、争战，百姓苦不堪言。面对这些乱象与灾难，老子提出"大国者下流"的主张。"下流"是指江河向下游流动，归于大海。大海之所以能够汇聚百川，就是因为它甘居下位，无所不容，所以才成就了自己的"大"。它的作为是合乎道德的，所以它能长久而广博。在老子看来，大国如果能像大海那样谦和、处下，那么国家就能太平，民众就能安定。"牝常以静胜牡"以雌性可以战胜雄性的道理来论证"大国者下流"的观点，并形象地解释了"什么是下""怎样下"的问题。王弼说："静而不求，物自归之也。以其静，故能为下也。牝，雌也。雄躁动贪欲，雌常以静，故能胜雄也。以其静复能为下，故物归之也。"就是说，宁静而无所追求（如大海），事物自然会来归附。心静，才能谦下；心躁，总觉得自己了不起，就很难真正做到谦下。雄性的特点是躁动不安，贪图欲望的满足，而雌性经常处于宁静、包容、不争的状态，所以能驾驭雄性。

第二段，**"故大国以下小国，则取小国；小国以下大国，则取大国。故或下以取，或下而取。大国不过欲兼畜（xù）人，小国不过欲入事人"**。四个"取"字都借为"聚"（陈鼓应），含有"取得信任"之义。这段话指出了建立和谐共存国际关系的准则：大国如果能做到低调、谦逊，就能取得小国的信任，即令小国来归附，这一取信方式就是"下以取"；小国如果能够低调、谦下，就能取得大国的信任和容纳，即见容于大国，也就是"下而取"。大国和小国都秉持真诚、谦和的态度，就会取得对方的信任与支持，而且各自都能得到益处。大国的目的是"欲兼畜人"，而不是蛮横地欺凌、兼并对方，那样会激起小国的反感、疏远和反抗；小国自然也知道自己的实力不够，所以最佳的外交原则就是依附于大国，但也要靠真诚与谦和的态度来获取大国的信任。

第三段，**"夫两者各得所欲，大者宜为下"**。老子洞察到了在国际关系、人际关系中秉持无为谦下原则的难度，所以强调"大者"的责任更大。"大者"就是实力较强的一方，老子认为"大者"必须主动"为下"、真诚"为下"、先一步"为下"。这是因为，实力较弱的"小者"数量较多，对"大者"自然具有警惕心、戒备心，担心自己被算计、被剥削、被吃掉，所以"大者"要先一步示好，而且十分谦逊、特别真诚，才能让"小者"放心、感动。所有老子强调"大者宜为下"；换言之，"大""小"之间关系处理得不好，"大者"要负更大的责任。

【管理启示】

"大者宜为下"而不是"大国宜为下"，有超越国际关系领域而通则化的意味。这样，本章的思想不仅属于国际关系的范畴，而且是对几乎所有的"大 VS 小"问题皆有启发意义。可以说，本章讲了不同规模、实力的组织之间、群体之间、个体之间的和谐相处之道：大的要宽容，礼贤下士，绥靖感召；小的更要处下、谦逊、礼让。谁这么做谁就拥有主动权，而大的应该首先"示下"与示信。

此外，现实的国际关系是动态的、复杂的，所谓的"大国""小国"之间存在着力量消长的趋势。传统大国与新兴大国被很多人认为是修昔底德式的对手关系，但实际上往往是被高科技武器所绑定的、如连体婴儿般的共生或共毁关系，即命运共同体关系。本章的启示是，大国不要总想着当老大，如果能主动放下妄念和身段，和谐相处，还能保持尊严和现实利益。大国和小国之间的和谐交往，前提是双方都要"懂事儿"、低调，即都要面向长远和全局、都要真诚谦和，如果任何一方是霸道的、虚伪的、朝秦暮楚的或阳奉阴违的，那么就会破坏统治者甚至国民之间那种微妙的心理平衡，激起屈辱感、争斗欲望或复仇意识，其结果是进入战乱不已的恶性循环，甚至走向共同毁灭。

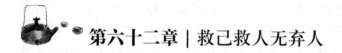

第六十二章 | 救己救人无弃人

【原文】

道者，万物之奥，善人之宝，不善人之所保。
美言可以市，尊行可以加人。人之不善，何弃之有！

故立天子，置三公，虽有拱璧以先驷马，不如坐进此道。

古之所以贵此道者何？不曰以求得，有罪以免邪？故为天下贵。

【译文】

道是万物的庇荫，是善人的珍宝，也是不善之人的保护者。

动听的言语能用来交易，可尊的行为能够影响人。对于不善之人怎么能嫌弃呢？

所以立位天子，设置三公，虽然有拱璧在先、驷马在后的献礼仪式，还不如把道来作为献礼。

古时候重视道的原因是什么呢？不就是因为求道可以得道，有罪也可以免除吗？所以道是天下最贵重的。

【详解】

第六十章讲以道施治的圣人"不伤人"，第六十一章把这种思想拓展到大国、小国间的关系处理之中，这一章则深化到"道"对人、特别是不善之人的重要价值。本章注解历来颇有分歧，这里分四段进行解读。

第一段提出**"道者，万物之奥，善人之宝，不善人之所保"**这一命题。奥，主宰者、庇护者，如王弼所注："奥，犹暖也，可得庇荫之辞"；一说为"藏"，如河上公注曰："奥，藏也。道为万物之藏，无所不容也。"道是万物（包括所有人）的庇荫，但是道与人们的具体关系有所不同。老子把人分为"善人"与"不善人"，道是"善人"的"珍宝"，意思是，"善人"会像对待宝贝一样自觉地珍惜、遵行"道"；对于"不善人"，道是他们的"所保"，即保护者。这里的"善人"不是一般意义上的"好人""有德之人"，因为《道德经》有"上德不德""绝仁弃义"等著名命题，"老子无意推广'德行'（仁义）"（傅佩荣）。这里"善人"与"不善人"的判断标准是"是否自觉依道行事"。现实中，能够自觉行道的"善人"很少，可以说是凤毛麟角；而"不善人"也就是没有得道，也不会自觉行道的人，这些人既包括未得道的普罗大众，也包括非道、悖道的权贵和精英，这类人乃是大多数。可见，如何对待"不善人"是以道施治的重要问题。

道含纳一切、主宰一切，也庇护一切，自然也包括庇护不善人，如第二十七章所说的，作为道的化身的"圣人""常善救人，而无弃人；常善救物，故无弃物"。但是，这种"不抛弃""不放弃"的普遍庇护在客观结果上并不是无差别的，如第七十九章说："天道无亲，常与善人。"本章主要是讲不善人的问题。

第二段，"**美言可以市，尊行可以加人**①**。人之不善，何弃之有！**"对此众说纷纭，"各家解释颇多混乱不通之处"（汤漳平）。"市"字面义是市场、交易；"可以市"即"可用来进行交易，获取各自所需之物"，意为"有用处""有价值""有市场"。"加人"就是"使人受到影响"（汤漳平）。从常识来看，美好动听的言辞可以用作交易，尊贵的行为可以影响人；因而在现实中，很多管理者往往通过"美言""尊行"来影响众人从而实现管理的目的。很多注家是肯定这种美言与尊行的，但在第二章中对于合道的言与行有着明确的表述："圣人处无为之事，行不言之教"；而第八十一章则明确否定了"美言"："信言不美，美言不信。"可见，"美言"不是合道的"不言之教"。此外，《论语》也说"巧言令色鲜矣仁"，"美言"事实上与"巧言"难以区分。尊行，不论是被人觉得可贵、可尊的行为，还是主体自己觉得尊贵甚至高尚的行为，都是"有心之为"，而且"加人"也是有目的的行为，那么这种尊行不是"无为而无以为"的"上德"（见第三十八章），即不是"无为之事"，而是不合道的"有为之事"。

结合汤漳平的注解，本段的意思是：动听的言语尚且被人们喜欢，可尊的行为尚且能够影响别人，那么作为无所不能的"万物庇护者"的道不但能够影响、主宰众人，而且能够使人走向正途，因此，对于不善的人，怎么能抛弃不顾呢？

"美言"与"尊行"的发出者与影响对象显然不是"善人"，而是"不善人"，因为"善人"以道为圭臬，只受道的影响而不受别人的"美言"和"尊行"的影响。对道不屑一顾或领悟不深的常人总是喜欢听悦耳动听的话语，并对"美言"有所回报；总是喜欢自己觉得可贵、可尊的行为与事情，并对这些"尊行"有所付出。对于为数众多的"不善之人"，"善人"有责任用道去影响，而不是予以抛弃。

"人之不善，何弃之有"也是对首段所提主题"不善人之所保"的深入讨论：因为不善人也得到道的保护，所以有道的君主怎么能抛弃他们呢？第二十七章也说，"圣人常善救人，故无弃人"。所以，善人要担负起救人的使命

---

① 这两句在《淮南子》中引为"美言可以市尊，美行可以加人"，帛书本此处同王本，本书从王本。

和社会责任，用合道的言行去影响、去拯救"不善人"。从这个角度看，只要这个世界上存在着"善人"，只要善人的言行合道，那就说明，不善人就没有被抛弃，即"人之不善，何弃之有？"换言之，如果这世界得道的善人都不存在了，也就不存在合道的言行了，巧言令色和投机行为就会大行其道，那么芸芸众生也就真正地被抛弃了，那种社会就成为人间地狱了。道是一直存在的，但只有人才能弘道，人不弘道，道就以隐没的方式存在。

第三段，**"故立天子，置三公，虽有拱璧以先驷马，不如坐进此道"**。三公，按照《书·周官》所说即为"太师、太傅、太保"，此处代表官员群体。"拱璧"指的是两手捧着璧玉。"驷马"指的是四匹马拉的车。前面有人拱璧导引，自己则在后面乘四匹马拉的车，这是春秋之际帝王出行的仪仗。坐，按照蒋锡昌、古棣的解释，"跪坐"之义，"进"前加此字，表示进献者的庄重尊敬之意。

王弼指出："（古代）立天子，置三公，言以尊行道也。故立天子，置三公，尊其位，重其人，所以为道也。""天子"和"三公"的天然职责就是弘道，即代表道去管理天下的百姓，并使他们积极向道。这也是上古社会中中华民族"立天子，置三公"的主要目的和职责设定。随着历史的演变，统治者的物欲在膨胀，"道心"在消退，出现了悖道、无道的治理状态。所以，天子、三公逐渐热衷于搞什么拱璧在先、驷马随后这样隆重的礼仪，这不如坚持用道来修身、施治，恢复道在治理天下中的地位与作用，这才符合"立天子，置三公"的本意和初衷。

第四段，**"古之所以贵此道者何？不曰以求得，有罪以免邪？故为天下贵"**。古人之所以重视"道"，原因在于任何人求道就可以得道，已有的罪过也会因此而得以免除。道在人间就是这样了不起，没有任何东西能与道相提并论，所以道是天下最贵重的，拱璧、驷马等根本无法与之相比。联系前文，统治者如果追求拱璧、驷马这类东西，那么就已经失道、悖道了，就成为不善之人了，甚至成为"道夸"或罪犯了。道从来都没有抛弃不善之人；任何人，只要求道就会得道，正如第二十三章所说的"同于道者，道亦乐得之"；即使是罪人，也会因求道、用道而免除罪愆。

"以求得"（帛书本和傅奕本中为"求以得"），意为"通过求道而得道"。"以求得，有罪以免"，这是非常重要的思想。道是人们善恶祸福的主宰，但是道并不会主动显现来施加作用，道是通过人来发生作用的。因此，每个人都掌握着自己的命运，因为求道就会得道，求免罪也会被免罪，关键是人自己这颗心是不是相信、是不是向往、想不想去做（见第二十三章）。

【管理启示】

在管理实践中，很多时候无对无错、无善无恶。管理不是道德审判，不是刑事侦查，企业不是法庭，有道的管理者要超越是非对立、二元分别的思维模式。庄子在《大宗师》中说"天之小人，人之君子；人之君子，天之小人也"，老子在这一章也说，善者与不善者皆应得到保护，尤其强调：人之不善，何弃之有？这才是有道的管理者应该秉持的态度。

管理者要做道的化身，要以"救人"为初心和使命。"救人"包括"救自己"和"救别人"。管理者首先要拯救自己，就如同老子所讲的，天子不要追求"拱璧、驷马"，而是要"坐进此道"，因为这个道能使自己"有求以得，有罪以免"。"拱璧、驷马"与"朝甚除，田甚芜，仓甚虚；服文彩，带利剑，厌饮食，财货有余"是一路货色，是丧身而非立身之本，"非道也哉"！因此，管理者自身明道就是对自己最大程度的拯救。合道的管理者的初心和使命乃是行道于天下，善于救人，不放弃任何人；因此，作为道的化身，他们存在的价值在于行道。合道的管理者对周围的人不分爱恶一视同仁，不因某人曾有过错而鄙弃他，对任何人都仁慈用道，给所在的组织和团队带去积极的正能量。这种与大道同步的管理者是真正高贵的人。

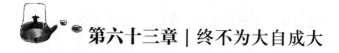

第六十三章 | 终不为大自成大

【原文】

为无为，事无事，味无味，大小，多少，报怨以德；图难于其易，为大于其细。天下难事必作于易，天下大事必作于细。是以圣人终不为大，故能成其大。夫轻诺必寡信，多易必多难。是以圣人犹难之，故终无难矣。

【译文】

以无为的方式去作为，以无事的方式去做事，以恬淡无味当作味，以小为大，以少为多，用德来报答怨恨；解决困难的事要从容易的地方着手，做大事情要从细小的地方入手。

　　天下的难事，一定从简易开始；天下的大事，必定由细微做起。所以圣人（看起来）始终不做通常所谓的大事，因此能成就大事。

　　轻易允诺的人一定会失信，做事太容易一定会遭遇更多的困难。因此圣人总是把事情看得困难一些，所以才始终没有困难。

【详解】

　　第三章说，"为无为，则无不治"，本章具体讲"为无为"的管理框架。本章分三段。

　　第一段讲的既是"为无为"的一般原理，也是其基本原则。"为无为"是老子思想的核心概念之一，后面的"**事无事，味无味，大小，多少，报怨以德；图难于其易，为大于其细**"相对具体，显然是"为无为"的体现与落实。

　　"事无事"一般译为"以不搅扰的方式去做事"，"事"作动词有"从事"之义，又通"视"，因此也有治理之义，如《战国策·秦策四》："秦、魏得地葆利，而详事下吏。"高诱注："事，治。"

　　"味无味"通常译为"以恬淡无味当作味"，第一个"味"字用作动词是"品尝""辨别滋味"的意思。"无味"，帛书本作"无未"，据沈善增考证，是指草木的嫩叶尚未生出，故可以意解为"尚未滋盛"，喻指天下太平、没有明显动乱的社会局面。

　　"大小"通常译为"大生于小"，"多少"译为"多起于少"。赵又春认为，"大小""多少"与前三句一样是动宾结构，"大"和"多"用作及物动词。"大小"是说：要把小问题当作大事来办理；"多少"是说：要把个别情况当作有普遍意义的问题来处置。

　　"报怨以德"的主语是君主（领导者），意思是，对于民众的不满和怨气，领导者要以同理心和宽容的态度予以妥善回应。"报怨以德"重在不能积小怨为大怨，否则"和大怨，必有余怨，安可以为善"（见七十九章）。此外，不能将"报怨以德"做绝对化理解，例如，对于敌人来侵略（其实这已经不是"怨"了），引颈受戮或甘作亡国奴绝不是老子的主张。老子虽然反战（"兵者，不祥之器，非君子之器""有道者不处"），但不弃战，在关系全局的大是大非面前，正如三十一章所讲的，"不得已而用之（指战争）"，只不过"杀人之众，以悲哀泣之，战胜以丧礼处之"。可见，这里的"报怨以德"不是道德说教。老子反对道德说教，认为那是失道的表现。

"图难于其易，为大于其细"是对第一段的总结与推广。"难"指的是常人看来难以办成的事；"大"指的是伟大的工作或事业。管理中的"无事""无味""小""少"显然既是"易"又是"细"的，而"报怨以德"也是指日常管理中存在的"小怨"，也属于这一范畴。这两句话是说，要想克服大困难，要在事情还处在比较容易处理的时候做起；要想成就大事业，要从做好它的各个局部细节开始。

第二段"天下难事必作于易，天下大事必作于细"与上一段的"图难于其易，为大于其细"存在一定的语义重复，加了"天下"一词，将"为无为"拓展到广阔的人类社会，强调这是圣人治天下的基本行为模式。因此，我们将"天下"以下四句作为一段。因为天下的难事，总是从容易处理的事情发展而来的，天下的大事，总是由诸多小事汇聚而成的，所以，得道之君通常一生都不做所谓的大事，反而能成就他的伟业。"**圣人终不为大，故能成其大**"，"终"是指圣人的事业是永续的；暂时的成功仅仅是万里长征走完了第一步，一代又一代的领导者都要做"作于易""作于细"的圣人，这样才能做成天下最难办的、最伟大的事业。

第三段包括最后四句。轻易许诺的事，结果多半是做不到，以至于"寡信"。老子特别重视统治者的"信"，如"言善信"（见第八章）；领导者"寡信"会使众人"不信"，如第十七章、第二十三章所讲的"信不足焉，有不信焉"；"寡信"必然导致管理的失败。"轻诺"是领导者容易犯的错误，因为他们把事情看得太容易。总是把事情看得很容易的人必定遭遇更多的困难，即"多易必多难"。"是以圣人犹难之，故终无难矣"是本章的结论。"犹"，相当于"一直""总是"，如"音犹在耳"。圣人总是把遇到的事情估计得困难一些，所以始终都不会有难以处理的事情。

【管理启示】

一是要未雨绸缪，防患于未然，做好事前控制工作。在组织没有出现危机、太平安稳的时候做好预防工作，将危险因素提前消除；在表面安定、一切看起来很正常的时候细心体察官心民情，能够"嗅"出引起人心不安的"味素"，并加以妥善处理。

二是要防微杜渐，做好细节管理工作。西方谚语"魔鬼藏在细节里"也体现了细节管理的重要性。解决小问题时要有办大事的认真谨慎态度，处置个别情况要联系普遍性的问题。这相当于现代管理中的细节管理，将小事做成精品，从点滴见到全局。管理者重视细节并不意味着亲自去做员工应该做的事，而是着眼于事前控制，消弭问题于无形，为员工做好自己的工作创造有利的条件。

三是要理顺人心，经营人心，做好情绪管理和心灵管理。对于民众的不满，领导者要从自己身上找原因，严格要求自己，以同理心、慈悲心与罪己、宽容的态度予以妥善回应。这样一方面能避免激化矛盾，理顺人心，另一方面还能及时发现自身和组织管理中存在的隐患与问题从而及时改进。管理者报怨以德就是经营人心，而经营人心的前提是经营好自心。

总之，能做到"为无为"，就意味着领导者能够像大地与上天那样自然而然地同时容纳事物相反的两端，并且通过把握隐性、阴性的一端而获得整体的和谐发展，这需要领导者兼备慈心和智慧。唯有大慈，才能胸怀博大，报怨以德；唯有智慧，才能预见问题、发现问题，消除矛盾于无形之中。"为无为"的领导者能将别人的善与恶、对与错、正与邪同时接纳于胸，并且能影响人们和组织达到长生久视、长治久安，这是一种慈心和智慧双高的圣人境界。

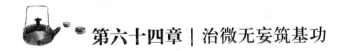

第六十四章｜治微无妄筑基功

【原文】

其安易持，其未兆易谋。其脆易泮，其微易散。为之于未有，治之于未乱。合抱之木，生于毫末；九层之台，起于累土；千里之行，始于足下。

为者败之，执者失之。是以圣人无为故无败，无执故无失。

民之从事，常于几成而败之。慎终如始，则无败事。

是以圣人欲不欲，不贵难得之货；学不学，复众人之所过，以辅万物之自然而不敢为。

【译文】

事物稳定时容易掌握，事物还没有出现变化的迹象时容易图谋。事物脆弱时容易消解，事物微细时容易散失。要在事情还没有发生以前就着手处理，要在祸乱还没有产生以前就妥善控制。合抱的大树，是从细小的萌芽生长起来的；九层的高台，是从一筐筐泥土开始堆积而成的；千里的远行，是从脚下一步步走出来的。

强作妄为就会遭到失败，执意把持就会失去。因此，圣人无为就没有失败，不把持就不会遭受损失。

人们做事情，常常在快要成功的时候就失败。（如果）在事情要完成的时候也能像事情开始时那样谨慎，就不会有失败的事情了。

因此，圣人以没有欲望作为自己的欲望，不看重难得的货品；学人所不学的（无为之道），规避众人常犯的因"有为"而导致的过错；辅助万物自然发展，而不敢强为。

【详解】

本章是对上一章"为无为，事无事，味无味"主题的引申，各句都有深刻的管理思想，但是对于句子之间、段落之间的逻辑关系历来有不同的解读。河上公以"守微"概括本章，很确切。全章分为四段。

第一段，"**其安易持，其未兆易谋。其脆易泮，其微易散**"。其，指代管理对象，如组织、项目、问题等。兆：征兆。泮（pàn）：分解，破碎。管理对象在安定的时候容易保持、维护，反之，如果出现了动乱不安，就不容易维持局面了。这是一种常识，但是管理者在安稳中往往不能保持战兢惕厉的态度，在疏忽大意、头脑发热甚至骄傲自满之中任由乱象丛生，此时已经是"其不安则不易持"了。因此，危机因素在没有出现迹象时容易图谋使之消弭，在它刚刚形成还脆弱的时候容易消解，在其力量微弱的时候容易散失。管理者要保持危机意识与忧患意识，防微杜渐，早做准备，即"**为之于未有，治之于未乱**"。老子接下来以三种常识进一步阐述这个道理。"**合抱之木，生于毫末；九层之台，起于累土；千里之行，始于足下。**"累，借为"蔂"，即盛土的筐子；累土，一筐筐的土。这段名言的含义多被解读为：功业都是从细微之处累积而成的，不能一蹴而就，即所谓"企者不立，跨者不行"（见第二十四章）。联系上一段，这段话更像是对"问题"的警告：小问题如果不重视、不解决，就可能会成为大问题。因此，组织在发展、成长一片祥和之时要防微杜渐，有危机意识。

需要注意，这里的"微""渐"等小事，不是某个员工上班迟到几分钟、员工工作地卫生不合格等，而是有特殊的指向。下面就说到这个问题。

第二段，**"为者败之，执者失之。是以圣人无为故无败，无执故无失"** 讲了不能保持谨慎、防微杜渐的原因，问题出在统治者身上。国家建立之后，形成了稳定的组织结构，也形成了稳定的利益分配结构，而统治阶层成为受益最大的利益集团。随着时间的推移与组织的演化，统治集团的规模会逐步膨胀，其利益欲求往往会不断滋长，为了维护既得利益、满足自身欲求，利益集团往往倾向于逐步加大对民众的剥削，权力寻租、利用信息不对称欺骗大众、利用所处的位势压迫弱者以及阻碍下层精英的上升等现象逐步增多。这些现象从无到有，积少成多，从局部扩散到整体，无论微细还是明显，都是"为"、都是"执"，都会增加组织的不稳定、不和谐因素，甚至官逼民反，"一夫作难而七庙隳，身死人手，为天下笑"（贾谊），这便是"为者败之，执者失之"。因此，有道的君主洞察了这一规律，即使手握大权，也会持续进行无为而治，防微杜渐，持续地"以百姓心为心"，"善利万物而不争"，这样，百姓"功成事遂皆谓我自然""天下乐推而不厌"，此为"无为故无败"；他们身居高位，但不贪恋位势权力，善于放权让利，"处无为之事，行不言之教，万物作焉而不辞，生而不有，为而不恃，功成而弗居"（见第二章），甚至"功成身退"（见第九章），"夫唯弗居，是以不去"（见第二章），这样，他的功业、影响力与利益并不会丧失，此为"无执故无失"。

第三段，老子继续劝谏统治者要始终坚持"无为"。**"民之从事，常于几成而败之。"** 河上公注："民人为事，常于功德几成，而贪位好名，奢泰盈满，而自败也。"世人做事的时候，在艰难的创业阶段往往能克勤克俭、克己奉公，团结多数人一起前进，但是在大功即将告成之际，却开始贪位好名、骄奢淫逸，从而导致失败——这种失败看似有很多外部因素，但归根结底还是自身的原因，李自成"进京赶考"失败就是例子。

老子视域中的成功，并不是一时一地的胜利，而是面向全局和久远的"长生久视"（视，施治，指发挥影响力）。一时的胜利仅仅是万里长征走完了第一步，以后的路更长。因此，"无为"不能在创业成功之后就束之高阁。行百里者半九十，要将无为原则脚踏实地坚持到底，不忘初心、一以贯之，这才可能避免失败。**"慎终如始，则无败事"**应为所有"赶考者"铭记于心。

第四段，**"是以圣人欲不欲，不贵难得之货"**，人不能慎终若始，是因为阶段性成功易使统治者私欲萌生，这种私欲或者出于对既得利益的维护，或者出于对更多权势名利的追逐，或者由于别人的赞扬、拥戴而膨胀，或者由于以往的成功而过于自信、自大，而且这些因素常常兼而有之，于是贪欲不断滋长，把自己的意愿强加于他人。但人们以及万物都要求"我自然"，要求按照自身的主体性来自我实现，因此，就会产生意志对抗、利益冲突等新的矛盾。统治者要避免失败，只有始终规避"我想如何"的态度，谨持"民众想如何"即"以百姓心为心"的态度，并将这种"无欲"永远地保持下去，始终都要"不忘初心"。所以，这种"无欲"乃是圣人慎终如始、规避失败的根本原因。从这里重提"不贵难得之货"来看，老子认为成功者特别容易陷入奢华的生活，这是"欲不欲"的领导者要特别注意的。

接下来的两句话**"学不学①，复众人之所过"**，历来解读不一。"学不学"就是学习常人所不学的。常人所不知的、轻视的或者学不来的，就是"道"，正如四十一章所讲"下士闻道，大笑之。不笑不足以为道"。"复众人之所过"，有人译为"补救众人的过错"（复，补救），这一解读与无为原则相悖，也与上一句难以衔接。蒋锡昌、张松如认为，普通君主所学的是政教礼乐等有为之学，他们所不学的是无为之学。"为有为之学，以致天下难治者，此多数人君之过也。圣人学人之所不学，则自多数人君之所过，返至道矣"。故曰："学不学，复众人之所过。""学不学"强调要学习别人所不学的道，即学无为之学；"复众人之所过"强调借鉴别人的经验教训，把别人的过失作为自己的前车之鉴。"复"相当于历史推演、案例分析，如同下棋的复盘一样，以史为鉴，对前人的得失进行研究和分析。"学道"才可能获得大智慧，有智慧才可能"复"，而"复"亦能增长大道智慧。"学不学"与"复众人之所过"两者是相互促进的。孔子所讲的"观过，斯知仁矣"，与此道理一致，但老子更重视历史经验，特别是历史上的教训。

最后一句**"以辅万物之自然而不敢为"**对"无为"进行了新的、更为清晰

---

① "学不学"在郭店竹简本（甲组）中为"教不教"，因此可译为"以'不教'的方式来教"，这与第二章的"行不言之教"思想一致。

的界定：无为是"辅万物之自然"，王弼解读为"因物之性"，玄同万物之自然本性，顺势而为，这就是无为。"不敢为"是不敢"有心而为"，是因为知道了成败规律和施治界限而自觉地不做错事，错事就是逆万物之自然本性的所有举措。因此，"不敢为"绝不是碌碌无为、懒政怠政。其实，对于能"辅万物之自然"的事情是要竭力去"为"的，只不过须以无我无私的心态去"为"罢了。

【管理启示】

在事业接近成功或者取得阶段性成就之时，也是最危险的时刻。因此，不能放松警惕，不能被糖衣炮弹打败，要牢记老子的警示："民之从事，常于几成而败之"；"慎终如始，则无败事"。所谓居安思危，"危"不但存在于外部环境，更主要的是来自领导层的私欲萌动，因此领导者要对自身的欲望和惰性有充分的警惕，要不断地进行自我革命，永葆初心，不忘使命。领导者不仅要警惕自身明显的狂妄、悖道行为，更要及时觉察、消弭自己微细的妄念、贪心、嫉恨等悖道因素，在自我管理、自我领导方面做到"为之于未有，治之于未乱"，这是事业的"筑基功"，应常抓不懈。

企业家不要只想着做大做强、光耀千古、傲视群雄，即不能执着于成巨树、建高台、行万里，更要重视练基本功，而且要常抓不懈，即要在"毫末""累土""脚下"下功夫，这就是很多企业家所说的"预防为主""苦练内功""强身健体"。企业在初心与使命教育、组织风气与文化、产品质量、服务质量、资金流安全、组织公平、员工工作质量、研发创新、供应链安全、经营环境监测等方面，都要常抓不懈、防微杜渐，将产生危机因素的概率降到最低。

第六十五章 | 玄德深远与物反

【原文】

古之善为道者，非以明民，将以愚之。
民之难治，以其智多。故以智治国，国之贼；不以智治国，国之福。

知此两者，亦稽式。常知稽式，是谓玄德。玄德深矣，远矣，与物反矣，然后乃至大顺。

【译文】

古来善于行道的人，不用巧智对待民众，而是以愚朴对待民众。

民众之所以难以治理，就是因为统治者有太多的智巧心机。所以用智巧去治理国家，是国家的祸害；不用智巧去治理国家，是国家的幸福。

认识这两种治国方式的差别，是统治者的自省标准。永远牢记这个标准，就是"玄德"。"玄德"是那样的深、那样的远，与万物复归于真朴，然后就能达到最大的和顺。

【详解】

本章的主张不是"愚民"，而是统治者不要用智巧之心去统治人民，应该用真诚质朴之心去服务人民。

第一段立意，提出"愚民"这一著名的、容易引起歧解的命题。**"古之善为道者，非以明民，将以愚之"**。明，按照王弼、河上公注，其义为"巧诈"，今人也用"精明"表示这个意思。愚，淳朴，朴拙，不应解为"愚昧""愚蠢"。将，相当于转折连词"而"。人们对"明"与"愚"的词性理解不同，导致对这一段的理解迥乎不同。如果将其理解为使动词，那么"明民"就是"使民明"，"愚之"就是"使民愚"，于是，老子难脱"主张愚民"之咎，如任继愈将此段译为："从来贯彻'道'的原则的人，不是用'道'来叫人民聪明，而是用'道'来叫人民愚昧。"即使将"愚"译为"淳朴"，也只是"愚民"的程度有所缓和而已，如陈鼓应将第一段译为："从前善于行道的人，不是教人民精巧，而是使人民淳朴。"

根据沈善增、赵又春的考证，在古代汉语中，动词还有"对（向）宾语怎么样"的用法，例如："君三泣臣矣，敢问谁之最也？"（《左传·襄公·襄公二十年》）、"遂置姜氏于城颍，而誓之曰……"（《左传·郑伯克段于鄢》）那么这段话的意思是：古时候善于行道的君主，不用巧智去对待民众，而是以愚朴的方式对待民众。这与德清和任法融的解释基本一致。下文的"以智治国"其实正是对"明民"的引申，而"不以智治国"则是对"愚之"的引申，这样理解，前后文的逻辑就能贯通了。

第二段阐明"愚民"的原因。**"民之难治，以其智多"**，以：因为、由于；智：智巧。很多人将"其"理解为指代"民"，于是将这句话译为："民众所以难统治，是由于他们过于智巧。"沈善增、赵又春认为，"其"指"统治者"，那么这句话的意思是：民众要是难于治理，必是因为君主自己太多地玩弄智巧权术。这样，与接下来的**"故以智治国，国之贼；不以智治国，国之福"**在思想和逻辑上就都通顺了：所以，以智巧权术治理国家，那是祸害国家；以不搞智巧权术的方式治理国家，那才是造福国家。这里揭示了"以智治国"与"不以智治国"具有截然相反的后果，足以引起统治者的警惕。

第三段指出"愚民"的政策要点及其效果。**"知此两者，亦稽（jī）式"**。"两者"指"以智治国"和"不以智治国"这两种治国方式。"稽式"在河上公本中为"楷式"，意为"法式""法则"，人们因此多将此句译为"认识这两者的差别是一个治国法则"。帛书本和傅奕本皆为"稽式"，沈善增和赵又春认为"稽"有"考核"义；"式"有"规格""样式"义，可引申为"标准"；"稽式"可解释为"考察标准"。这句话的主语是君主，而君主不像百姓、下级官员那样必须接受上级的考察，可见，"稽式"指的是君主用以自省的标准，而"亦"字也说明了这个问题。因此，这句话的意思应是：了知以上两种治国方式的差别，是君主进行自我省察的标准。将"稽式"译为"法式""法则"，也能大致说得通，但是未能揭示自我省察、自我框定、主动规范这些含义，就显得笼统了。

"常知稽式，是谓玄德"。常：恒常。"玄德"，在五十一章指"生而不有，为而不恃，长而不宰"的品德，是以道施治的最高标准，这里用以肯定"常知稽式"的君主。一位君主如果一直用"以智治国，国之贼；不以智治国，国之福"来省察自己的施治，不做"国之贼"，只求"国之福"，那么这种施治模式一定是无为而治，正如第十章所言："明白四达，能无为乎？生之，畜之；生而不有，为而不恃，长而不宰，是谓玄德。"

"玄德深矣，远矣，与物反矣，然后乃至大顺"，这是对玄德的赞叹，也是对本章以及第十章、第五十一章的相关内容的总结和提升。玄德，一说为"玄德"本身，另一说为具备"玄德"的君主。反，一说为"相反"，另一说为"返"。物，可指万物，尤其指人，相当于"民众"。大顺，字面意思是"极大地顺乎自然", 可理解为自然、顺畅、和谐的理想状态。不论是"玄德"本身还是玄德之君, 都有思想深刻、影响深远的特征, 其看人论事的角度、价值取向、内容与表现往往与一般人不同, 甚至相反, 但惟其如此, 君主才能与万事万物、百姓复归到淳朴的本真状态, 进而达致理想的自然和顺的治理结果。

【管理启示】

正视"愚民"思想。长期以来, 很多人认为中国古典哲学和治理思想都存在愚民思想, 如儒家的"民可使由之, 不可使知之"(《论语·泰伯》), 法家的"民愚则易治也"(《商君书·定分》), 最典型的则是本章的"非以明民, 将以愚之", 此外还有"常使民无知无欲"(见第三章)。不论是误读误解, 还是确有其事, 这都是一个客观存在。孟德斯鸠认为, 中国民族性里的这些特点, 正是2000多年专制政体高压下形成的畸形的民族性格, 他批判道: "绝对地服从, 就意味着服从者是愚蠢的, 甚至连发命令的人也是愚蠢的, 因为他无须思想、怀疑或推理, 他只要表示一下自己的意愿就够了。"但是, 如果全面了解老子的思想, 就会发现, 老子是旗帜鲜明地反对这种"愚民"的, 也是反对对百姓使用权谋和骗术的。正如前述, 老子的"愚"并不是"愚昧""愚蠢"之义, 而是"淳朴"之义。在组织管理中, 领导者首先做到这种"愚", 才能影响众人一起"淳朴", 一起回归本真, 这是一种自然的快乐、和谐, 也是管理的理想状态。

有思想、有抱负的管理者应该做"玄德公"。他们思想深邃, 善于自省, 道法自然, 与众同朴, 返璞归真, 天下太平。这类管理者乃是"国之福"。

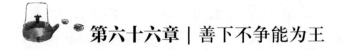

第六十六章 | 善下不争能为王

【原文】

江海所以能为百谷王者, 以其善下之, 故能为百谷王。

是以欲上民, 必以言下之; 欲先民, 必以身后之。是以圣人处上而民不重, 处前而民不害; 是以天下乐推而不厌。

以其不争，故天下莫能与之争。

【译文】

江海所以能成为众多河流汇聚的地方，是因为它善于处在低下的地方，所以才能成为众河之王。

因此，想当众人的首领，就必须对民众言辞谦逊；想居于众人之前，就必须自己退让于后。这样，圣人处于上位而民众不感到有负累；处于民众之前而民众不感到受妨害。因此天下人都乐于推戴他而不厌弃他。

正因为他不与人争，所以天下才没有人能够与他争。

【详解】

这一章阐述得道之君以不争而受到天下拥戴的道理。全章明白好懂，可分为三段。

"江海所以能为百谷王者，以其善下之，故能为百谷王"。这段的关键词是"王"与"下"。在中国古典哲学中，"王"的内在规定性是使人与天、地相统一，相互贯通且彼此契合，是人与人、人与世界所能达到的最和谐的状态。"王"反映了古人对治国者的最高期望和要求，是内在极高的修为与外在参赞天地化育的伟大功业达到和谐统一的人格，即"内圣外王"。王在社会结构中处于核心与顶端，是最"上"的，然而，老子却以"江海因善下而为百川之王"的自然规律来提出人事中的"以下为上""人下为王"的论点。因为江海位于百川之下，所以百川自然而然就归属它了，从而成就了江海的浩瀚。老子以江海喻道，说明王能"以下为上"是符合大道规律的。下文即就其中的机理进行论证。

第二段连续讲了三个"是以"，其中存在逐层推理的逻辑关系：

"是以欲上民，必以言下之；欲先民，必以身后之"，竹简本为："圣人之在民前也，以身后之；其在民上也，以言下之。"竹简本此句只是对圣人的行为模式作客观的表述，揭示了圣人之"在民前"与"身后"、"在民上"与"言下"都是自然而然的事实，而并非刻意追求的结果。而王弼本同帛书本一样，加了"欲"字，体现出一种刻意性，但王弼本没有主语"圣人"，因而并未贬低圣人的功能与德性，而是将"以下为上""以后为先"规律化、普遍化了。想要做众人的首领，必须在对民众的言语态度方面谦恭有礼，不居高临下；想要居于众人之前，必须在利益面前退于民众之后，即不抢先、不争利。在老子所处的春秋时代，阶级分化趋于严重，统治者与民众之间地位相差悬殊，不要说王了，即便是普通官员也难以以卑下的言辞和谦虚的姿态对待民众，这也是百姓逃离、人心不安、国家不稳的重要原因。所以，各级领导要想安抚万民，就必须像江海对待百川一样谦和卑下，这样才能得到民众的尊敬和拥护。这是"不争的领导哲学"。

"是以圣人处上而民不重，处前而民不害"。讲的是有道的君主践行"不争的领导哲学"的过程性结果：有道的君主摒除了私心，真诚地谦下，真诚地为民众实现自我价值而默默地创造有利条件，那么，虽然高高在上，但百姓却感觉不到压迫；虽然领导民众，但民众却并不感到被伤害。"不重"是说民众没有感到他这个君主让自己的负担更"重"了；"不害"是说民众不觉得他对自己有所妨害。

"是以天下乐推而不厌"讲的是最终结果。"推"，有人译为"推举"，有人译为"推崇、爱戴"。鉴于春秋时代的君主已经不是上古的推举制，我们从后者。有道的君主

"善下""不争"，就会使民众没有被压迫感，那么他就赢得了民众的普遍爱戴。老子提出的"天下乐推"突出了民众的价值，给今人丰富的想象空间。

第三段是本章管理思想的聚焦，**"以其不争，故天下莫能与之争"**。不争是对前文的"言下""身后"的概括。君主能够践行不争的管理原则，天下就没有什么力量可以与他抗衡了。这是反成原理的另一种体现。有人将末句翻译为"所以天下没有人能争得赢他"，这就意味着圣人也参与争，众人还同他争。实际上，老子所谓的圣人之所以为有道的圣人，就在于他根本"不争"，因而也没有人同他争。

【管理启示】

本章讲了"不争""善下"的领导哲学。领导者处下、居后是顺应大道法则的自然无为，也是对员工的信任、宽厚、包容和支持，就好像居处于下游的

江海包容百川之水那样，既成就了百川，也最终成就了自己，实现了多赢的圆满结果。须知，"欲上民""欲先民"可以看作老子劝导统治者的方便说法。能使"天下乐推而不厌"的"王"应该是并且也仅仅是"善下"和"不争"的副产品，而不能作为领导的主观目的与追求；如果刻意为之，就会沦为虚伪和权谋，会引起人们的反感，最终会失去"顺道"的效用，而得到"悖道"的早衰结局。

滴水入海即为海。将有限的生命投入到无限的为人民服务中去，助人即助己，达人也达己，这也是管理者的最优选择。

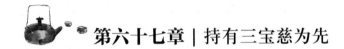

第六十七章 | 持有三宝慈为先

【原文】

天下皆谓我道大，似不肖。夫唯大，故似不肖。若肖，久矣其细也夫。

我有三宝，持而保之。一曰慈，二曰俭，三曰不敢为天下先。慈，故能勇；俭，故能广；不敢为天下先，故能成器长。

今舍慈且勇，舍俭且广，舍后且先，死矣！

夫慈，以战则胜，以守则固。天将救之，以慈卫之。

【译文】

天下人都说我的"道"太大了，似乎什么都不像。正因为它太广大，所以似乎什么都不像。如果像什么具体东西的话，它早就渺小得很了。

我有三件宝贝，持守而保全着。第一件是慈爱，第二件是俭啬，第三件是不敢处在天下人之前。因为怀有慈爱，所以能勇武；因为做到俭啬，所以能厚广；因为不敢处在天下人之前，所以能成为万物的首长。

如果舍弃慈爱而求取勇武，舍弃俭啬而求取厚广，舍弃退让而求取争先，那么结果只是走向死路！

慈爱，用来征战就能获胜，用来守卫就能巩固。上天必定会救助慈者，并会用慈爱去卫护他。

【详解】

这一章提出了著名的"三宝"并着重讲了"慈"，这是合道的管理者的根本修炼。全章可分四段。

"天下皆谓我道大，似不肖。夫唯大，故似不肖。若肖，久矣其细也夫"。这一段讨论"道"的"大"这一特征。肖（xiào），相似，意为不像具体的事物。天下，字面上是指天下人。由于道不是天下所有人都感兴趣、都理解、都肯定的，所谓"中士闻道，若存若亡；下士闻道大笑之，不笑不足以为道"，连"中士"和"下士"都如此，古代的普通百姓连讥笑大道的机会都几乎没有，所以"天下"主要指为数众多的"下士"和部分"中士"，其中包括不明道、讥笑道的统治者。这些人说，老子所讲的"道"太广大了（这里有讥讽老子说大话的意思），大到不像任何具体的东西，所以在现实中找不到"道"，因而就否定"道"的存在。对此，老子的回答是，正因为道是至大、至高的，所以才不像任何具体的东西。如果它像一种具体的事物的话，那么它就很平常、很渺小而不是伟大的道了。这个道理在三十四章讲得更清楚："大道泛兮，其可左右……常无欲，可名于小……以其终不自为大，故能成其大。"

"天下皆谓我道大"一句，河上公本、傅奕本和帛书本中均无"道"字，那么这就不是直接讲"道"，而是讲"我（有道者）"了。这与全章内容更能有逻辑上的一贯性，即都在讲"有道者"的"大"这一主题。

"我有三宝，持而保之。一曰慈，二曰俭，三曰不敢为天下先。慈，故能勇；俭，故能广；不敢为天下先，故能成器长"。器长（zhǎng），陈鼓应注为"万物的首长。器，物，指万物"。我们通过从后往前推导来理解第二段，这样更能理清上下文的内在逻辑关系。

"勇""广""器长"显然就是前一段所讲的"大"，也就是常人眼中大人物的特点。但是，"我"在常人看来却是不勇、不广，甚至也不像高高在上、威风八面的"器长"。二十章具体描述了"我"的这种"不大"甚至令常人看不起的样貌："我独泊兮其未兆，如婴儿之未孩。儽儽兮，若无所归……我独若遗……我独昏昏……我独闷闷……我独顽且鄙。我独异于人，而贵食母。"但是，"贵食母"的有道者眼中的"大"却与常人俗见大相径庭。

所谓的"勇"，并不是争强好胜、逞凶斗狠、有胆杀人，而是给别人活路、尊严和机会，即使万不得已而杀人也要"以丧礼处之"（见第三十一章），能这么做的前提是心怀慈悲，博爱众生。这就是"慈，故能勇"，这种"勇"是合道的勇，是真勇。

所谓的"广"，并不是自家广有天下、广积财富、金玉满堂，而是长久地、安稳地拥有天下家国，如五十九章所讲的，"可以有国；有国之母，可以长久。是谓深根固柢，长生久视之道"。能实现这种"广"的前提是"俭"，君主以"俭"（与"啬"同义）的心态与行为而广得民心、深膺天意，即"重积德"，是"深根固柢，长生久视之道"，概言之就是"俭，故能广"，这种"广"是合道的广，是真广。

所谓的"器长"，不是常人眼中的处处显耀、时时在上、事事拔尖儿的官长（统治者），而是"天下乐推而不厌""天下莫能与之争"的圣人型君主。能成为这种君主的重要前提是"不敢为天下先"，即不显摆自己（不自现、不自伐），不抬高自己（处下、守雌），不居 C 位（后其身、外其身），其结果是自然而然的，如第七章所讲的"圣人后其身而身先，外其身而身存"，即"不敢为天下先，故能成器长"，这句话也是上章"以其不争，故天下莫能与之争"的变文，其中的道理在上一章已经讲得十分清楚了。可见，这种"器长"才是合道的圣人，是真正的王者。

为了阐述自己关于"大"（勇、广、器长）的观点，老子在本段首先讲了能达致"真勇""真广""真器长"的关键：持守并践行"三宝"原则，"一曰慈，二曰俭，三曰不敢为天下先"。慈，是普遍无私的慈爱，与"有为"的仁（见第三十八章）、亲疏有别的私爱有所不同。俭，一般指节俭、不奢侈，本质上则是内心的少私寡欲、见素抱朴。不敢为天下先，一般表现为不露锋芒、谦和卑下，本质上是不把个人的价值置于组织、天下的价值之上，也就是绝不把自己的利益看得高于一切。因此，"三宝"是无为思想的具体表现。

"今舍慈且勇，舍俭且广，舍后且先，死矣！"这三个"舍"句是对应于上一段的三个"故能"句说的。"舍后且先"与上文的"不敢为天下先，故能成器长"尽管存在字面差异，但在内容和逻辑上是对应的：因为"不敢为天下先"就是甘于居"后"，"为成器长"就是成为天下"先"了。今，一般译为"今天""现在"，从全章逻辑来看，更应解为表示假设关系的连词，相当于"假使""如果"，用法如"此无他，与民同乐也。今王与百姓同乐，则王矣。"（《孟子·梁惠王下》）三个"舍"句乃是条件分句，都是"死矣"的充分条件。这三句中的"且"字相当于"却"。如果不以仁慈之心待人，却又想得到勇气；如果不俭啬即奢华放纵，却想长久地广有财富；如果不甘居人后，不默默地创造条件让众人实现自己的价值，却想成为天下之先，那么不但达不到目的，还会走向灭亡。其中的道理在上一段已经讲清楚了，只不过这里是从否定的方面加以强调，讲了失道寡助之理。

"**夫慈，以战则胜，以守则固。天将救之，以慈卫之**"，讲了得道多助、得道天助之理。这里强调了三宝中的首要法宝"慈"，可见老子特别重视"慈"，把"慈"看作"俭"和"不敢为天下先"的内在根据。这里将"战"和"守"对言，两者显为"进攻"和"防守"之义。"战"可作宽泛的理解，泛指一切主动去克服困难的行为。由于前文说了"夫慈，故能勇"，所以这里呼应着说"夫慈，以战则胜，以守则固"。

慈，是母性的特征，慈母对待子女的爱心最深厚，对子女的爱护胜过自己的生命。韩非子说："爱子者慈于子，重生者慈于身，贵功者慈于事。慈母之于弱子也，务致其福……圣人之于万事也，尽如慈母之为弱子虑也，故见必行之道。"（《韩非子·解老》）当子女遇到危险的时候，慈母毫不考虑自己，甚至会牺牲自己去全力保护孩子。在危急时刻，由母爱爆发出来的力量是常人无法企及的，正如莎士比亚所说："女子虽弱，为母则强。"所以老子说"慈，故能勇"，正是这个"慈"，"以战则胜，以守则固"。本章的慈是母爱的升华、外化与概化。"慈"的对象是众生，是无差别地对众生的宽恕、悲怜、爱护，也是得民心的关键。

"天将救之，以慈卫之"，很多学者把"将"译为"将要""如果"，把"之"译为不确指的"一个人"。南怀瑾在讲到这句话时说："一个人真到达了慈悲心充沛于内在时，上天便自然保佑你。"任法融则说："天道的运行之序是救助慈善的，并以慈善卫护谦退的。"第七十九章也讲"天道无亲，常与善人"。因此，这句话的"将"意为"必定"；"之"指的是"慈者"，包含有道的君主。持有三宝的慈者，在俗世之中很可能被人漠视、讥笑、边缘化（如本章首句和第二十章所言），对于他们，上天必定加以救助。天道是怎样救助慈者的呢？就像慈者以慈心对待天下人一样，上天同样也以慈心护卫天下的慈者。这句话揭示了在"慈"与"大"之间的因果关系中，"天"作为一个先验性调节变量发挥着巨大而普遍的作用，这也是对执持三宝的人进行了一种"终极"鼓励。

温海明引河上公注"天将救助善人，必与慈仁之性，使能自营助也"和《易经系辞传》"天之所助者，顺也；人之所助者，信也"，将"天将救之，以慈卫之"译为"天要救助一个人，会赋予他慈善的德性，（使他）好像得到天的佑护"，这体现了天助自助者之意。

【管理启示】

一名优秀的领导者可能有很多缺点，但缺乏慈心和智慧则是致命的缺点，而慈心比智慧更加重要。不慈的领导者必然给自己、他人和组织带来诸多痛苦，容易失败。

有道的管理者会甘于寂寞。他们会被人认为"似不肖"，即"没啥了不起"：没有明显的高绩效（政绩），也没有显赫的名声和耀眼的光环，因此，仅仅是"下知有之"而已，甚至"不知有之"。但是，他们却有着对组织全局与长远发展深切的关心和对众人慈母般的深爱，默默地为众人付出一切，因此，他们是最高贵的、大写的人。

领导者"不敢为天下先"的目的是让下属员工敢为天下先。"不敢为天下先"不是退缩落后，而是通过谦虚、退让来经营人心，同时不要阻挡了下属前进的道路。敢，古代注家解为"冒昧之辞"，指违反自然之道的妄为蛮干。因此，经营者要在"敢于创新"和"鲁莽妄为"之间进行慎思明辨。

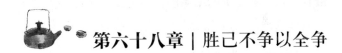

第六十八章｜胜己不争以全争

【原文】

善为士者不武，善战者不怒，善胜敌者不与，善用人者为之下。
是谓不争之德，是谓用人之力，是谓配天，古之极。

【译文】

善于做将帅的人，不逞勇武；善于作战的人，不轻易发怒；善于战胜敌人的人，不正面争斗；善于用人的人，对人谦下。

这叫作不争的品德，这叫作善于用人，这叫作合于天道，这是自古以来的最高准则。

【详解】

这一章讲"不争之德"和"用人之力"，后者是重点。

"善为士者不武，善战者不怒，善胜敌者不与"。士，王弼解释为"卒之帅也"，今人也有解释为"武士"的。武，逞强，炫耀武力。不与，王弼注为"不与争也"，意为不正面冲突。善，指运用道的智慧做事。在战争中，能运用大道智慧的将帅不会炫耀武力，更不会逞强，因为那样至少会暴露自己或使自己变得骄纵，从而会导致失败。同样的道理，运用道的智慧作战的人，不会丧失理智，不会凭感情冲动行事，用兵作战建立在冷静与理智的基础之上。"善胜敌者不与"则强调不与对手正面交锋硬碰硬，否则直接对抗的结果是被打败，或者同归于尽，即使胜利了也是杀敌一千自损八百，"不战而屈人之兵"才是"善之善者"，才是"善胜敌者"。那么，这三句话说明什么道理呢？即使是在战争中，也不能用刚，而是应该用柔。可见，这里仍然在讲"不争""无为"的道理。用兵作战尚且如此，而用人更应如此。

值得注意的是，老子的"善"具有特殊的含义：能够遵循道的法则，获得最有效益、最完美的结果的行事方式，才能称为"善"。用兵追求这种善，用人也追求这种善。这才是老子思想的重点。

"善用人者为之下"。以道用人的领导者会持有谦和卑下的态度，以延揽人才并使人各尽其才。相对于下属和百姓，领导者一般都位高权重，常常利用其职位权力对下属和百姓颐指气使，采取严厉的态度来确立自己的威信和权威，那就是在与众人的主体性和自尊相对抗，就是一种"争"，其结果是不仅不能凝聚人心，反而会危害自身。在老子看来，只有不争、谦下、像水一样善利于人，才会消除众人的对抗之心，令众人信服，获得众人的支持。所以，"为之下"乃是用人的最佳方式。可以说，这短短的七个字就把用人的诀窍表达得清清楚楚。

"是谓不争之德，是谓用人之力，是谓配天，古之极"。帛书本无"之力"二字。极：标准、道理。"不争之德"既指捍卫和平、反对战争之德，也指更具普遍意义的不与人争名夺利的德行。"用人之力"指的是用人的力道；从字面看，用人用的是人的能力，其重点不是人的学历、言语、忠心、背景和给领导者个人带来的好处，除非这些要素能够转化为组织竞争力。用人的关键在于"不争"，不但不争，还要"为之下"，即充分尊重人、利益人、成就人，这就是用人的智慧与力道。配天，是说不争之德是合于天道的。通过不争来用人、配天，这是自古以来管理的最高准则，与第五十九章的"治人事天莫若啬""重积德"思想是一致的。

【管理启示】

本章具有深刻的军事学思想，对于企业竞争也有着重要的指导意义。商场如战场。在激烈的企业竞争之中，经营者要遇事不急躁、不冲动，保持头脑清醒、态度冷静，认真思考，细心分辨客观现象，找到问题的症结，从而得出正确的解决方法，这样才能够掌控全局、把握时机、进退自如，赢得竞争的胜利。善于竞争的经营者，不会锱铢必较，寸土必争，也不会争短期的得失，而是要争取全胜。企业在竞争中也可以采取柔弱不争的战略。柔弱并不是软弱，不争并不是屈服。企业的柔弱不争是建立在智慧和韬略基础上的战略原则，要求企业和员工不逞强、不轻率，避免与竞争对手发生正面冲突，苦练内功，积蓄实力，善于利用各方的力量，以不争达到全争的目的。如果能开辟"蓝海"市场，或者实现多方共赢，则是符合大道的方式。

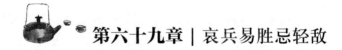

第六十九章 | 哀兵易胜忌轻敌

【原文】

用兵有言："吾不敢为主而为客，不敢进寸而退尺。"
是谓行无行，攘无臂，扔无敌，执无兵。祸莫大于轻敌，轻敌几丧吾宝。
故抗兵相加，哀者胜矣。

【译文】

用兵者曾说过："我不敢进犯而采取守势；不敢前进一寸，而要后退一尺。"

这就是说，虽然有阵势，却像没有阵势可摆一样；虽然要奋臂，却像没有臂膀可举一样；虽然面对敌人，却像没有敌人可攻击一样；虽然有兵器，却像没有武器可持一样。最大的祸患莫过于轻敌，轻敌几乎丧失我的"三宝"。

所以，两军力量相当时，悲愤的一方获胜。

【详解】

这一章紧接前两章对用兵之道进行了深入的剖析：一方面阐扬哀慈，以明不争之德，另一方面讲柔弱原则在军事上的运用。本章分三段。

"**用兵有言：'吾不敢为主而为客，不敢进寸而退尺。'**"老子厌恶战争，但不是绝对地反对战争，他视战争为一种不得已才用的手段。这段话表明，主动出击去侵略别人，其本身是非正义的，在道德上就输给了别人。从现实角度考虑，主动进攻对方，对方的民众就会因为遭到侵略而愤慨、团结，就会为保家卫国的正义而战，这对进攻一方是不利的。相反，如果守而不攻，留给对方主动出击的机会，己方的民众就会愤然还击，并能一鼓作气战胜敌人。因此，主动进犯人家"一寸"不如后退"一尺"，这不但能够表现出谦和与宽容的美德，还能引发自身国民的团结、奋进。这种"以退为进"的策略，是为了争取正义战争的胜利。

"**是谓行**（xíng，行动）**无行**（háng，行列），**攘**（rǎng，扬）**无臂，扔**（对抗）**无敌，执无兵**（兵器）"。行无行，陈鼓应等译为"虽然有阵势，却像没有阵势可摆"，汤漳平译为"布无阵之阵"，张松如译为"行进没有行列"，还有人译为"虽然行动了却好像没有采取行动一样"。"攘无臂"指的是虽然举起手臂却好像没有举起手臂一样。"扔无敌"意为虽然面对敌人却好像没有敌人存在一样。"执无兵"意为虽然手里拿着兵器却好像没有兵器一样。那么，明明有的东西怎么说好像没有呢？其实，这也体现了老子无为思想所能达到的最高境界——本来实有却似无，看似无为却有为。其中的一个关键是早做准备，收拢人心，在战略上藐视对手而在战术上重视对手，这样才能该隐藏的隐藏，该示弱的示弱，但实际上却掌握着战争的主动权而立于不败之地。所以，老子接着揭示这条主要原则："**祸莫大于轻敌，轻敌几丧吾宝。**"无为不是不作为、不备战，更不是骄傲轻敌。如果骄傲轻敌，一定会招致失败，即骄兵必败。任何骄傲自大和轻视他人的行为，都是不合乎"无为"与"清静"标准的，必然会受到惩罚。"吾宝"，一般认为同第六十七章的"三宝"。由于获得天下人心靠的是"三宝"，而轻敌往往意味着主动进犯对方，这既丧失了"慈"，也违背了"不敢为天下先"的原则。

"**故抗兵相加，哀者胜矣**"。加，帛书本、傅奕本为"若"；相加，相当。哀，不是悲哀，而是悲愤，是为正义而战的昂扬斗志；此外，还有"慈"的含义（陈鼓应），温海明认为，平时心怀慈悲，战时则为哀痛。如前所述，"吾不敢为主而为客，不敢进寸而退尺"，使本国民众充分了解己方是在为保家卫国而战，是行正义之事，因而斗志昂扬；同时也使对方明白是在侵略别人，在行不义之事，因而斗志下降。因此，两军相对，在力量相当的条件下，正义、悲愤的一方可以获胜。这句话的深层含义是，如果得到了天下人心，就有了胜利的保障；结合第一段，即使有胜利的把握，也尽量不与人争，更不主动进犯，这也是"夫唯不争，故莫能与之争"。当然，老子把实力"相若"也作为一个前提，这说明他并未把人心归向夸张到绝对化的程度，承认在实力悬殊的情况下，"哀者"一方也可能会失败的。

【管理启示】

本章体现了老子的"主动为客"思想。十五章讲"俨兮其若客"，而三十四章中有"万物归焉而不为主"的说法，本章则明确提出，在战争这种极端的对抗中也应该"不敢为主而为客"。在中国文化中，主人是主动一方，客人是被动一方，但是老子所讲的却是"主动为客"，即表面上看似居于被动，但在这种表象之下却把握着主动，这也是无为思想的运用。

"主动为客"也是"以退为进"，其前提是，一方面，自己一方做好了充分的准备、拥有强大的实力；另一方面，己方成员心怀正义，有使命感，这是保持竞争力和战斗力的"法宝"。"反者道之动"，用柔用弱不是真柔真弱，更不是怯懦，而是处在柔、弱的位置，顺着道的自然趋势以柔克刚，以弱胜强。

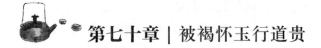

第七十章 | 被褐怀玉行道贵

【原文】

吾言甚易知，甚易行，天下莫能知，莫能行。

言有宗，事有君。夫唯无知，是以不我知。

知我者希，则我者贵。是以圣人被褐怀玉。

【译文】

我的话很容易理解，很容易实行，但天下没有人能理解，没有人能实行。

言论有主旨，行事有根据。正由于人们不理解这个道理，因此不理解我。

能理解我的人很少，能效法我的人难能可贵。因此，圣人（的不被理解，恰似）外面穿着粗布衣服、怀内揣着美玉（一样）。

【详解】

"**吾言甚易知，甚易行。天下莫能知，莫能行**"。在老子看来，大道至简，道在万物，因此道是"甚易知"和"甚易行"的；但是欲望和妄为是"知道""行道"的障碍，而人们往往被欲望蒙蔽了心灵，除了千方百计地满足自己的欲望之外，别无他求，这样就不能"知道""行道"了。这段话讲了"道"在知与行两方面都是既易又难的。

"**言有宗，事有君。夫唯无知，是以不我知**"。这段话讲的是"吾言"不为"天下"知的原因。王弼认为，"宗"指的是万物之宗，"君"指的是"万物之主"，可见，"宗"和"君"也就是道。苏辙也说："言者道之筌也，事者道之迹也。"言语以道为宗，是道的工具；具体的事情以道为主宰，是道的体现。平常人认识不到这一点，往往只关注具体言语与事物的表象，而不去探寻、发现事物之所以这样存在的原因，因此，人们不明白"道"，也就不会了解"我"了。

"**知我者希**（同"稀"），**则**（效法）**我者贵。是以圣人被**（pī，通"披"）**褐**（hè，粗布衣服）**怀玉**"。对于圣人之"道"，能了解、明晓或证得的人非常稀少，能效法的人就更加难能可贵了。"被褐怀玉"（帛书本此句中间有个"而"字）的字面意思是：穿着粗布衣裳而内怀珍稀宝玉。苏辙说："众人之所能知，亦不足贵矣。圣人外与人同，而中独异耳。"众人都能够了解并去追逐的事物（如吃饭、穿衣、求名、求利等），没什么稀奇的；而圣人外表与众人一样，也"不足贵"，但其内心世界因怀道、合道而无比丰富。

【管理启示】

能够"知道""怀道""行道"的领导者，就是圣贤之人。他们的内心已经实现了对物欲、妄心、俗心的超越，时刻合道，具有极其强大的心灵力量和普通人难以企及的智慧高度，因此，他们不会刻意追求外在表象。在领导实践中，有道领导者的外在形象往往很普通，这不仅是和光同尘、与众同行的策略，更是合道无为的一种自然外化。"被褐怀玉"这一比喻说明，有道的领导者是平凡与伟大、普通与杰出、形式与本质的统一。他们与"绣花枕头"相反，按照中国古典哲学的语言来说，外在的形式属性是"阳"，内在的本质属性是"阴"；有道者是阴阳各得其位，而无道者则阴阳错位。

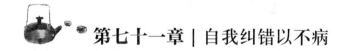

第七十一章 | 自我纠错以不病

【原文】

知不知，上；不知知，病。夫唯病病，是以不病。
圣人不病；以其病病，是以不病。

【译文】

知道自己还有所不知，这是高明；不知道却自以为知道，这是缺点。正因为警惕这种"不知却以为知"的缺点，所以没有缺点。

圣人没有这一缺点。正因为他警惕这一缺点，所以，他没有缺点。

【详解】

本章分为两段，先讲一般道理，然后提出一种圣人之道。

"知不知，上；不知知，病。夫唯病病，是以不病"。此段有四个"病"字，第一个"病"字，不是一般疾病，而是思维方式与思想层面的缺陷，是正常状态下对自己思想的错误判断。这是一种常人最容易犯的病。老子是思想大师，也是思想医生，所以提出这样一种病症，以使世人警醒。病病：以病为病，即能够警惕自己的缺点和错误。

一个人能知道并正视自己的无知与缺点，这是很了不起的（"上矣"），因为只有承认自己的无知才会努力学习，清楚自己的缺点才有可能改正缺点，这样才能获得进步，不断地学习、改错、进步，才会趋于完善，这是"上等品性"，具有"自知者明……自胜者强"（见第三十三章）的智慧与强大。反之，如果不知道自己的无知，还以为自己很懂，自信满满做"懂王"，那么就不会积极学习，还会刻意反对和排斥正确的意见和知识，就不会进步、完善了，这是一种心智方面的缺陷，老子直斥为"病"。如果能够正视自己存在的这种病，深刻地认识到这种病确实是一种严重的病，那么他才有"不病"的可能。

这是一般原理。有道的圣人又如何呢？

"圣人不病；以其病病，是以不病"。"圣人"人格的一个重要特征是能够克服、摆脱一般人的心智缺点。"圣人不病"明确指出圣人没有前文所讲的那种病。因为圣人真正明了并警惕"不知知"这种毛病，就会自觉加以预防，才会没有这种毛病。

【管理启示】

本章指出领导者容易患的一种病症：自以为是，不懂装懂，仅仅了解了一些皮毛，就以为掌握了宇宙变化与发展的规律；凭借权力地位，招摇过市，摆出一副智者的架势，用大话、假话欺人、唬人。对于这些人，老子十分不以为然，并且提出了尖锐的批评。患了这种病的领导者，不但无知，而且无耻，危害很大。

管理者要有自知之明，谦虚谨慎。孔子有言："知之为知之，不知为不知，是知也。"（《论语·为政》）在老子看来，真正领会"道"之精髓的圣人，不轻易下断语，即使是对已知的事物，也不会妄加臆断，而是把已知当作未知，这是虚心的求学态度。这个态度能使人不断地探求真理，也能使人及时自省并纠错。自我觉察并纠错的速度决定着管理者的成熟度并且避免成熟之后的退化。所以，老子认为，"知不知"，才是最高明的。在古今中外的历史中，因刚愎自用、自以为是而覆灭的领导者多如牛毛。

管理者要始终保有自我纠错的意识与能力，同理，组织建立强大的自我纠错机制乃是保持组织活力、实现长治久安的基本保障。

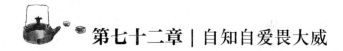

第七十二章 | 自知自爱畏大威

【原文】

民不畏威，则大威至。

无狎其所居，无厌其所生。夫唯不厌，是以不厌。

是以圣人自知不自见，自爱不自贵。故去彼取此。

【译文】

当民众不畏惧统治者的威压时，可怕的祸乱就要发生了。

（统治者）不要逼得民众不得安居，不要压榨民众的生活。只有不压迫民众，民众才不会厌恶统治者。

因此圣人但求自知而不自我表现，但求自爱而不自显高贵。所以舍弃后者而采取前者。

【详解】

本章劝导统治者要自知、自爱，反对高压统治与压榨百姓。

第一段，**"民不畏威，则大威至"**。"民不畏威"的"威"意为"威压"，"大威"的"威"指"祸乱"。这里提出了一个足使统治者恐惧的问题：民众如果不再怕统治者的威压了，也就到了不怕死的地步了，于是铤而走险，会发生动乱或革命，那么统治者也就大祸临头了。民众什么时候才不畏威呢？一种常见的情况是，民众被剥削到一无所有的时候，被逼到绝路的时候，那就无所畏惧了。

第二段讲如何解决上述问题。**"无狎（xiá，通'狭'，逼迫）其所居，无厌（yà，同"压"）其所生"** 是说，统治者不要逼迫民众，使其不得安居，不要阻塞民众谋生之路，使民不聊生，就是说要解决好民生问题，让老百姓安居乐业。老子在此深刻而坚定地指出民生问题是治世之根本。**"夫唯不厌（yà），是以不厌（yàn）"** 是说，只有不压迫民众，民众才不厌恶统治者。压迫，不单单是在经济上进行剥削，还包括在精神层面的压抑。统治者如果物欲横流，挥霍无度，必然会加重百姓生活上的负担；统治者如果处处显摆自己，荣耀自己，放纵自己的意志而压制民众的意志，会让民众心里不舒服，甚至激发百姓的逆反和敌意。

第三段总结提出合道的行为原则：要向圣人学习，**自知不自见**（xiàn），**自爱不自贵**，所以要**"去彼取此"**，即舍弃后者（自见、自贵）而保持前者（自知、自爱）。老子告诫统治者，不要自居高贵，而要自知、自爱，抛弃自见和自贵，这样，他就不会遭到民众的反抗了。

【管理启示】

管理者要做真正的高贵者。真正的高贵是自己不居高贵而使众人高贵。一般而言，越是成功的管理者，在组织中的位置越高，他们不但会被自己的成功、别人的赞誉搞得迷失了自我，而且还会因为脱离基层、脱离群众、信息闭塞而自我蒙蔽，于是"不自知"成为高层管理者容易犯的"病"。越是不自知的管理者越是倾向于自我表现，结果丑态百出为天下耻笑，而自己仍然自我陶醉，活出了病态人生。这种管理者容易"自贵"，即自以为很了不起、很尊贵，特别在意大家是否尊重自己、迎合自己，于是便产生很多阿谀奉承之人，在下属的逢迎之中，管理者更加私欲膨胀，唯我独尊，甚至为所欲为，这样就必然压迫下属和员工，引发祸乱，把组织和自己的前途都葬送了。显然，这是极不明智的，也是不自爱的。因此，每个管理者要铭记老子的谆谆告诫："自知不自见，自爱不自贵。"

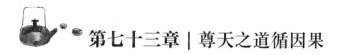

第七十三章｜尊天之道循因果

【原文】

勇于敢则杀，勇于不敢则活。此两者，或利或害。天之所恶，孰知其故？是以圣人犹难之。

天之道，不争而善胜，不言而善应，不召而自来，繟然而善谋。

天网恢恢，疏而不失。

【译文】

勇于有为就会死，勇于无为就可以活。这两种勇的结果，有的得利，有的受害。天所厌恶的，谁知道是什么缘故？对此，圣人也难以解说明白。

天之道是，不争斗而善于取胜，不言语而自然得到回应，不召唤而使万物自来归附，宽舒柔缓而善于谋取成功。

天网广大无边，虽然宽疏，却什么也不会漏失。

【详解】

本章讲天道的生杀、利害、好恶之理。"天网恢恢，疏而不失"足以令有道者欣然，令无道者惊惧。

第一段的前两句**"勇于敢则杀，勇于不敢则活"**，相关的争议很多。蒋锡昌、陈鼓应等认为，"敢"即"坚强"，"不敢"即"柔弱"。可以说，"敢"属于"有为"，相当于"强为""妄为"，即按照自己的意志、欲望去做而不顾及对方的想法。老子总是在对君主讲话，所以这里的"敢"是针对统治者的行为特点而言的。统治者位高权重，最容易对民众做出各种"有为"之事，其结果首先是伤及他人、殃及民众，其次是反噬自身。对于统治者而言，要做到"不敢"即柔弱、守雌、无为，也是一种勇，但是这种勇的结果与前者完全相反，不但能使别人得以活命，而且也使自己活得更安全、更有质量。总之，这两句话以有为的害处反衬无为的益处。

"此两者，或利或害。天之所恶（wù），孰知其故？是以圣人犹难之。""此两者"指的是"勇于敢"和"勇于不敢"，这两种行为同样是勇，但是因为它们的指向不同，所以导致的结果也就迥然不同。在老子看来，上天的法则是不可违逆的，如果违背了上天的法则，就一定会受到惩罚。"勇于敢"是恣意妄为，违逆了上天的法则，所以会遭受惩罚。与此相反，"勇于不敢"是顺应自然法则的行为，因而可以保全性命。那么，上天为什么会厌恶、惩罚恣意妄为之人呢？对此，谁也不知道究竟，就连圣人也回答不了这个问题，但是圣人却是谨遵上天的法则的。这就是说，上天的法则是不需要论证或解释的，它是"公理"一样的最高存在，自然也是人（主要指统治者）应该奉行的最高标准。

"天之道，不争而善胜，不言而善应，不召而自来，繟（chǎn，坦然，宽舒）然而善谋"。上天的法则有四个特征：从不跟任何事物争斗而善于取胜，从不主动说话、不发号施令而使万物自然回应，从不主动召唤万物但万物自来归附，显得宽松无心而妥善谋划。也就是说，上天无欲无为却化育万物因而赢得了万物的归顺和爱戴。这四大特征其实就是对"无为而无不为"的详细阐释，也明确指出"无为而治"是符合天道的。

"天网恢恢，疏而不失"，再次强调天道无与伦比的作用，不但警示统治者不要"勇于敢"，还为有道的君主"勇于不敢"、施行无为而治的治理模式进行鼓励。当然，这句名言喻示了一个不言自明的结论：顺道者昌，逆道者亡。

【管理启示】

本章揭示了无为的因果信条即"天之道"，这是管理者应铭记的公理。对于管理者而言，当一般的规章制度、制衡机制约束不了他们的时候，因果信条会成为诚实经营、健康管理、公正领导的最后一道保障。"天之道"的基本内容与特征是"不争而善胜"。"不争"是"利万物而不争"，"善胜"是"不争"的客观的圆满结果。"不争而善胜"体现在三个方面：一是"不言而善应"，领导者不多说话，以行动来示范、教化大家，所以大家对他有积极的回应。二是"不召而自来"，领导者不谋求自己私利，不用召唤、许诺，把利益大家的事情做到位了，大家就自然来投奔，愿意团结在他的周围。三是"繟然而善谋"，领导者真正慈心利他、放下一己私利的时候，做事很柔缓，没有刻意谋划、设计，结果就像所有事都谋划好了一样，各种善缘、善果会自动出现。这些看似不可思议的现象实则是"天之道"这个无与伦比的力量在起作用。与之相反，如果人们为了满足自身的欲望，不管有多"勇敢"、多有为，也是违逆天之道的，其结果必然是失败。

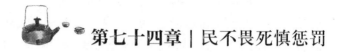

第七十四章 | 民不畏死慎惩罚

【原文】

民不畏死，奈何以死惧之？若使民常畏死，而为奇者，吾得执而杀之，孰敢？常有司杀者杀。夫代司杀者杀，是谓代大匠斫。夫代大匠斫者，希有不伤其手矣。

【译文】

民众如果到了不怕死的地步，怎么能用死亡来吓住他们呢？如果使民众总是怕死，那么对于为非作歹的人，我们就可以抓来杀掉，谁还敢为非作歹？

总是有专管刑杀的去杀。代替专管刑杀的去杀，就如同代替木匠去砍木头。代替木匠砍木头，很少有不砍伤自己的手的。

【详解】

这一章可以视为七十二章的主题深化，可分为两段。

第一段提出"**民不畏死，奈何以死惧之**"命题，而且接连用了两个反问句来加强语气，以引起君主以及所有领导者的重视。第七十二章说"民不畏威，则大威至"，意在教诲统治者如何防止民众造反，本章则申明，如果民众连死都不怕了，那么统治者也就没有任何可以对付民众的手段了，所以"奈何"一词值得深思。接着从反面论证：假如民众真的一直怕死，对于那些犯上作乱的人，统治者就把他们抓来杀掉，那么谁还敢闹事呢？实际上，当民众不怕死时，杀掉"为奇者"，并不能吓住民众。这一段从正反两个角度论证了"让民众畏惧乃至杀戮并不是妥善的统治手段"这一命题。为奇者，指的是不法分子、为邪作恶的人、捣乱的人，当然这是从统治者视角来看的，如果从民众的角度来看，这些人可能是被逼无奈之后的铤而走险。老子在这里讲的民众不畏惧死亡，是在告诫统治者不要用死亡来威吓民众，充分体现了他对民众的慈爱和怜悯。

"若使民常畏死"，通常译为"假如人民真的畏惧死亡"，但帛书乙本此句为"若使民恒且畏死"，汤漳平译为"如果人民总是不怕死"，沈善增译为"要是能让民众以后总是怕死"，苏辙对王本的注解为"民安于政，常乐生畏死"，可见，"若"是"假如"义，"使"是"让""令"义，"常"是"总是"义，这句话申明民众能否总是怕死，取决于统治者为政是否清明、无为。

第二段中**"常有司杀者杀"**，帛书乙本为"若民恒且必畏死，则恒有司杀者"。司杀者，很多学者译为"天道"。苏辙的解读是"司杀者，天也。方世之治，而有诡异乱群之人，恣行于其间，则天之所弃也。天之所弃而吾杀之，则是天杀之，而非我也。非天之所杀，而吾自杀之，是代司杀者杀也；代大匠斫（zhuó），则伤其手矣；代司杀者杀，则及其身矣。"意思是：执掌刑杀的是天。在国家安定的时候，如果还有人诡诈、邪行、乱群，在社会上肆意妄为，那么上天就会厌弃他们。对于这种上天所厌弃的人，"我"将他们杀掉，是天杀掉的，而不是"我"。不是天意要灭弃的人，而"我"自作主张将其杀掉，这就是擅代上天杀人。就像代替高明的木匠去砍木头的人很少有不砍伤自己手的一样，那些代替执掌生死的上天而杀人的人，会有祸患降临到自己头上。

【管理启示】

仅靠惩罚等强制手段，很难妥善处理管理中的问题，还会反噬自己，严重的甚至会动摇组织的根基。惩罚属于有为的范畴，不能作为主要的管理措施，只能作为辅助手段。

在公共治理领域，"民不畏死"是管理当局最害怕的事，如果届时采取"以死惧之"的政策，就会出现难以收拾的局面，正如《阿房宫赋》所描述的："戍卒叫，函谷举；楚人一炬，可怜焦土。"民众通常是怕死的，那么什么时候民不怕死呢？通常是在活不下去的时候。这个问题下一章有论述。所以，社会治理的一个要点是"使民众怕死"，那么什么时候民众怕死呢？通常是在富足、平安、快乐即"活得好"的时候。那么，管理的一个原则就是千方百计地让民众生活得好，因此，管理者就要全心全意为众人服务，"以百姓心为心"，这就又回到"无为而治"的主题上了。

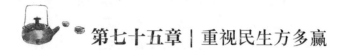

第七十五章｜重视民生方多赢

【原文】

民之饥，以其上食税之多，是以饥。民之难治，以其上之有为，是以难治。民之轻死，以其求生之厚，是以轻死。

夫唯无以生为者，是贤于贵生。

【译文】

民众遭受饥饿，是因为统治者吞吃的赋税太多，因此陷于饥饿。民众难以治理，是因为统治者强作妄为，因此难以治理。民众之所以不怕死，是因为统治者过分追求满足自己，因此轻于犯死。

只有不追求自己生活享受的人，才比过分看重自己生命的人高明。

【详解】

这一章对剥削者提出警告，劝告统治者要善待民众，否则，一旦民众为求生存而冒死抗争，那么统治就难以为继。本章分两段。

"民之饥，以其上食税之多，是以饥。民之难治，以其上之有为，是以难治"这两句话易于理解：民众如果陷于饥饿，根源在于统治者吞吃赋税太多；如果难以管控，根源也在于统治者施行了"有为之治"。"其上"指的是统治者。赵又春解释道：每个人在本性上是要求"我自然"的，而"上之有为"却干预民众的活动，使之不能"我自然"，民众自然会反感、抗争，这对统治者来说就是"民难治"。这与第六十五章所讲的"民之难治，以其（指统治者）智多"是一个意思："智多"与"有为"一样，是统治者对民众施治的花样多，规定的"忌讳"多，对民众的管束多，这些"有为"必然产生与自身作对的力量，正如第五十七章所讲的"天下多忌讳，而民弥贫……法令滋彰，盗贼多有"，这必然使民众难以被统治。

"**民之轻死，以其求生之厚，是以轻死**"，傅奕本在"其"字之后有一"上"字，按此，这句话可理解为："民众之所以会轻生冒死去触犯法律，是因为统治者为了奉养自己，把民脂民膏都搜刮净了，所以民众才轻生冒死。"这与前两句在文句与逻辑上是一致的。此外，王弼本、河上公本、帛书本等皆无此"上"字，任法融、赵又春认为"其"指代"民众"，那么此句也可解释为：民众之所以会冒死抗争，是因为他们有强烈的求生欲；如果民众没有这种求生欲，那么在自己的粮食被收缴没了之后，就甘心被饿死算了，在被种种压迫之下，忍气吞声，直到被欺辱至死也没有怨言。正是因为民众都有强烈的求生欲，才会在一定条件下以死求生。

这一段的三句话之间存在因果关系："食税之多"是"民之饥"的原因，而民众饥饿是"难治"的主要原因。当饥饿和难治的程度积累到临界点的时候，民众就必然冒死抗争了。

老子从第七十二章开始反复讲到民众的死活问题，也是现代语境中的民生问题，这是人类历史上历代治乱兴亡的根本动因。

"**夫唯无以生为者，是贤于贵生**"是对君主提出的忠告。"贵生（者）"是指谓追求私欲的满足、贪恋奢靡生活的君主（"贵"是看重义），其实是指行"有为之治"的君主；与之相对的"无以生为者"，自然是指不是为了过优越生活而施治的君主，亦即行无为之治的君主。"无以生为"是对前文中"食税之多"和"有为"的否定，老子通过这种否定来说明一个贤明的统治者所应坚持的人生态度：只有不以名利厚养自己生命而又有所作为的人，才比仅看重自己生活享受的人更胜一筹；换言之，那些不为追求优越生活而施治的君主，要比追求物质享乐的君主高明。

【管理启示】

白居易写了两首"读《道德经》"的感兴诗，其一为："吉凶祸福有来由，但要深知不要忧。只见火光烧润屋，不闻风浪覆虚舟。名为公器无多取，利是身灾合少求。虽异匏瓜难不食，大都食足早宜休。"元代诗人密兰沙也有名诗："刀笔相从四十年，是是非非万千千。一家富贵千家怨，半世功名百世愆。牙笏紫袍今已矣，芒鞋竹杖任悠然。有人问我蓬莱事，云在青山月在天。"这些诗文揭示了本章的管理思想：管理者要想自己好，必须先让众人好；如果想通过盘剥众人让众人苦而使自己好，那么大家就一起不好。这种"双赢"乃至"多赢"的思想对今天的管理者尤有启发意义。

第七十六章 | 强大处下弱处上

【原文】

人之生也柔弱，其死也坚强。万物草木之生也柔脆，其死也枯槁。故坚强者死之徒，柔弱者生之徒。

是以兵强则不胜，木强则兵。

强大处下，柔弱处上。

【译文】

人活着的时候身体是柔软的，死后则变得僵硬。万物草木活着的时候是柔脆的，死了就变得干枯了。由此看来，"坚强"的东西属于死亡的一类，柔弱的东西属于有生命力的一类。

因此用兵逞强就难以取胜，树木粗壮了就会遭受砍伐。

强大的处于下降趋势，而柔弱的处于上升趋势。

【详解】

本章反复使用五次"强"字，对"有为统治"提出警告，并再次申述"柔弱胜刚强""守柔曰强"的主旨。本章可分为三段。

第一段中的**"万物"**（有人认为是衍文当删，刘笑敢等否定此说，而帛书本与河上公本均有此词）不包括石头、瓦块等没有生命的物件，而是指有生命的组织体。前四句讲了人尽皆知的常识：人与所有动植物一样，活着的时候身体柔软，死后尸体僵硬。从这一常识可以推导出"坚强者死之徒，柔弱者生之徒"，这里的"坚强"指的是失去生命力之后的僵化、僵硬状态。河上公说："人生含和气，抱精神，故柔弱也。人死和气竭，精神亡，故坚强也。"苏辙说："冲气在焉，则体无坚强之病；至理在焉，则事无坚强之累。"生命体死亡之后，象征着生命力的"和气"或"冲气"（气机）也消失了，仅剩下物质性的"尸体"，因而这种坚硬的尸体象征着死亡；有生命的身体则是柔软的，因此柔软象征着生命力。进一步地，人类组织也是一种类生命体，组织的生命力主要取决于影响人心的"道理""正理"或"正气"，有"道理"的组织就有活力，悖道缺德无理的组织则僵化、死气沉沉。因此，生命体如果僵化了，看似"坚强"，其实是生机在丧失；柔弱则意味着有活力。

第二段把前述的一般原理应用于人事："**是以兵**（用兵，军事行动）**强则不胜，木强则兵**（用刀斧砍伐）。"这里的"强"不同于首段的"坚强"，其含义要具体分析。兵强，指的是以武力逞强。河上公说："强大之兵轻战乐杀，毒流怨结，众弱为一强，故不胜。"苏辙也说："兵以义胜者非强也，强而不义，其败必速。"军事行动是以正义取胜，而不是仅凭武力的强大，武力强大而不正义，即容易逞强、轻战、乐杀，引起人们的反感、怨恨，促成对方团结一心，那么失败很快就会来到。可见，"兵强"往往意味着决定军队生命力的正义的消散。木强，树木长得高大、粗壮。在木匠看来，树木长粗壮了，就没有继续活下去的理由了，应该砍伐、制作木器了。

第三段，在前述逻辑基础上可见，强大者面临着下降趋势，而柔弱者处于上升的趋势。显然，这是在对"无为""守弱"进行新的论证，意在说明：统治者自显强大实际上是"下策"，而甘居柔弱则是"上策"。此外，"**强大处下，柔弱处上**"常被译为"强大者处于下位，柔弱者处于上位"。

【 管理启示 】

管理者须知，无论柔弱还是坚强，都是由于事物变化发展的内在因素在发挥作用，这一内在因素即生机（"和气"）。坚强的东西往往已经失去了生机，而柔弱的东西则充满着生机。因此，本已处于上位与强势的管理者不可逞强自大，不能突出自己，而应柔顺谦虚，甘居柔弱。

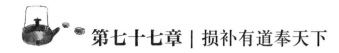

第七十七章 | 损补有道奉天下

【原文】

天之道，其犹张弓与？高者抑之，下者举之；有余者损之，不足者补之。天之道，损有余而补不足。

人之道则不然，损不足以奉有余。孰能有余以奉天下？唯有道者。

是以圣人为而不恃，功成而不处，其不欲见贤。

【译文】

天之道岂不像拉弓射箭一样吗？弦位高了就把它压低一些，弦位低了就把它抬高一点；拉得过满了就放松一些，不够满就加以补足。天之道，减少有余的用以补充不足的。

人之道就不是这样了，它剥夺不足的用以供奉有余的。谁能够把有余的用以供给天下不足的？只有有道的人才能做得到。

因此圣人有所作为而不自恃己能，有所成就而不居功自傲，他不愿意表现自己的聪明才干。

【详解】

这一章通过天之道、人之道、圣人之道的对比，为"无为而治"提供了天道基础。

第一段以"**张弓**"这种"人事"来比喻说明"**天之道**"。张弓，一说为给弓装上弦，如高亨说："《说文》：'张，施弓弦也。'盖施弦于弓时，弦之位高，则抑之，弦之位下，则举之，弦之长有余，则损之，弦之长不足，则补之。天道正如是耳。"很多现代学者将张弓解释为常见的拉弓射箭。四个"之"字句描述张弓的具体操作："抑"和"举"是一对反义动词，分别为按压和提升的意思；四个"者"字是表示假设关系，如"高者抑之"，是说"高了的话，就压低一点"。可见"张弓"的操作完全是按客观情况而不是按主观意愿行事，质言之，就是要使主观意志随顺自然规律，即"主客合一"。本段的末一句点明"天之道"的原则是"损有余而补不足"。这是为了凸出"天之道"同后文"人之道"恰好相反的性质。

第二段讲人之道与圣人之道。"人"是指俗常之人，也指人类社会。"**人之道**"是俗常之道，陈鼓应译为"人世的行径"。"人之道"和"天之道"相反，常人喜欢锦上添花而贬损不足，能力越强、资源越多的人越是能在零和博弈中获胜，统治者则剥夺本就贫困不足的百姓来奉养本来富足有余的自己。显然，这种"人之道"是造成天下贫富差距扩大和权利不平等的主要原因。圣人或有道的统治者能洞察到这一点，因而在天之道与人之道中选择了前者，从而形成了"能有余以奉天下"的圣人之道。"**唯有道者**"，这个"唯"字既表明这种选择的难度和超凡脱俗，也是对这种选择的高度赞美。

第三段讲圣人的行为原则。"**为而不恃**"和"**功成而不处**"，已见于第二章，那里是申述圣人"无为"的具体表现，这里是遵行天道"有余以奉天下"这个最高法则的行为原则，隐含的意思是，这是上天所赞许的行为。末句"其不欲见（xiàn，现）贤"是遵循天道的心智模式：他不想显示自己的贤德。有道的圣人是不愿意显示自己的"贤"的，因为"显示"意味着希求尊敬、回报，只要怀有这种用心，就不符合"圣人之道"了。

【管理启示】

有道的领导者处于俗常社会之中，弃绝俗道而取法天道，与常人有本质的差别而又以服务常人为己任。因此，他们"为无为"，不自恃己能，把自己多余的部分奉献给不足的人；他们身居高位但绝不自高自大，而是始终保持谦和、恭敬、卑下的德行。

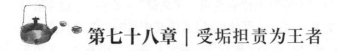

第七十八章 | 受垢担责为王者

【原文】

天下莫柔弱于水，而攻坚强者莫之能胜，其无以易之。

弱之胜强，柔之胜刚，天下莫不知，莫能行。

是以圣人云："受国之垢，是谓社稷主；受国不祥，是为天下王。"

正言若反。

【译文】

天下的事物没有比水更柔弱的，但是攻坚克强没有什么能胜过水，在这一点上没有能替代水的。

弱能胜强、柔能胜刚，这个道理天下人没有不懂的，但是没有人能够实行它。

因此圣人说："承当国家的屈辱，才配称得上国家的君主；承担国家的灾难，才配做天下的君王。"

正确的话听起来像是反着说一样。

【详解】

本章先以水为例说明弱可胜强的道理，然后进一步深入到管理实践，阐明了无为型君主的合法性。

"天下莫柔弱于水，而攻坚强者莫之能胜，其无以易之"是对第二章"水德"的进一步补充与展开，也是第四十三章"天下之至柔，驰骋天下之至坚"的例证。柔弱，并不是软弱、懦弱。水性柔弱，趋下居卑，但它能穿山透石，主宰所有的生命。"其无以易之"，河上公本和王弼本皆如此，而帛书本和傅奕本为"以其无以易之也"。易，通常解为"代替"，说明水的不可替代性。沈善增、赵又春认为"易"应是"改变"的意思，说明水的不可改变性或稳定性。

"弱之胜强，柔之胜刚，天下莫不知，莫能行"。第七十章说"吾言甚易知，甚易行。天下莫能知，莫能行"。大道至简，特别是像"柔弱胜刚强"这样的道理，每个正常人都能很容易了解并践行，但是，几乎人人都不真正理解，也不躬身践行。老子反复提到"天下莫能知，莫能行"，既是深深的叹惋，也是一种深切的希望。那么，为什么天下人对如此高妙、对自己如此有利的道理不能知、不能行呢？主要是因为人们受自己欲望的驱使而争强好胜，而且从小就被灌输这种争先、争强的观念，形成"心理印刻"和"心灵主程序"。在这种心智模式的支配下，人们都争强、争刚、争好、争赞、争名、争利，争竞不休，刚强难调。其实，正如下文所揭示的，这些常人的存在恰恰构成了成就有道君主这一真正强者的外部条件。

"是以圣人云：'受国之垢，是谓社稷主；受国不祥，是为天下王。'"垢：屈辱，辱骂。不祥：灾难，祸灾。蒋锡昌说："凡老子书中所言'曲'、'枉'、'洼'、'敝'、'少'、'雌'、'柔'、'弱'、'贱'、'损'、'啬'、'慈'、'俭'、'后'、'下'、'低'、'孤'、'寡'、'不谷'之类，皆此所谓'诟'与'不祥'也。"这些都是常人所不喜欢的东西。常人都想把好处留给自己，把"不好"甩给别人，于是大家推推搡搡，如同笼中蟹，最终都得不到好处。而有道的领导者却必须承受这些"不好"，把名利好处都给别人，才会赢得众人的好感与拥戴——当然，其前提是这种领导者已经位高权重、实力在握；如果是一个孱弱的乞丐，无论怎么受辱，人们也不会高看他。老子认为，只有能够忍受国人批评甚至辱骂的统治者，才能成为社稷的真正主人；只有能够对国中发生的一切祸难承担责任的统治者，才能成为真正的天下之王。这是对"以其不争，故天下莫能与之争"（见第六十六章），"以其终不自为大，故能成其大"（见第三十四章）等思想的一个重要补充。

"正言若反"。真理，在常人眼中好像违反常理、有些荒唐。苏辙说"正言合道而反俗，俗以受垢为辱，受不祥为殃故也"，意思是，正确的观念合乎于道却与世俗的看法相反，世俗以受玷污为耻辱，极力躲避危险和不幸，甚至受不得一点委屈；但是，作为合道的领导者，就要像水一样，既能利益众生，也能接纳污垢。

老子从矛盾的两个极端来把握问题，重视事物的内在规律，而常人总是习惯于重视事物的表象。"道"却从来不会顺从人类，它常常以一种与人们从小就形成的认识方式不一样甚至相反的轨道来运行。因此，《道德经》所论述的道理是"正常人"所难以认同的，于是，"正言若反"，"下士闻道大笑之，不笑不足以为道"。

【 管理启示 】

水的柔弱，是柔中带刚、弱中有强，坚韧无比，具有无限的生命力。"水式领导者"有海洋般博大的胸怀和实力去"受国之垢""受国不祥"，也像"水利万物"一样担负起对天下众生的终极责任，最终成为真正的"社稷主""天下王"。身为管理者，要勇于承担责任，不怕事、不犯事，干成了事还不当回事儿，这才是水式强者。

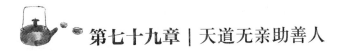

第七十九章 | 天道无亲助善人

【原文】

和大怨，必有余怨，安可以为善？

是以圣人执左契，而不责于人。有德司契，无德司彻。

天道无亲，常与善人。

【译文】

和解深重的怨恨，必然会有余留的怨恨，这哪里算得上妥善的办法呢？

因此，有道的圣人即使拿着借据的存根，也不向人索取偿还。有德的人就像持有借据的人（一样宽容大度），无德的人就像掌管税收的人（一样苛刻计较）。

天道是不偏袒任何人的，但总是帮助善人。

【详解】

这一章老子依然就统治者与百姓之间的矛盾展开论述，分为三段。①

第一段提出一个统治中常见而棘手的问题：“**和大怨，必有余怨！**”“**大怨**”是深仇大恨，“余怨”指的是难以消除的沉积于心底的怨恨。统治者与民众之间的矛盾激化，民众怨声四起，这是直接威胁统治者地位的大怨。通常，统治者试图以和解的方式应对“大怨”。老子指出，这种“和大怨”必定存在“余怨”，因为统治者与民众之间的矛盾已经到了不可调和的地步。《庄子·列御寇》中说：“以不平平，其平也不平；以不征征，其征也不征。”意思是，用不公正的态度达到和平，即使和了也不是真和；用虚言发誓，即使表面上看来诚信，事实上也是伪誓罢了。例如，统治者横征暴敛，使百姓家破人亡，然后再通过施粥放粮去救活剩下的人，人们会暂时接受，表面和平了，但是心中余恨难消。这个

---

① 蒋锡昌.老子校诂［M］.成都：成都古籍书店，1956：456.

"和"字意味着统治者会做出一定的妥协和付出，但是"**安可以为善**"？这怎么能是处理同民众关系的好办法呢？

第二段，老子提出了合道的解决方式。首先是圣人的做法："**执左契，而不责于人**。"左契是债权人向债务人索债的凭证，古代以竹木简为契约，分左右两片，债权人执左片，故称左契。"责"是"索取"义，又见《左传·桓公十三年》："宋多责赂于郑。"圣人"握有借据的存根而不强逼人家还债"的喻义是：圣人一心为民众谋福利，给民众带来了好处，但他不求回报，"为而不恃""功成而不处"，故而民众根本就不会对他产生怨恨之心。因此，真正能够"和大怨"的方法乃是学习圣人的做法，从来就不认为自己对民众有恩，不把自己当作握有民众"欠条"的人，这样就不会有"怨"的产生，也更不会有"大怨"的存在（赵又春）。这体现了"功成事遂，百姓皆谓'我自然'"的"无为而治"理念，也是将矛盾消弭于事前的管理思想："为无为，事无事，味无味……图难于其易，为大于其细。"（见六十三章）

"**有德司契，无德司彻**"。"司契"泛指讨债活动。"彻"是周代田税法即十一税（抽取收成的十分之一作为田税），"司彻"泛指征税事务（"司"是"主管"义）。两者的区别是：首先，"司彻"（收税）以政权和法律为依据，照章行事，没有变通余地；"司契"（讨债）依据民间的契约关系，债权方可以变通处理，甚至能够放弃讨债权。其次，"司彻"虽然强硬收税，但事先并未给百姓什么，反而靠百姓养活；而"司契"者事先必定实质性利益对方（如出借财物），自己并不靠对方活命，而且还有免债的自由。老子借此比喻对待百姓的不同态度：一种是像"司彻"那样，不但没有利益百姓，而且靠百姓生存，并向百姓强行索取；另一种是像"司契"那样，事先利益百姓，不靠百姓生活，还会不求百姓回报。老子评价说：前者"无德"而后者"有德"，亦即"有德司契，无德司彻"。

按照赵又春的观点，老子这是在同君主对话（或向他们喊话），而他们是已经有了民怨的人，面对的乃是如何消解民怨的问题；因此，老子首先告诉他们，"和大怨"不是处理君民关系的好办法，其次又指出像圣人那样"为而不恃"以致民众根本不会生怨，才是正道和最好的办法。由于这是讲"应然之理"，只是帮助他们"提高认识"，不是提出处置"大怨已经形成的局面"的办法，所以讲完了"根本道理"之后，就回到"现实"，教他们"如何处置当前已经存在的民怨问题"：民怨源自君主们"为而恃、功成而处"，即自认为保护了百姓而横征暴敛才引发民怨的，因此应该选择"司契"这个"有德"的"待民方式"。这种方式正如第二章所讲："生而不有，为而不恃，功成而弗居。夫唯弗居，是以不去。"这是合道的方式，它意味着君主要主动放弃奢华的生活，必须"少私寡欲，见素抱朴"。当然，这也是真正的"善"。

第三段，**"天道无亲，常与善人"**，这是主题升华，也是对君主行善道的勉励。古代统治者不是要"上承天命，下绥百姓"（王弼、傅佩荣）吗？"执左契，而不责于人"就是无私地利益百姓而不要求百姓有任何回报，既能安百姓之心，也能得到上天的垂顾。"善人"指的"有上德之人"，他们与道相合，即使创造了国家、保护了所有百姓，也不要求任何回报，他们是真正强大的圣人。老子在第四十九章描述了这样的人："圣人无常心，以百姓心为心。善者，吾善之；不善者，吾亦善之；德善。信者，吾信之；不信者，吾亦信之；德信。圣人在天下，歙歙，为天下浑其心。"

【管理启示】

在一个组织中，员工的"怨"意味着管理存在矛盾，"大怨"意味着难以调和的矛盾。现实中的组织管理不可能完全消除矛盾，相反，管理本身往往会制造许多的矛盾。可以说，没有管理就没有矛盾，没有矛盾就没有管理存在的必要，矛盾与管理相伴相随。从这个意义上说，组织管理正是对各种矛盾的管理。在组织的各种矛盾中，人际冲突特别是领导与成员之间的冲突是管理的重点和难点。本章所提出的"怨"的问题对于解决领导与成员之间的冲突具有重要的启示。显然，在领导与成员的冲突中，领导常常处于强势，而人们也多强调成员要顺从、忠诚、适应、忍让，但是老子却认为领导要承担更大的责任，如果等到员工心怀大怨了，领导才放下架子进行一定的妥协，这不是"合道"的方式。合道的解决方式是"报怨以德"，老子认为，这样的领导者会得到天道的护佑。

在中国传统政治哲学中，"奉天承运"一直是基本的命题，对于规范统治行为长期起到一定的积极作用。老子指出，天道对于任何事物来说，都是无亲无疏的，但是它喜欢和真正善良的人站在一起。换句话说，天道鄙视无德的人，而那些苛刻的统治者必然会受到天道的责罚，这就为无德的统治者敲响了警钟。对此，第七十三章强调，"天网恢恢，疏而不失"，而《道德经》最后一章还会进一步强调这个命题。

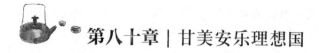

第八十章 | 甘美安乐理想国

【原文】

小国寡民。

使有什伯之器而不用，使民重死而不远徙。虽有舟舆，无所乘之；虽有甲兵，无所陈之。使人复结绳而用之，甘其食，美其服，安其居，乐其俗。

邻国相望，鸡犬之声相闻，民至老死不相往来。

【译文】

邦国小，人口少。

即使有十倍、百倍于人力的器具也不使用，使民众珍惜生命而不向远处迁移。虽然有船只车辆，也没有必要去乘坐；虽然有武器装备，也没有必要拿出来陈列。使民众回到结绳记事的状态，吃得香甜，穿得舒服，住得安适，过得快乐。

邻国之间互相看得见，鸡鸣狗吠的声音彼此听得到，但民众直到老死也不相互往来。

【详解】

本章描绘了老子的"理想国"，这也是君主"见素抱朴，少私寡欲"，施行"无为而治"的治理结果。本章分三段，"小国寡民"是立意句，接着是分述，最后一段的三句话回应首句。

"小国寡民"的前提是全世界的所有人都"见素抱朴，少私寡欲"，素质极高，物质丰足，世界和平安定，没有战争，也没有竞争，连竞赛都没人感兴趣，所以也就没有建立大国、保持人多的必要了。

"使有什伯（bǎi）之器而不用，使民重（zhòng）死而不远徙（xǐ）。虽有舟舆，无所乘之；虽有甲兵，无所陈之"。"重死"就是"贵生"，悦纳和享受自己的天赋生命，重视内在的生命质量。由于人们都无欲，也就无求，自然就无争，因此没必要使用那些能提高效率的器具，没必要向远处迁移，也没必要乘车坐船，更没必要陈列、使用武器。那么人们都做什么呢？**"使人复结绳而用之。甘其食，美其服，安其居，乐其俗"**。因为人们没有什么外在追求，都享受醇厚素朴的天然之乐；此时，一切巧饰、奢华享受、虚荣都已经被人们弃之如敝履，就会回到结绳记事的状态。这种状态不同于贫困的原始社会，百姓吃得香甜，穿得舒服，住得安适，都满足于朴素宁静的生活和习俗。

老子在这里还留有思想的弹性空间。即使全世界的人们都这样无欲无求、安乐内求，但是还保留着"什伯之器""舟舆""甲兵"。这为我们从极为长远的战略角度考虑问题留下了一定的空间。"道"在自我展开的过程中，一切都会变化，各种可能都会出现，也不可回避。老子主张"知其雄，守其雌"，这也是保持"道"的完整性。

从老子的整体思想而言，这里所描绘的"小国寡民"的样貌是无为而治思想的必然归宿，也是老子的理想社会。也许，人类经过未来漫长的发展，会有一天实现这种社会状态，但是，"结绳记事"的说法确实不好理解。

"邻国相望，鸡犬之声相闻，民至老死不相往来"，这是全景概览，也是对"小国寡民"的呼应。邻国之间可以互相看得见，但没有往来的必要；鸡鸣狗吠的声音彼此都听得清楚，也没有往来的需求。这是因为，民众康乐心安，形成自给自足的自治体。自得其乐，没有向外部的需求，自然不相往来。

【管理启示】

老子的"小国寡民"思想对于经济管理和企业管理都已经产生了巨大的影响。

市场经济的基本原则就是厂商自主、自由地发展，依照供求规律自行调节，而不需要强行干预。所以有人说，西方自由市场经济的思想来源之一就是中国的老庄哲学。

在企业中已经出现类似于"小国寡民"的管理模式。例如，广受关注的阿米巴经营模式将整个公司分割成许多个被称为阿米巴的小型组织，每个小型组织都作为一个独立的利润中心，按照小企业、小商店的方式进行独立经营。比如说制造部门的每道工序都可以成为一个阿米巴，销售部门也可以按照地区或者产品分割成若干个阿米巴。

第八十一章 | 为而不争大智慧

【原文】

信言不美，美言不信；善者不辩，辩者不善；知者不博，博者不知。

圣人不积，既以为人，己愈有；既以与人，己愈多。

天之道，利而不害；圣人之道，为而不争。

【译文】

真话不漂亮，漂亮话不是真话。良善的人不巧辩，巧辩的人不良善。真正知"道"的人并不表现得什么都懂，显示自己懂得多的人不是真知"道"。

"圣人"没有什么保留，而是尽全力帮助别人，自己反而更充足；尽可能给予别人，自己反而更丰富。

上天之道，只兴利而不为害；圣人之道，只施助而不争夺。

【详解】

本章可分为三段，第一段讲有道管理者的自我修养，第二段讲有道管理的基本准则，第三段则讲合道管理的基本模式并有劝勉之意。

第一段[1]，强调言说的可信度和观点的效度（真确性），以使言说的对象即君主重视、信服全书的观点。这使本章更像《道德经》的跋。

"信言不美，美言不信"：信，真实。美，令人愉悦；对于"美"很难有统一的认识，因为它是人的个别感受和主观判断。真实的言辞总是尽量反映客观现实，最大限度地避免个人主观偏见，因而不追求美的效果，所以往往听起来

---

[1] 此段的帛书本为"信言不美，美言不信；知者不博，博者不知；善者不多，多者不善"，与王本差别较大。

不那么漂亮悦耳；听来让人高兴、喜悦的话往往掺杂了说者的个人目的与听者的主观偏好，于是会偏离客观真实，所以常常不信实。

"善者不辩，辩者不善"：真正善良的人一心利益别人，没有自己的私利，所以不会为了自己的面子而长篇大套地自辩巧说；相反，善于自辩巧说的人总是维护自己的面子、尊严和利益，这种人怎么能是善者呢？

"知者不博，博者不知"：知，任继愈解为"懂"，陈鼓应解为"了解"，读"zhī"；张其成解为"智慧"，读"zhì"。博，陈鼓应、陈徽等解释为"广博""博学"，任继愈等解释为"卖弄"，齐善鸿、傅佩荣等释为"卖弄广博"。综合《道德经》的思想，这里强调的是对道的把握（真知）和对世俗知识的多闻（广博）的辩证关系，多闻并不能真正地明白道，而明白道的人也不一定依靠博闻来获得真知灼见。正如苏辙所说："有一以贯之，则无所用博。学而日益者，未必知道也。"另外，博与辩、美一样都属于"有为"的范畴，而悖道的领导者常常因为虚荣、面子、见多识广而表现得什么都懂，这也是一种卖弄。

张松如说："世界上的事物多种多样，社会现象更是十分复杂，如果单单认定'信言'都是不美的，'美言'都是不信的；'知者'都是不博的，'博者'都是不知的，那么就片面了。不能说世界上真、善、美的事物永远不能统一，而只能互相排斥。只知其一，不知其二，那就不免始于辩证法而终于形而上学。"对此，要将本段与前面内容和老子思想进行综合理解，不能执着于"忠言逆耳""良药苦口"而率直伤人，也不能因"真""善""美"具有统一的一面而钻牛角尖，否认这段的辩证价值。老子的这些警句揭示了"信"与"美"、"善"与"辩"、"知"与"博"之间的辩证关系，并不存在绝对化的问题。

第二段是对《道德经》核心思想的概括与强调。**"圣人不积"**，积，为自己积攒、保留、占有。庄子说，"天道运而无所积，故万物成；帝道运而无所积，故天下归；圣道运而无所积，故海内服"（《庄子·天道》），老子在前面也讲"金玉满堂，莫之能守""执者失之"，可见老庄所谓的"圣人"没有占有之心，"不积存、不保留、不停滞"（傅佩荣），将自己能得或应得之物按照道的法则去处理。怎么处理呢？

"既以为人，己愈有；既以与人，己愈多"。以，相当于"用"。既，尽。为，帮助、佐助，用法同《诗·大雅·凫鹥》的"福禄来为"。与，给予。圣人没有私心，而是全心全意地帮助别人、成就别人。当然，圣人的"给予"不会是锦上添花、"奉有余"，而是济人之困、救人之难、雪中送炭，更多的是创造众人实现自我价值的有利条件，其结果是人们回馈他更多、更好的事物，甚至天道和命运也会善待他，所谓"天道无亲，常与善人"，于是他就撬动了一个正能量运行的良性循环，他的人生更丰富、更高贵。这是合乎大道的幸福人生，也可以说是高明管理者的一种高贵行为。老子强调的是"舍"与"给"，"己愈有"和"己愈多"仅仅是自然而然的客观结果而不是动机和目的，因为圣人是"不积"的。这段话说明，"给予"才是最大的"获得"，"无私付出"与"成就众人"便是处于高位的管理者保护自己、升华自己的秘诀。

赵又春认为，上一段旨在劝说君主信从本书"无为""不争""为而不恃"甚至"功成身退"等"不积"的主张，而"被劝的人"可能会发出"那样的话，我岂不是什么也没有得到，我究竟图个啥"的疑问。本段就是对这个问题的回答：你信从本书，结果是堪称圣人；尽管看似全在"为（他）人""与（别）人"，但实际上却同时是"（自）己"更加富有了；这不好吗？何乐而不为呢？

"天之道，利而不害；圣人之道，为而不争"。 天之道让万事万物都得以自我实现，而不加以伤害。圣人之道是合乎天之道的，能佐助众人而不跟人争夺，两者都是积极的、建设性的；其区别在于，天是无目的的，而人是有主观能动性的，所以天之道是直接的"利而不害"，圣人之道则是"为而不争"，当然，圣人的"为"不是"有为"，而是"无为之为""为无为"。

这段话也回答了一个问题：行道之人的"无为""不争"为什么能得到"天下莫能与之争"的结果？本章给出了三种援助有道之人的力量：一是天，"天道无亲，常与善人"，作为"善人之宝"的"天之道"在发挥永恒的作用，所谓"损有余而补不足"，有道者的无为、不争乃是一种不足；二是圣人，"孰能有余以奉天下？唯有道者""圣人常善救人，故无弃人"，行道之人自然也不会被圣人抛弃的；三是人民的支持，人民对圣人会"乐推而不厌"。此外，如果暂时得不到天道和贵人的现实援助，那么，一个"为而不争"的人其实已经是清静无愧的内圣之人，这其实也是天道的另类相助。

【管理启示】

有道的领导者"言善信"，一方面，不夸夸其谈，用巧言令色去迷惑别人，另一方面，也不被华美的语言表象所迷惑。王国维有句名言"可爱的不可信，可信的不可爱"，《史记》和《孔子家语》都记载的"良药苦口利于病，忠言逆耳利于行"，也是此理。守道而有智慧的领导者，闻过则喜，"花钱买骂"，对真实、真理的追求应该胜过对美言的喜爱。大道是无言无声的，他们"致虚极，守静笃"，用合乎道的行动，来教化世人。口舌是致祸之源，孔子说："巧言令色，鲜矣仁。"领导者应牢记"善者不辩"的道理。真正的智者隐藏自己的智慧还来不及，哪能到处炫耀，自以为是呢？

有道的领导模式以"不积""为而不争"为基本特征。他们以员工、客户甚至天下百姓之心为心，不会为了满足自己的贪欲而积聚财富，取怨于人民。他们深明"载舟覆舟"之道，有所作为却不胡作妄为，千方百计成就众人，事业成功之后将功劳归于众人，不居功自傲，因此众人爱戴他们，推举他们，如水流向下一样归附于他们。苏辙在《老子解》中说"圣人抱一而已，他无所积也。然施其所能以为人，推其所有以与人，人有尽而一无尽，然后知一之为贵也"。有道的领导者"不积"个人私利，但积德守道；他们越是强大，就越是无为、守弱，这体现了一种大智慧。这种"为而不争"的领导模式是对"天之道，利而不害"的躬身实践，也是整部《道德经》的总结。

参考文献

［1］陈鼓应.老子注译及评介（修订增补本）［M］.北京：中华书局，1984（2016 年重印）.

［2］陈徽.老子今释新译［M］.上海：上海古籍出版社，2019.

［3］陈高傭.老子今解［M］.北京：商务印书馆，2016.

［4］陈世清.老子的管理智慧［M］.北京：中国经济出版社，2011.

［5］戴建业.老子开讲［M］.海口：海南出版社，2015.

［6］董平.老子研读［M］.北京：中华书局，2015.

［7］冯友兰.中国哲学简史［M］.赵复三译.北京：生活·读书·新知三联书店，2009.

［8］傅佩荣.傅佩荣译解老子［M］.北京：东方出版社，2012.

［9］高明.帛书老子校注［M］.北京：中华书局，1996.

［10］高亨.老子正诂［M］.北京：清华大学出版社，2010.

［11］葛荣晋.中国管理哲学导论（第 2 版）［M］.北京：中国人民大学出版社，2012.

［12］郭世铭.《老子》究竟说什么［M］.北京：红旗出版社，1999.

［13］古棣，周英.老子通［M］.吉林：吉林人民出版社，1998.

［14］韩鹏杰.道德经说什么［M］.南昌：江西人民出版社，2019.

［15］黄明哲.黄明哲正解《道德经》［M］.北京：中华书局，2020.

［16］蒋锡昌.老子校诂［M］.成都：成都古籍书店，1988.

［17］金景芳.金景芳先秦思想史讲义［M］.天津：天津古籍出版社，2007.

［18］刘笑敢.老子古今［M］.北京：中国社会科学出版社，2006.

［19］楼宇烈.王弼集校释［M］.北京：中华书局，1980.

［20］李泽厚.中国古代思想史论［M］.北京：人民出版社，1985.

［21］梁漱溟.中国文化要义［M］.上海：上海人民出版社，2011.

［22］马叙伦.老子校诂［M］.北京：中华书局，1974.

［23］［明］焦竑.老子翼［M］.上海：华东师范大学出版社，2011.

［24］［明］憨山.老子道德经解［M］.武汉：崇文书局，2015.

［25］齐善鸿，李彦敏.人生密码：心解《道德经》［M］.大连：东北财经大学出版社，2012.

［26］任法融.道德经释义（修订本）［M］.北京：东方出版社，2012.

［27］任继愈.老子绎读［M］.北京：国家图书馆出版社，2015.

［28］清宁子.老子道德经通解［M］.厦门：鹭江出版社，1996（2000年重印）.

［29］沈善增.还吾老子［M］.上海：上海人民出版社，2004.

［30］［宋］陈景元.道德真经藏室纂微篇［M］.北京：华夏出版社，2016.

［31］［宋］苏辙等.老子解及其他二种［M］.北京：商务印书馆，1959.

［32］汤漳平，王朝华.老子［M］.北京：中华书局，2014.

［33］王蒙.老子的帮助［M］.贵阳：贵州人民出版社，2012.

［34］温海明.道德经明意［M］.北京：中国社会科学出版社，2019.

［35］熊铁基.老子集成（第二卷）［M］.北京：宗教文化出版社，2011.

［36］熊铁基，马良怀，刘韶军.中国老学史［M］.福州：福建人民出版社，2005.

［37］杨树达.杨树达文集之十三·老子古义［M］.上海：上海古籍出版社，1993.

［38］赵又春.我读老子［M］.长沙：岳麓书社，2006.

［39］张松如.老子说解［M］.济南：齐鲁书社，1998.